PSYCHOLOGIE

APPLIQUÉE A L'ÉDUCATION

PREMIÈRE PARTIE

NOTIONS THÉORIQUES

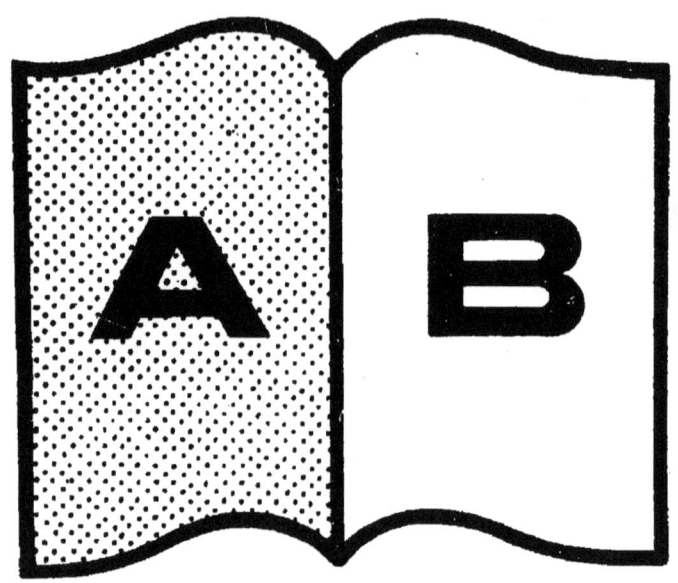

Contraste insuffisant
NF Z 43-120-14

CONCORDANCE DES OUVRAGES
DE M. G. COMPAYRÉ
AVEC LES PROGRAMMES DES ÉCOLES NORMALES
du 10 Janvier 1889

PREMIÈRE ANNÉE

Psychologie appliquée à l'éducation.
PREMIÈRE PARTIE : *Notions théoriques.* 1 vol. in-12, br. 3 fr. »
— Relié, toile anglaise souple........................ 3 fr. 50
DEUXIÈME PARTIE : *Application.* 1 vol. in-12, br....... 2 fr. »
— Relié, toile anglaise souple........................ 2 fr. 50

DEUXIÈME ANNÉE

Cours de Morale théorique et pratique. 1 vol. in-12, br. 3 fr. »
— Relié, toile anglaise souple........................ 3 fr. 50

TROISIÈME ANNÉE

Révision des Cours de Psychologie et de Morale de 1re et de 2e année
Pédagogie pratique et administration scolaire (Organisation pédagogique ; discipline ; autorités préposées à la direction et à la surveillance des écoles ; règlement départemental ; loi, décret et arrêté du 30 octobre 1886 et du 18 janvier 1887). 1 vol. in-12, broché........................ 2 fr. 50
— Relié, toile anglaise souple........................ 3 fr. »
Histoire de la Pédagogie (Principaux pédagogues et leurs doctrines ; analyse des ouvrages les plus importants). 1 volume in-12, broché........................ 3 fr. 50
— Relié, toile anglaise souple........................ 4 fr. »
Notions d'Économie politique (V. le *Cours d'Instruction civique*).
L'Instruction civique (Cours complet, suivi de *Notions d'Économie politique*). 1 vol. in-12, broché............... 3 fr. »
— Relié, toile souple anglaise........................ 3 fr. 50

Publication s'adressant aux élèves des trois années

Cours de Pédagogie théorique et pratique. 1 fort volume in-12, broché........................ 3 fr. 50
— Relié, toile souple anglaise........................ 4 fr. »

PSYCHOLOGIE
APPLIQUÉE A L'ÉDUCATION

PAR

GABRIEL COMPAYRE
ANCIEN ÉLÈVE DE L'ÉCOLE NORMALE SUPÉRIEURE
AGRÉGÉ DE PHILOSOPHIE
DOCTEUR ÈS LETTRES, PROFESSEUR AUX ÉCOLES NORMALES SUPÉRIEURES
D'INSTITUTEURS ET D'INSTITUTRICES, MEMBRE DU CONSEIL SUPÉRIEUR
DE L'INSTRUCTION PUBLIQUE

PREMIÈRE PARTIE
NOTIONS THÉORIQUES

TROISIÈME ÉDITION

PARIS
LIBRAIRIE CLASSIQUE PAUL DELAPLANE
48, RUE MONSIEUR-LE-PRINCE, 48

PSYCHOLOGIE
APPLIQUÉE A L'ÉDUCATION

PREMIÈRE PARTIE
NOTIONS THÉORIQUES

INTRODUCTION

Pourquoi on enseigne, et comment on doit enseigner la psychologie.

Objet de cette introduction. — Utilité générale de la psychologie. — Psychologie et morale. — Psychologie et pédagogie. — La psychologie et l'enseignement primaire. — Méthode d'enseignement de la psychologie. — Directions diverses d'un cours de psychologie. — Psychologie naturelle. — L'intuition en psychologie. — Méthode socratique. — L'observation interne et l'observation des autres hommes. — La psychologie et les autres sciences. — Psychologie et grammaire. — Psychologie et histoire. — Psychologie et littérature. — Psychologie comparée. — Psychologie de l'enfant. — Conseils pratiques. — Les rédactions. — Usage du livre. — Caractères généraux de la psychologie.

Objet de cette introduction. — Avant d'entrer en matière, deux questions préliminaires doivent être résolues :

1° Pourquoi l'étude de la psychologie, autrefois réservée par privilège à l'enseignement secondaire classique, a-t-elle été introduite récemment dans notre enseignement primaire, dans le programme des écoles normales, de même qu'elle

---

N. B. — La deuxième partie (1 vol. in-12) a pour titre : *Application ; éducation physique, intellectuelle et morale.* (Paul DELAPLANE, éditeur.)

a été, plus récemment encore, inscrite dans une certaine mesure au programme de l'enseignement spécial?

2° Comment doit-on enseigner la psychologie, et quelles sont les meilleures méthodes à employer pour acclimater cette science philosophique sur ce terrain nouveau, pour lui faire porter tous ses fruits dans des intelligences en apparence mal préparées à ce genre d'études?

Utilité générale de la psychologie. — Le progrès de la pensée a beau avoir transformé le savoir humain et créé des sciences nouvelles d'une merveilleuse portée, il est encore vrai de répéter après deux mille ans ce que Socrate s'efforçait d'inculquer à chacun de ses disciples : La première et la plus utile des sciences est celle qui se résume dans cette simple maxime : « Connais-toi toi-même. »

La connaissance de soi-même est en effet la clef de toutes les sciences morales. Se connaître soi-même, c'est du même coup connaître tous les hommes : c'est saisir les principes sur lesquels reposent toutes les connaissances relatives à la nature morale de l'humanité.

L'histoire ne saurait être qu'une succession incohérente de faits, un énigmatique défilé de personnages incompris, pour qui n'a pas appris, à l'école de la psychologie, à démêler les motifs intérieurs, idées, sentiments ou passions, qui font agir l'humanité, pour qui ne sait pas analyser le caractère des hommes qui, par leur action prépondérante, sont les principaux ouvriers de l'histoire.

De même, sans la connaissance des hommes, on ne sera jamais qu'un médiocre politique. Pour gouverner les peuples, la première condition est de savoir quels sont les instincts essentiels, les aspirations naturelles de l'humanité. Comment prétendre diriger des forces dont on ne connaîtrait pas la nature ?

Psychologie et morale. — Mais l'utilité de la psychologie se manifeste avec plus d'éclat encore dans ses rapports avec la morale et la pédagogie.

Théoriquement, la morale se fonde sur la psychologie. La liberté, qui est la condition d'existence de la morale, la conscience, qui en est la règle, la liberté et la conscience sont des faits psychologiques. Les principes de la morale ne sont vraiment intelligibles que pour ceux qui en ont psychologiquement saisi l'origine et éprouvé la force dans leur propre conscience. D'autre part, la théorie des devoirs n'est pas autre chose qu'une induction, une inférence des faits psychologiques. C'est ce que nous sommes qui nous apprend à définir ce que nous devons être. C'est la connaissance de sa nature qui révèle à l'homme sa destinée. Les devoirs ne sont en général que des tendances naturelles, modérées et gouvernées par la raison.

Pratiquement, la morale n'a pas moins besoin de la psychologie. Combien de fautes nous pourrions éviter, combien de vertus acquérir, si nous savions réfléchir en psychologues sur l'efficacité de l'effort d'une volonté courageuse, sur la toute-puissance de l'habitude, sur l'inévitable fatalité d'une passion qui n'est pas contrôlée par la réflexion et réprimée par la volonté!

Psychologie et pédagogie. — Que dire maintenant de l'influence exercée par une psychologie bien faite sur la pédagogie, sur la science et l'art de l'éducation (1)?

S'agit-il d'éducation morale? Il est évident que nous ferons maladroitement jouer les ressorts de la discipline, que nous serons inhabiles à corriger les défauts, à développer les vertus de nos élèves, si la psychologie ne nous donne pas le moyen d'analyser les sentiments et les passions de l'enfant, leur origine et leur marche. Comment manier avec tact les punitions et les récompenses, si l'on ne se rend pas compte des émotions qu'elles excitent au cœur de l'élève, si l'on ignore ce que sont la crainte et la honte, l'amour-propre et l'émulation? Comment favoriser avec succès l'éclosion et le progrès des qualités morales, si l'on n'a pas réfléchi aux relations du sentiment et des idées, à la formation des habitudes?

S'il est question d'éducation intellectuelle, la nécessité des connaissances psychologiques s'impose avec plus de force encore. Quelle préparation plus efficace pourrait-on concevoir pour un futur éducateur de l'esprit que l'étude de l'esprit lui-même, des diverses facultés dont il se compose et des lois qui en régissent l'organisation, qui en constatent les rapports? Et quand il faut choisir les meilleures méthodes d'enseignement, les appro-

---

(1) Voyez, sur les rapports de la pédagogie et de la psychologie, notre *Cours de Pédagogie théorique et pratique.* 1re Leçon.

prier aux forces de l'élève, les conformer au progrès de son intelligence, suffit-il simplement de bien savoir ce qu'on enseigne, histoire ou géométrie? N'est-il pas indispensable, pour insinuer sûrement les vérités enseignées, de connaître le jeu des facultés intellectuelles? de même que l'agriculteur ne se contente pas de choisir son grain et qu'il étudie aussi la nature du terrain où il le sème.

La psychologie et l'enseignement primaire. — Ces observations suffisent largement pour justifier l'introduction des notions de psychologie dans le plan d'études des écoles normales. Sans doute ce sont là des connaissances que l'élève-maître n'aura pas à transmettre directement à ses futurs élèves. Il n'est pas question d'introduire la science de l'esprit humain dans les écoles primaires, quoi qu'en pensent certains pédagogues espagnols qui croient pouvoir initier leurs élèves aux éléments de la psychologie, sans inconvénients et avec succès, dès les premières années de leur vie scolaire (1), quoi qu'en ait dit aussi notre pédagogue français, Condillac, qui considérait l'étude de la psychologie comme l'instrument le plus propre à débrouiller l'esprit de l'enfant dès le début de ses études. Non ; la psychologie suppose une maturité d'esprit, une puissance d'attention dont l'enfant est incapable.

Mais ces conditions ne font plus défaut à l'élève-maître qui est déjà un adolescent, exercé au travail intellectuel ; il est assurément en état d'acqué-

---

(1) Nous faisons allusion ici au programme suivi de nos jours par les professeurs de l'*Institut libre d'enseignement* de Madrid.

rir sans trop de difficultés les connaissances psychologiques, et, une fois acquises, ces connaissances lui seront d'un profit inappréciable.

Pour son éducation professionnelle d'abord : comme instituteur, il aura en effet à enseigner la morale. Comment le ferait-il avec compétence, si la réflexion psychologique ne l'a point préparé à comprendre les notions délicates et profondes que comporte un cours de morale, à s'assimiler par un effort personnel les maximes abstraites qu'il est chargé de faire passer dans l'esprit et le cœur de ses élèves?

D'un autre côté, pour le reste de son enseignement, pour l'instruction civique, pour l'histoire notamment, la psychologie lui apportera des lumières, des clartés générales, qui vivifieront et élèveront ses leçons.

On redit sans cesse aux instituteurs que leur mission est de faire des hommes. Le pourront-ils, s'ils ignorent la nature humaine?

Pour son éducation générale ensuite : l'école normale n'est pas seulement une fabrique d'instituteurs; elle doit à ses élèves, outre l'éducation professionnelle qui les forme à leur futur métier, l'éducation générale qui développe et élève leurs facultés. A ce point de vue, les études psychologiques sont encore de la plus haute importance. Elles seules nous révèlent la dignité de la nature humaine, elles seules mettent l'homme à son rang, ni trop haut ni trop bas, en lui donnant la conscience claire de ce qu'il est.

Méthode d'enseignement de la psycholo-

gie. — Mais pour que l'élève retire vraiment ces avantages de l'étude de la psychologie, ce qui importe avant tout, c'est la manière dont cette science lui sera enseignée.

Remarquons d'abord qu'on oublie trop souvent la différence qui existe entre l'étude scientifique et l'enseignement élémentaire de la psychologie. Autre chose est la psychologie proprement dite, considérée comme science, objet des recherches approfondies du philosophe ; autre chose la psychologie scolaire, la psychologie professée. Il y a longtemps que cette distinction est consacrée pour des sciences même plus faciles, par exemple pour l'histoire. On ne confondra pas en effet un historien et un professeur d'histoire, un livre d'érudition savante, comme l'*Histoire de France* d'Henri Martin, et des traités classiques, comme les manuels qui sont entre les mains des élèves. Les auteurs des traités de psychologie ne se sont pas toujours inspirés de la même sagesse. Leurs œuvres sont des monuments élevés à la science plutôt que des livres de vulgarisation populaire et d'éducation générale.

Le professeur de psychologie considérera donc avant tout qu'il y a, dans la science qu'il enseigne, un choix à faire entre les discussions de luxe ou trop ardues, les faits inutiles, les détails oiseux, et les questions véritablement utiles qui offrent un intérêt pratique en même temps que par leur simplicité et leur clarté elles sont accessibles à de jeunes intelligences. Ces questions elles-mêmes, il ne prétendra pas les creuser, les épuiser ; il ne les traitera pas en érudit qui va jusqu'au bout de ses recherches; il les allégera le plus possible ; il n'en prendra que la substance, les parties essentielles. Il se rappellera, en un mot, qu'il est, non un penseur qui travaille et spécule pour l'avancement de la science pure, mais un professeur qui choisit, qui approprie, qui simplifie des notions scientifiques pour l'instruction de ses élèves.

Directions diverses d'un cours de psychologie. — L'enseignement de la psychologie revêt d'ailleurs, selon les cas, des formes diverses. Il peut suivre des directions différentes. Tout dépend du but que l'on poursuit.

S'il s'agissait d'enseigner la psychologie à de futurs hommes politiques, à des avocats, à des magistrats en herbe, c'est évidemment la psychologie de l'homme fait qu'on leur ferait surtout étudier, parce qu'ils n'auront affaire qu'à l'homme fait dans l'exercice de leur profession. Mais, comme il s'agit à l'école normale de former de futurs instituteurs qui auront à diriger des enfants, ce ne sont pas seulement les facultés adultes, dans leur jeu régulier et définitif, dans les formes parfaites et immobiles de la maturité, c'est de préférence la psychologie de l'enfant, ce sont les lois de la croissance et du développement des facultés, de leur organisation progressive, qu'il conviendra aussi et surtout de recommander à leur attention.

Sans doute, la psychologie est une, et à l'école normale, aussi bien qu'au lycée ou dans un cours de Faculté, elle comporte toujours les mêmes questions, étudiées à peu près dans le même ordre.

Cependant, à raison du caractère de son enseignement, le professeur d'école normale devra insister de préférence sur certains sujets, les lois de l'habitude par exemple; il glissera rapidement sur d'autres, tels que l'origine des idées. Il mesurera ses développements à l'utilité pratique des sujets traités. Enfin à toutes les questions il donnera un tour particulier qui lui sera dicté par la destination spéciale des élèves auxquels il s'adresse.

Psychologie naturelle. — Mais, dira-t-on, quelle que soit la finesse du discernement du maître dans le choix des questions, dans l'appropriation des développements, les notions psychologiques n'en restent pas moins des notions obscures, d'un accès difficile, inintelligibles pour certains esprits. La psychologie est une « science abstraite et sévère », répètent à l'envi les maîtres de la psychologie contemporaine (1). Et l'opinion commune leur donne raison.

Ne serait-ce pas un peu la faute des psychologues, si leur science est entourée de ces préjugés et de cette peu avenante réputation ? Ont-ils toujours fait un suffisant effort pour chercher dans l'expérience même de l'enfant le point de départ de leurs théories ?

Un professeur avisé saura faire comprendre à ses élèves, dès le début de ses leçons, que les principes des connaissances psychologiques sont d'avance entre leurs mains. « De tous les faits dont il parle à ses élèves, pas un, en effet, qui ne leur soit déjà connu, dont ils ne fassent en eux-mêmes

(1) M. Janet. *Cours de Morale*, Introduction.

à chaque instant l'expérience, dont ils n'aient trouvé cent fois l'expression dans les auteurs qu'ils ont lus. L'enseignement de la philosophie ne débute donc pas en jetant l'écolier dans un monde inconnu ; il le place au contraire sur son terrain le plus familier ; il prend pour base une science qui lui est acquise, cette psychologie naturelle, commune à tous, et qu'il vise seulement à transformer, par des analyses exactes qui aboutissent à préciser, à classer, à définir, en une psychologie vraiment scientifique (1). »

Qu'on fasse donc appel constamment à l'observation personnelle de l'élève, qui n'a qu'à rentrer en lui-même pour y saisir sur le fait les phénomènes dont le professeur lui expose les lois. Les vérités psychologiques ne doivent pas descendre des nuages de la pensée abstraite ; elles sortent, pour ainsi dire, des entrailles mêmes de l'homme. Chacun les porte en soi. Il faut sans doute, pour les dégager, l'effort d'une conscience réfléchie ; mais la conscience instinctive qui accompagne tous les actes de la vie morale est le point de départ naturel de cette observation scientifique. « Les connaissances psychologiques, disent les pédagogues américains, n'ont aucune valeur, pour le professeur comme pour l'élève, quand elles ne dérivent pas d'un examen conscient, d'une classification réfléchie des phénomènes et des facultés de son propre esprit... L'étude d'un livre de classe, d'un *text-book* traitant de la psychologie, n'est par

(1) M. Rabier, Discours prononcé à la distribution des prix du Concours général, *Journal officiel* du 4 août 1886.

elle-même qu'un travail objectif, comme le serait l'étude d'un minéral (1). » Il faut donc, pour utiliser le livre, pour féconder la leçon du maître, que l'élève les complète par l'observation subjective, qu'il les contrôle par la vérification personnelle des faits exposés et des lois établies.

Si c'est là le meilleur moyen de rendre clair un cours de psychologie, c'est aussi la vraie manière de le rendre utile : car il s'agit encore plus d'inspirer aux élèves le goût de la réflexion, de leur donner l'habitude de s'étudier eux-mêmes, que de leur communiquer les résultats d'une science toute faite ; de même qu'en morale le but est bien plutôt d'éveiller le sens moral, une conscience vive et profonde de l'obligation, que de faire apprendre un catalogue de devoirs ou une série de distinctions subtiles sur le bien et sur le mal.

L'intuition en psychologie. — Il résulte de ce qui précède que la méthode intuitive trouvera une application aisée dans l'enseignement de la psychologie. L'intuition suppose en effet qu'on met les enfants en présence des choses, et qu'on leur montre d'abord les faits qui leur sont les plus familiers. Or, quoi de plus présent à l'esprit que l'esprit lui-même? quoi de plus rapproché de nous et de plus familier à nos pensées que les événements quotidiens de notre vie morale? C'est à tort que les faits psychologiques sont représentés comme des abstractions. Ils ne tombent pas sous les sens, il est vrai; mais ils sont immédia-

---

(1) Voyez le *Programme de l'École normale* de Saint-Cloud, États-Unis d'Amérique, pour l'année 1886-1887.

tement saisis par la conscience et recueillis par la mémoire. Ils sont, à leur manière, des choses réelles, concrètes, que l'élève peut constamment placer sous son regard. Mémoire, attention, raisonnement, volonté, sont des faits au même titre que la pesanteur, la lumière et l'électricité. Conçue dans cet esprit, avec un perpétuel appel à la conscience de l'élève, la leçon de psychologie peut devenir une véritable *leçon de choses*.

La méthode socratique. — Le professeur de psychologie n'aura donc pas seulement recours à la méthode didactique. Il ne se contentera pas de donner *ex professo* des définitions précises, des descriptions exactes. Il interrogera le plus possible ses élèves ; il mettra sans cesse en jeu leur observation propre ; il leur demandera des exemples qu'ils trouveront en eux-mêmes ; il leur fera découvrir, en dirigeant leur conscience, ce qu'il veut leur enseigner. C'est précisément à des questions d'ordre psychologique que Socrate appliquait la méthode qui a gardé son nom. Quand il enseigne l'histoire, le maître, pour ainsi dire, est seul à parler : il n'a rien ou presque rien à attendre de la collaboration de ses élèves, il leur révèle des faits dont ils n'avaient auparavant aucune idée. Quand il enseigne la psychologie, au contraire, il peut, s'il sait s'y prendre, avoir ses élèves pour collaborateurs actifs ; il peut leur faire trouver par eux-mêmes les conditions de l'attention, par exemple, les lois principales du souvenir, les avantages et les inconvénients de l'imagination. La conscience et la mémoire sont pour chacun de nous comme un musée intérieur, où les différents faits qui constituent l'objet des recherches psychologiques se sont successivement accumulés depuis notre enfance, depuis notre entrée dans la vie consciente : l'œuvre des professeurs de psychologie est seulement de classer ces faits, de les définir, d'introduire enfin un ordre scientifique dans cette collection confuse et désordonnée des souvenirs intimes.

Observation intérieure et observation des autres hommes. — L'observation intérieure, de même qu'elle est le fond des recherches scientifiques sur la nature humaine, doit rester le principal instrument de l'enseignement de la psychologie. De toutes les sciences, la psychologie est celle qui se prête le mieux à être enseignée de la même façon qu'elle a été découverte, par un retour perpétuel de l'homme sur lui-même. Mais il convient aussi de ne pas négliger les autres sources où peut être puisée une connaissance plus complète de la nature humaine. Le professeur de psychologie, tout en invitant l'élève à s'observer lui-même, l'engagera aussi à observer ses camarades et tous les hommes en général. S'il n'est pas possible en effet de pénétrer directement dans la conscience de ses semblables, on peut du moins deviner leurs pensées, leurs émotions, à travers les gestes, les signes extérieurs, le langage, en un mot, qui les exprime.

La psychologie et les autres sciences. — Les psychologues font généralement beaucoup d'efforts pour établir que leur science est une science distincte, qu'elle a un objet propre, irréductible à toute autre. Nous n'y contredisons point. Mais, dans l'enseignement de la psychologie, il serait très dangereux que, sous prétexte d'en spécialiser l'étude, on l'isolât de toutes les autres, et qu'on négligeât de profiter des secours que lui offrent d'autres sciences, qui, après avoir contribué à l'établir, peuvent contribuer plus encore à en éclairer, à en vivifier l'enseignement. De ce nombre sont l'étude du langage, l'histoire, la littérature.

Psychologie et grammaire. — Il est si peu vrai que la psychologie soit une science entièrement à part, de nature à déconcerter les élèves par sa nouveauté absolue, qu'elle a au contraire des rapports étroits avec la première science qu'aborde l'enfant, avec la grammaire. De bonnes études grammaticales sont une excellente préparation à une partie importante du cours de psychologie.

La psychologie, en effet, étudie les lois de la pensée, et la grammaire les lois du langage. Or le langage n'est que l'expression de la pensée. Comment pourrait-on, par conséquent, se rendre compte de la valeur des mots, de leurs relations, des règles de syntaxe qui en déterminent l'emploi correct, sans acquérir déjà quelque idée de la marche intérieure de la pensée ? On fait de la psychologie sans le savoir, quand on pratique l'analyse logique de la proposition, quand on distingue le sujet, le verbe et l'attribut, qui sont précisément les éléments du jugement. On applique, sans qu'on s'en doute, un des principes rationnels que la psychologie définit, le principe de la substance, qu'on énonce parfois ainsi : « Point de qualité ou de mode sans substance, » quand on fait la théorie grammaticale du substantif et de l'adjectif.

Psychologie et histoire. — On se plaint, non sans raison, de l'aridité d'une simple exposition psychologique qui se borne à des généralités sur la nature humaine. Un excellent moyen de remédier à cette sécheresse fatigante pour de jeunes esprits, c'est de chercher dans les actions historiques, dans la biographie des hommes illustres, des exemples qui correspondent aux différentes facultés qu'on étudie. Ce n'est pas seulement pour combler les lacunes de l'observation individuelle, qui ne nous présente jamais qu'un spécimen imparfait de l'homme, qu'il faut mettre à contribution l'histoire ; ce sera surtout pour faire pénétrer dans l'enseignement l'intérêt et la vie. Faites voir à vos élèves que, dans l'histoire, l'attention s'appelle Newton, l'ambition César, l'imagination Shakespeare, le raisonnement Descartes, et ils vous écouteront avec un redoublement de curiosité. Faites-leur comprendre à quels mobiles obéissait Charles IX quand il ordonnait la Saint-Barthélemy, Charlotte Corday quand elle tuait Marat, et vous aurez beaucoup fait pour initier et intéresser vos auditeurs à l'étude de la sensibilité. L'histoire n'est, à vrai dire, que la psychologie en action. Les faits historiques sont à la psychologie à peu près ce que les expériences sont à la physique. Ils nous montrent les facultés humaines agissant dans des circonstances particulières, avec le relief et l'ampleur que leur donne chez certains hommes la force exceptionnelle de l'esprit et du caractère.

Psychologie et littérature. — Ce que nous recommanderons aussi, c'est que le professeur rapproche le plus possible la psychologie et la littérature. Les écrits des moralistes, les mémoires des savants, les œuvres des poètes dramatiques sont des documents psychologiques d'une incomparable valeur. Ils nous dévoilent l'âme humaine, les uns dans le désordre de ses passions, les autres dans l'héroïsme de sa volonté. « Pour l'étude des lois de l'entendement, ce sont les savants qu'il faut connaître. C'est le cœur, la passion, la volonté qu'il faut étudier de près chez nos poètes tragiques (1). » La lecture d'une page de Descartes, pour expliquer la marche du raisonnement, d'une scène de Racine ou de Corneille, pour analyser le jeu des passions, viendra heureusement en aide à l'enseignement didactique de la psychologie.

Psychologie comparée. — La psychologie apporte à l'homme ses vrais titres de noblesse en lui révélant la dignité de sa nature; mais elle doit lui apprendre aussi en quoi il ressemble aux autres animaux. Pour l'étude des facultés inférieures de la nature humaine, instinct, activité physique, perception sensible, mémoire, la vie animale offre des points de comparaison auxquels le professeur de psychologie ne manquera point de recourir. Les enfants, les jeunes gens ont un goût particu-

---

(1) M. Janet, *la Psychologie de Racine*, « Revue des Deux-Mondes » du 15 septembre 1875.

lier pour l'observation des êtres inférieurs. Qu'on sache mettre à profit cette disposition, d'autant que la psychologie comparée, l'étude de l'animal, contribuera à avancer l'étude de l'homme. « S'il n'existait pas d'animaux, disait Buffon, la nature de l'homme serait bien plus incompréhensible. » Si les *Fables* de La Fontaine sont souvent des leçons de morale, tel récit d'histoire naturelle peut être aussi une leçon de psychologie.

Psychologie de l'enfant. — L'étude de l'enfant, plus encore que l'observation des animaux, fournira au psychologue des informations intéressantes et utiles. Des anecdotes empruntées aux faits et gestes de l'enfance viendront égayer à propos le fond un peu monotone des théories psychologiques. La psychologie de l'enfant fait d'ailleurs partie intégrante d'un cours de psychologie, s'il est vrai, comme nous l'avons dit ailleurs, que la psychologie est, non une géométrie aux théorèmes immobiles, mais une histoire, une histoire qui raconte l'évolution progressive de l'âme. De ce côté du reste l'impulsion est donnée : les livres sur l'enfant se multiplient (1) ; et, dès aujourd'hui, c'est plutôt l'abus, l'excès, qu'il faudrait craindre en pareille matière, et non la négligence ou l'oubli. Nous n'avons pas lu sans inquiétude telle dissertation d'instituteur sur le développement de l'intelligence, où il était parlé pendant plusieurs pages des premières sensations de l'enfant avant la naissance.

(1) On consultera avec profit les livres si suggestifs et si riches de faits que M. Pérez a consacrés à l'enfant.

Conseils pratiques. — Nous avons essayé de définir la méthode générale de l'enseignement psychologique. Mais il reste bien entendu que la meilleure méthode ne suppléera jamais au talent et à la science du maître. Les leçons les plus conformes au plan que nous avons esquissé ne vaudront encore rien, si le professeur ne sait pas les animer par la netteté et la vivacité de l'exposition, par l'accent personnel de la conviction.

Quoi qu'il en soit, chaque leçon de psychologie comportera essentiellement des définitions et des descriptions, ou plutôt des analyses, qui ne sont que des descriptions plus exactes. C'est bien à tort qu'on reproche à la psychologie de ne pouvoir échapper au vague et à l'incertitude. Cela n'est vrai que de la psychologie rationnelle, qui aborde les questions métaphysiques de la substance, de la spiritualité de l'âme. Mais la psychologie élémentaire, qui se contente d'exposer les faits et d'en définir les rapports, la psychologie expérimentale qui ne dépasse pas les limites de l'observation, est une science aussi solide, aussi précise que la physique ou la chimie, avec cette seule différence qu'elle ne peut appliquer les formules numériques aux phénomènes qu'elle étudie. On s'efforcera donc de rechercher une rigueur qu'il n'est pas impossible d'atteindre, tout en évitant le plus possible les mots techniques et en prenant soin, toutes les fois qu'on les emploiera, de montrer qu'ils ont des équivalents dans le langage vulgaire, que la sensibilité, l'entendement, par exemple, s'appellent dans la langue de tous les jours le cœur et l'esprit.

Les exemples empruntés à l'histoire, les rapprochements littéraires n'interviendront que pour compléter, pour éclairer la partie didactique de l'exposition, comme des illustrations dans le texte.

Les rédactions. — Mais ce qui n'importe pas moins que de donner des soins à la précision et à l'exactitude de l'exposition, c'est de s'assurer par des interrogations fréquentes que l'élève a compris et a retenu ce qu'on lui a enseigné, et d'obtenir qu'il y ajoute même de son propre fonds quelques réflexions personnelles. Pour fixer l'enseignement oral, il sera bon aussi d'employer le procédé de la rédaction : à condition qu'on n'en abuse pas, qu'on n'en impose pas le long travail pour chaque leçon à tous les élèves. Il suffit qu'à tour de rôle un d'entre eux rédige les paroles du maître. Cette rédaction unique, où l'élève pourra, sur certains points au moins, faire œuvre d'originalité, et qui ne sera pas seulement la reproduction servile et machinale de ce qui a été dit en classe, une fois revue et corrigée par le professeur, deviendra pour tous les élèves le *memento* exact de chacune des parties du cours.

Usage du livre. — Il semblerait que dans ces conditions le livre fût inutile : il ne l'est pas. La philosophie est peut-être de toutes les sciences celle qui peut le moins se contenter d'une exposition orale, même excellemment faite : il lui faut de plus le travail de la méditation, de la lecture à tête reposée. De là, par conséquent, la nécessité d'un livre qui soit le commentaire des leçons du professeur, qui, avec plus de précision et moins de développements que l'exposition orale, fixe et maintienne sous les yeux de l'élève les notions fondamentales.

Caractères généraux de la psychologie. — Nous ne doutons pas qu'ainsi enseignée la psychologie ne puisse être pour les jeunes gens une étude relativement facile et intéressante. C'est dans cet espoir que nous avons écrit le modeste essai que nous offrons aujourd'hui à nos lecteurs. Puissent-ils acquérir, en l'étudiant, le goût des études psychologiques, le sens de la vie morale, que le développement des sciences physiques tend à faire perdre aux jeunes générations ! En tout cas, nous espérons qu'ils y apprendront à estimer la psychologie, à en comprendre la portée. Le monde moral, comme le monde physique, est soumis à des lois : de sorte qu'en s'étudiant lui-même l'homme étudie tous les hommes, aussi bien qu'en étudiant un minéral, une plante, il étudie tous les minéraux et toutes les plantes. La psychologie, quoi qu'on en dise, est une science positive, qui aspire à bon droit à la certitude. Elle nous révèle une partie de l'ordre universel, l'ordre qui préside au développement de notre nature morale. Nous ne nous décidons pas à croire, quant à nous, qu'elle perde de sa valeur et de son intérêt parce qu'elle aura résolument écarté, à l'exemple des sciences physiques, les problèmes insolubles où se heurtera toujours la raison de l'homme et qui sont du domaine de la métaphysique, parce qu'elle aura réduit ses prétentions à la classification et à l'analyse des faits qui servent de principes aux règles morales et aux méthodes pédagogiques.

PREMIÈRE LEÇON

OBJET DE LA PSYCHOLOGIE. -- DÉFINITION ET CLASSIFICATION DES FAITS PSYCHOLOGIQUES.

Définition des termes. — Psychologie expérimentale et psychologie rationnelle. — Histoire de l'idée de l'âme. — Ames matérielles. — Ame immatérielle. — L'âme et les faits psychologiques. — La conscience limite de la psychologie. — Distinction des faits psychologiques et des faits physiologiques. — Rapports de la psychologie et de la physiologie. — Classification des phénomènes psychologiques. — Les facultés. — Historique de la question. — Faits affectifs ou sensitifs, intellectuels, volontaires. — Tableau des facultés. — Relations des facultés entre elles.

Définition des termes. — La *psychologie* (étymologiquement, de deux mots grecs, science de l'âme) est une science philosophique qui étudie les faits intérieurs de la vie morale de l'homme; de même que la *physiologie** est une science biologique* qui a pour objet les fonctions de la vie organique.

La psychologie est donc une science de faits qui, comme tous les faits, peuvent être appelés des *phénomènes*, c'est-à-dire, des choses qui apparaissent; qui sont aussi des *fonctions*, des *opérations*, si on les considère comme les manifestations prolongées d'une même force; qui enfin, ayant pour caractère commun d'être conscients, peuvent être nommés *états de conscience*.

La *conscience* est la connaissance immédiate que nous avons de tout ce qui se passe dans une partie de notre être. Les faits révélés par la conscience sont rattachés à ce qu'on appelle le *moral* de l'homme, ou autrement, l'*esprit* ou l'*âme;* les faits qui échappent à la conscience et qui ne peuvent être connus que par l'intermédiaire des sens constituent au contraire le *physique* de l'homme, ou autrement l'*organisme*, le *corps*.

La psychologie étudie donc les faits conscients, et elle établit les *lois* qui les régissent. La loi est le rapport constant qui existe entre deux phénomènes, l'un qui est l'*antécédent* ou la *cause*, l'autre qui est la *conséquence* ou l'*effet*.

Psychologie expérimentale et psychologie rationnelle. — La psychologie proprement dite, la *psychologie expérimentale,* qui s'en tient à l'observation et à l'expérience, n'a pas à spéculer sur la nature du principe des faits qu'elle étudie. Que ce principe soit l'organisme matériel, et en particulier le cerveau, ou au contraire une cause immatérielle, une substance indépendante, peu lui importe en un sens : elle étudie des faits réels, et cela lui suffit.

Si elle veut aller plus loin et se prononcer sur l'existence, sur la nature de l'âme, elle devient la *psychologie rationnelle*, qui n'est qu'une partie de la métaphysique, c'est-à-dire de cet ensemble de recherches dont l'objet est tout ce qui dépasse la nature, la nature morale aussi bien que la nature physique (1).

Mais, de même que le physicien et le physiologiste rapportent les faits qu'ils observent à un principe unique, la *matière*, quelque embarrassés qu'ils soient pour dire en quoi consiste au juste la matière, de même les psychologues emploient, pour exprimer la cause supposée des états de conscience, le mot *esprit*, le mot

---

(1) Sur les dix-huit leçons dont se compose ce livre, la dernière, celle qui traite de la dualité de l'esprit et du corps, est, à vrai dire, la seule qui appartienne à la psychologie rationnelle.

âme, quoiqu'ils ne se croient pas toujours en état d'en définir la nature. Ne serait-ce que pour la clarté de l'exposition, il faudrait encore maintenir le mot « âme », comme synonyme de l'ensemble des faits moraux, des faits conscients, alors même qu'il serait prouvé que toutes les conditions, toutes les causes des faits psychologiques résident dans l'organisme matériel de l'homme.

Histoire de l'idée de l'âme. — L'âme a été conçue sous une multitude de formes. Chez les peuples primitifs, il semble que la croyance à l'âme ait été suscitée par les phénomènes du rêve et les manifestations de la vie. D'une part, frappés de revoir dans leurs songes, comme si elles vivaient encore, comme si elles étaient réellement présentes, les personnes que l'espace ou la mort séparait d'eux, les sauvages ont été naturellement conduits à croire aux fantômes et aux esprits. D'autre part, la puissance cachée qui anime l'homme vivant et qui s'évanouit quand il meurt, a été prise de bonne heure pour un principe distinct et indépendant du corps. L'âme vitale, l'âme fantôme, telles sont les deux formes qu'affecte le spiritualisme grossier des peuples enfants. Pour eux l'âme n'est pas le privilège de l'homme : il y a une âme chez l'animal, il y en a même une chez la plante. De même qu'elle a débuté par le *polythéisme** dans sa conception de Dieu, l'humanité a commencé par le *polyanimisme** dans sa conception de l'âme. Les races primitives considèrent volontiers les animaux comme les semblables de l'homme, leur attribuent des âmes immortelles et croient à un paradis des bêtes. Les Esquimaux, dit-on, enterrent dans la tombe des petits enfants une tête de chien, afin que l'âme du chien serve de guide vers le séjour des bienheureux à l'âme de l'enfant encore incapable de se conduire.

On a cru longtemps à l'âme des plantes. Du temps de saint Augustin*, les Manichéens* adhéraient à cette croyance. Bien plus, les choses inanimées, les minéraux, les outils, les armes, passaient à l'origine pour avoir des âmes. Chez les Fidgiens, dans l'Océanie, le paradis reçoit les âmes des haches, des ciseaux, quand ces instruments se sont brisés au service des hommes.

En résumé, au début de la pensée humaine, l'âme a été considérée comme un principe universel, inhérent à tous les êtres, principe de permanence et de forme chez les êtres inanimés, principe de vie, de sensibilité, de mouvement chez les animaux et les plantes.

Ames matérielles. — Mais ces âmes multiples, l'imagination sensible des hommes les a longtemps conçues comme matérielles. D'après les premiers philosophes grecs, l'âme humaine est de même nature que les éléments matériels de l'univers : on la confond tantôt avec l'air, tantôt avec le feu. Ce qui frappe surtout les premiers théoriciens de l'âme, c'est qu'elle est un principe de mouvement ; aussi fait-on d'elle quelque chose d'ailé, de mobile. Le papillon sert de symbole à l'âme, et le mot grec *psyché* a les deux sens. Démocrite* se représente l'âme comme un atome sphéroïde, parce que les corps ronds se meuvent plus aisément et glissent à travers les choses. On retrouve cette même conception matérialiste de l'âme jusque chez les premiers docteurs de l'Église chrétienne. Tertullien*, Arnobe*, saint Irénée*, saint Justin* croient encore que l'âme est un corps. Chez les Chinois, quand un homme est mort, on fait des trous dans la toiture pour que l'âme puisse s'envoler ; chez certaines peuplades sauvages, on pratique, dans la même intention, une ouverture dans le cercueil. Même aujourd'hui, dans quelques parties de l'Europe on a conservé l'habitude de laisser la porte ou la fenêtre ouverte dans la chambre du mort.

Ame immatérielle. — L'idée d'une âme immatérielle, absolument distincte du corps, est une idée relativement nouvelle dans l'histoire de l'esprit humain. Un philosophe grec, Platon*, un père de l'Église, saint Augustin*, un philosophe français, Descartes*, sont les vrais fondateurs de la doctrine de la spiritualité. Pour Platon, l'âme est dans le corps comme un prisonnier dans sa cellule, comme un pilote dans son bateau. « Tout ce qui n'est pas matière, dit de son côté saint Augustin, et qui cependant existe, s'appelle esprit. » Enfin, Descartes, avec plus de précision encore, opposait la pensée inétendue et invisible à l'étendue matérielle, et il en concluait à l'existence d'une âme spirituelle.

Mais Descartes, en même temps qu'il s'efforçait de rendre plus claire la différence de l'âme et du corps, restreignait et rétrécissait d'un autre côté la notion de l'âme, puisqu'il en réduisait le contenu à la pensée seule, et n'accordait à son activité d'autre domaine que le monde intellectuel des idées.

Les philosophes spiritualistes qui sont venus après Descartes ont élargi à nouveau le point de vue un peu étroit où s'était placé l'auteur du *Discours de la Méthode*. Ils ont restitué à l'âme les phénomènes de la sensibilité, que Descartes était trop disposé à rejeter dans les régions inférieures de la vie organique ; ils ont par conséquent reparlé de l'âme des bêtes, qui pour Descartes n'étaient plus que des machines et des automates*. Quelques-uns même ont cru pouvoir attribuer à l'âme les phénomènes de la vie animale, les fonctions physiologiques du corps humain (1).

---

(1) C'est la doctrine qu'on appelle l'*animisme*, doctrine qui s'opposait au *vitalisme*, c'est-à-dire à la doctrine qui admettait un *principe vital* pour

2.

L'âme et les faits psychologiques. — Ces explications historiques étaient nécessaires pour comprendre la portée de nos études et délimiter exactement le champ de la psychologie.

Il ne s'agit pas, quant à présent, de prendre parti pour ou contre le spiritualisme. Nous n'avons à nous occuper que de faits immédiatement présents à notre conscience.

L'âme n'est pas un fait d'expérience ; elle est une cause cachée, dont nous ne connaissons directement que les effets, une substance inconnue, dont nous ne saisissons que les modifications particulières et successives. Mais ces effets, ces modifications, à quelque principe qu'on doive les rattacher plus tard, constituent une catégorie distincte et irréductible de phénomènes qui doivent être l'objet essentiel des recherches des psychologues. La multiplicité contradictoire des conceptions de l'âme, considérée tantôt comme le principe de la pensée seule, tantôt comme un principe sentant, pensant et voulant, tantôt comme la cause unique de la vie et de la pensée, suffit à prouver combien il est nécessaire d'ajourner, sinon d'écarter entièrement la question obscure et controversée de la nature de l'âme.

La conscience, limite de la psychologie. — Les faits psychologiques seront donc définis des faits conscients, ou tout au moins des faits susceptibles de devenir conscients. La conscience est la limite naturelle de la psychologie : tout ce qui est connu par la conscience, tous les phénomènes qui se succèdent dans notre for intérieur*, actions instinctives ou volontaires, sensations ou sentiments, idées ou juge-

---

expliquer les fonctions de la vie. Aujourd'hui la tendance générale est de considérer les fonctions organiques comme le résultat de phénomènes purement matériels.

ments, que le sommeil seul vient suspendre ou tout au moins ralentir, et qui pour être connus n'ont pas besoin de l'intermédiaire des sens, rentrent dans le domaine de la psychologie ; tout ce qui, au contraire, échappe à la conscience reste en dehors de la psychologie.

Il est vrai que les psychologues revendiquent, non sans raison, l'étude de certains phénomènes inconscients, par exemple, de ces milliers de souvenirs latents qui dorment dans notre esprit et qu'une occasion ou une autre peut réveiller tout à coup ; mais ces faits, actuellement inconscients, peuvent, d'un moment à l'autre, reparaitre à la lumière de la conscience ; ils ne sont, pour ainsi dire, que provisoirement inconscients ; tandis que les phénomènes de la vie animale, circulation, respiration, digestion, sont inconscients par nature et pour toujours : ils seraient inconnus, ils resteraient plongés dans la nuit mystérieuse et les profondeurs obscures de l'organisme, si les sens n'y pénétraient pas pour les découvrir.

Distinction des faits psychologiques et des faits physiologiques. — Le physique et le moral dans la nature humaine sont si intimement unis, ils exercent l'un sur l'autre une si profonde influence, qu'on a parfois essayé d'absorber la psychologie, qui étudie la vie morale, dans la physiologie, qui étudie la vie physique de l'homme. La digestion, la circulation, la respiration, a-t-on dit, sont les fonctions de l'estomac, du cœur, des poumons ; de même la pensée est la fonction du cerveau. Les deux sciences, celle qui étudie la pensée et celle qui étudie le cerveau, devraient donc se confondre, et la psychologie ne serait tout au plus qu'un chapitre de la physiologie.

Il n'en est rien, car il y a entre les phénomènes

psychologiques et les phénomènes physiologiques une opposition radicale de nature qui rend toute assimilation impossible.

En premier lieu, ces deux catégories de phénomènes ne sont pas connues de la même manière. Rentrez en vous-mêmes, repassez dans votre souvenir tout ce que vous avez fait depuis votre réveil : d'une part, vous avez accompli certaines actions, vous avez procédé à votre toilette du matin ; vous vous êtes rendus à la salle d'études, puis en classe ; vous avez ouvert vos livres ; vous avez entendu la leçon du maître ; vous avez répondu à ses questions ; vous avez acquis des idées nouvelles, par vos sens ou par votre réflexion, ou repensé, grâce à votre mémoire, à des idées anciennes ; enfin, vous avez éprouvé, à propos de vos lectures, des émotions de plaisir ou de peine, par le fait de votre travail, des sensations de fatigue : de tout cela vous avez été immédiatement avertis par votre conscience, vous avez su ce que vous pensiez, ce que vous sentiez, ce que vous vouliez faire. Mais, d'autre part, pendant que vous vous livriez à vos études, vous viviez ; vos fonctions organiques s'accomplissaient ; votre cœur battait, votre sang circulait, et vous n'en avez rien su ; vos muscles se contractaient ou se détendaient, vos nerfs vibraient, et vous n'en étiez pas informés...

Comment confondre, par conséquent, ces deux séries de phénomènes, les uns qui vous sont immédiatement révélés dès qu'ils existent, les autres que vous ignorez, quoiqu'ils s'accomplissent sans interruption en vous-mêmes : la circulation du sang, par exemple, dont vous n'auriez absolument aucune idée, si vous viviez avant Harvey [*] ?

En second lieu, les phénomènes physiologiques sont tous des mouvements matériels ; la contraction des muscles, la vibration des nerfs, etc. Les phénomènes psychologiques sont peut-être les conséquences de certains mouvements de la matière cérébrale ; mais en eux-mêmes ils sont tout autre chose que des mouvements, et c'est pour cela précisément qu'ils échappent à toute perception sensible :

« Peu importerait, dit un psychologue contemporain, que, le cerveau étant démesurément agrandi, on pût y circuler comme dans un moulin, ou qu'étant devenu transparent comme du verre, notre regard pût le traverser de part en part. Nous n'y verrions pas plus de phénomènes psychologiques que nous n'en voyons dans un moulin ou dans une sphère de cristal (1). »

Enfin et *en troisième lieu*, les phénomènes psychologiques et les phénomènes physiologiques sont en un sens indépendants les uns des autres. Sans doute nous n'expérimentons pas la pensée sans la vie, nous n'avons jamais rencontré d'être pensant qui ne fût en même temps un être vivant. Mais, par contre, dans le sommeil par exemple, sans parler de la folie, nous constatons que la vie se prolonge, que les phénomènes physiologiques se maintiennent, alors que les phénomènes psychologiques sont presque totalement interrompus. On ne rêve pas toujours, il y a des sommeils sans songes, et, dans ce cas, sentiments, pensées, volonté, tout disparaît pour un temps ; la conscience s'éteint, tandis que les fonctions physiques suivent leur cours.

Rapports de la psychologie et de la physiologie. — Quelque distincts que soient les faits qu'étudie la physiologie et ceux qui sont l'objet de la psychologie, nous n'en sommes plus au temps où l'on contestait les rapports de ces deux séries de phéno-

---

(1) Voyez les *Leçons de Philosophie* de M. Rabier (t. I, p. 29), ouvrage remarquable et savant, trop savant peut-être pour des études élémentaires.

mènes. Qui songerait aujourd'hui à rééditer ce que M. Barthélemy Saint-Hilaire* écrivait, il y a trente ans, dans sa *Préface* à la *Psychologie* d'Aristote* : « Je crois que la physiologie n'a rien à faire dans un traité de psychologie »? Non, les faits psychologiques sont liés à des conditions physiques : ils dépendent, en partie au moins, de l'organisme. Le philosophe qui voudrait oublier cette corrélation serait fort exposé à ce qu'une fatigue cérébrale lui rappelât, au beau milieu de sa méditation, que le cerveau prend, lui aussi, sa part du travail de l'intelligence. Il y a presque toujours une place à faire aux considérations physiologiques dans l'analyse des diverses opérations que la conscience nous révèle.

Classification des faits psychologiques. — Quoique les faits psychologiques aient pour forme unique la conscience, ils sont entre eux très différents, et le premier soin du psychologue doit être de les classer, de les distribuer en catégories, d'après leurs ressemblances et leurs différences essentielles.

Les facultés. — Autant on aura reconnu par l'observation de classes de phénomènes moraux, autant on admettra de *facultés*. Les facultés sont à l'âme ce que les propriétés sont à la matière inanimée, les fonctions aux corps organisés. Elles sont les forces du monde moral.

Il ne saurait être question aujourd'hui, comme on l'a fait autrefois, de prendre les facultés pour des entités* indépendantes et distinctes, pour des êtres séparés. Les facultés ne sont que des dénominations générales et abstraites, des étiquettes nominales, sous lesquelles les psychologues rangent, pour la commodité de leurs expositions, les familles de faits analogues qu'ils ont distinguées dans la conscience. Il est bien entendu que toutes les fois que nous emploierons le mot *faculté*, il faudra comprendre sous ce mot un ensemble de faits.

Historique de la question. — Rappelons brièvement les divers essais de classification qui ont été proposés pour les facultés morales. Platon distinguait déjà trois parties dans l'âme, l'intelligence ou la raison, le cœur ou le courage, source des passions nobles ou élevées, le désir ou la sensibilité inférieure. Au xviie siècle, chez Descartes et ses disciples, nous voyons les facultés ramenées à l'entendement ou intelligence et à la volonté; la sensibilité est omise. D'autre part, Bossuet* confond la volonté et l'entendement sous la même dénomination d'opérations intellectuelles, et établit une classe à part pour les opérations sensitives.

C'est en Allemagne et au siècle dernier, chez les psychologues de l'école de Wolf*, qui ont précisément inventé le mot de psychologie, jusque-là inusité, que, pour la première fois, a été établie avec quelque précision la distinction aujourd'hui classique et banale des trois facultés : la sensibilité, l'intelligence et la volonté. Niée par les sensualistes, qui, comme Condillac*, ne veulent voir dans les phénomènes psychologiques que les transformations d'un fait primordial unique, qui serait la sensation, la division triple des facultés morales a été admise par la plupart des autres philosophes. Reid*, il est vrai, et l'école écossaise reviennent à la théorie cartésienne, en distinguant seulement les facultés actives et les facultés intellectuelles. Mais de plus en plus, et malgré les tentatives isolées de quelques personnes qui, comme les phrénologues*, proposent des classifications beaucoup plus compliquées et plus longues, les philosophes des écoles les plus diverses, les positivistes* comme les spiritualistes, ceux qui doutent de l'existence de l'âme comme ceux qui y croient le plus fermement, se mettent d'accord pour diviser la science mentale en trois départements. C'est ainsi que M. Bain*, l'un des plus célèbres représentants de la psychologie anglaise contemporaine, admet les trois catégories qu'il définit en ces termes :

1° Le *sentiment*, qui comprend les plaisirs ou les peines : les mots *émotion, passion, affection* sont des synonymes du sentiment;

2° La *volition* ou volonté;

3° La *pensée*, intelligence ou connaissance. Les *sensations* se rangent en partie dans la classe du sentiment, en partie dans celle de la pensée.

Faits affectifs ou sensitifs, intellectuels, volontaires. — Pour faire comprendre la différence des trois séries de faits que distinguent les psychologues, le mieux est peut-être de s'en rapporter à l'expérience personnelle de chacun et de chercher des exemples.

La chaleur que communique le soleil, le parfum qu'on respire auprès des fleurs, la saveur douce du miel, et aussi l'émotion que cause la vue d'un tableau, la douleur qu'on ressent en perdant un ami : voilà des sensations et des sentiments. Malgré les différences qui les séparent, tous ces faits se ressemblent en ce qu'ils sont des émotions, des faits *affectifs* ou *sensitifs;* ils ont tous pour caractère commun de consister à aimer ou à haïr, et par suite à jouir ou à souffrir.

D'un autre côté, la perception de la forme ou de la couleur d'un objet, le souvenir d'un événement passé, l'image qu'on garde d'un monument, d'un paysage, l'idée d'une qualité commune à un grand nombre d'êtres, comme la méchanceté ou la vertu, les raisonnements de la géométrie : voilà des faits *intellectuels*, qui possèdent tous ce caractère fondamental d'être *représentatifs*, d'offrir à la conscience la représentation soit d'un objet, soit d'un rapport entre les objets.

Enfin les actes que l'homme accomplit quand il parle, quand il écrit, quand il se met au travail, quand il change de place, quand il prend une résolution quelconque ; voilà des faits qui ont tous pour cause initiale la *volonté*, ou le pouvoir de se déterminer à une action.

Les premiers sont rattachés à la *sensibilité*, les seconds à l'*intelligence*, les derniers à l'*activité volontaire*.

Tableau des facultés. — Tous les faits essentiels de la vie morale rentrent dans ces trois catégories, *sensibilité, intelligence, volonté*. Ces trois attributs épuisent la définition de l'esprit, qui peut être considéré comme une force qui sent, qui pense et qui veut : ce qui revient à dire que l'esprit humain se manifeste successivement par des sensations ou des sentiments, des pensées et des volontés.

Cependant, pour être rigoureusement complet et à raison des relations étroites de l'esprit et du corps, il faut comprendre aussi parmi les faits psychologiques certains faits intermédiaires, mitoyens, pour ainsi dire, entre l'esprit et le corps, placés sur les confins de la psychologie et de la physiologie : ce sont les *mouvements* et les *instincts*, qui peuvent être rattachés à l'*activité physique*.

D'autre part, les phénomènes de la sensibilité diffèrent profondément dans leur origine, dans leurs objets, dans leur ordre d'évolution : les plaisirs et les douleurs du corps, les sensations, en un mot, sont intimement liés aux organes physiques ; les joies et les peines du cœur et de l'esprit sont d'une nature plus élevée, se développent plus tard et supposent comme antécédents des faits intellectuels. Les premiers constituent la *sensibilité physique*, les autres la *sensibilité morale*, qui ne devra être étudiée qu'après l'intelligence, puisqu'elle en dérive en partie.

En résumé, le tableau des facultés psychologiques peut être divisé ainsi qu'il suit :

1° Activité physique ;
2° Sensibilité physique ;
3° Intelligence ;
4° Sensibilité morale ;
5° Activité volontaire.

Relations des facultés entre elles. — Il es bien entendu d'ailleurs qu'en fait les divers états de conscience n'existent guère isolément et ne sont pas absolument indépendants les uns des autres. Les facultés collaborent et s'entr'aident ; les phénomènes se mêlent et se confondent.

Ainsi l'intelligence s'associe à toutes les opérations psychologiques, puisque la conscience, qui est le caractère commun de toutes ces opérations, est elle-même la première des fonctions intellectuelles. Il n'y a pas de joie ou de peine, d'affection ou d'aversion, qui n'ait conscience d'elle-même, et qui n'implique en outre plus ou moins l'idée de l'objet agréable ou désagréable, aimé ou détesté, qui provoque ces émotions. De même, il n'y a pas de volonté qui ne suppose la connaissance, vague ou précise, de l'acte qu'on s'est résolu à accomplir et des motifs pour lesquels on s'y est résolu. Il est rare que l'esprit existe dans un état exclusif. Mais la division classique en trois facultés essentielles n'en subsiste pas moins, et les nécessités de l'analyse exigent que la psychologie sépare idéalement et dans la théorie ce qui est uni dans la réalité.

La légitimité de la distinction des facultés ainsi entendues ne peut faire doute pour personne ; mais il faut se garder d'attacher à cette œuvre de classification plus d'importance qu'elle n'en mérite. Ce qui est autrement intéressant pour le psychologue, c'est de décrire et d'analyser les faits, afin de les ramener non pas seulement aux classes qui les comprennent, mais aux lois qui les gouvernent.

RÉSUMÉ

1. La **psychologie** est l'étude des faits intérieurs qui constituent la vie morale de l'homme, par opposition à sa vie physique.

2. La **psychologie expérimentale** est une science de faits. La **psychologie rationnelle** est une science métaphysique qui s'efforce de rattacher les faits à un principe unique : l'âme, d'après les spiritualistes.

3. L'**âme** a été entendue tour à tour comme un principe de permanence et de forme, chez les minéraux, un principe de vie chez les plantes, un principe de sensibilité et de mouvement chez les animaux, enfin un principe de pensée chez l'homme. De plus en plus, le mot âme est devenu synonyme de **principe spirituel**, qui sent, qui pense et qui veut.

4. L'étude des faits psychologiques est indépendante des conclusions que les philosophes admettent sur l'existence et la nature de l'âme.

5. Les **faits psychologiques** se distinguent des **faits physiologiques** : 1° en ce qu'ils sont immédiatement connus par la conscience; 2° en ce qu'ils ne sont pas, comme les faits physiologiques,

de simples mouvements de la matière étendue ; 3° en ce qu'ils peuvent ne pas coexister avec les phénomènes physiologiques.

6. Les faits psychologiques présentent entre eux des ressemblances et des différences qui permettent de les classer en un certain nombre de catégories, qu'on appelle les **facultés de l'âme**.

7. Une faculté n'est pas autre chose que l'ensemble des états de conscience qui ont même nature.

8. On distingue trois séries de faits psychologiques : 1° les faits affectifs ou sensitifs ; 2° les faits intellectuels ; 3° les faits volontaires ; et par suite trois facultés, la **sensibilité**, l'**intelligence** et la **volonté**.

9. A ces trois facultés essentielles il faut joindre l'**activité physique** ; quant aux faits affectifs, ils doivent être rattachés, les uns à la sensibilité physique, les autres à la sensibilité morale.

LEÇON II

L'ACTIVITÉ PHYSIQUE : — MOUVEMENTS, INSTINCTS, HABITUDES.

Évolution des facultés. — L'activité physique. — Les mouvements chez l'enfant. — Les mouvements sont-ils des phénomènes psychologiques ? — Classification des mouvements. — Mouvements spontanés. — Mouvements provoqués. — Actions réflexes. — Mouvements instinctifs. — L'instinct chez l'homme. — Caractères de l'instinct. — Jusqu'à quel point l'instinct est-il invariable ? — Mouvements conscients. — Commencements de l'activité volontaire. — **Comment l'enfant apprend à marcher.** — Les habitudes physiques. — L'activité physique chez l'homme fait.

Évolution des facultés. — L'homme n'arrive pas d'emblée à la pleine possession de ses facultés morales. C'est par un lent acheminement qu'il s'élève peu à peu de la vie animale à la vie humaine. Il convient évidemment de suivre dans l'étude des phénomènes psychologiques cet ordre d'évolution naturelle. Nous commencerons donc nos recherches, non par l'analyse des facultés les plus hautes, mais par l'examen des faits les plus humbles, ceux qui sont communs à l'animal et à l'homme.

L'activité en général, l'activité physique. — A ce titre, c'est l'*activité*, l'*activité physique,* qui se présente la première à notre observation.

En un sens, il est vrai, toute opération psychologique est un acte, un phénomène d'activité. Penser, sentir, c'est encore agir. L'activité, sous toutes ses formes, peut être définie le développement d'une force qui tend à une fin. Mais on donne au mot activité une signification plus restreinte et plus précise quand on la considère comme le principe des actions qu'elle manifeste en dehors d'elle-même, quand on emploie l'expression d'*activité physique* pour désigner l'ensemble des influences, des causes qui déterminent les mouvements du corps.

L'activité physique, d'abord aveugle, fatale, déterminée par des causes obscures, par des instincts sourds et presque inconscients, passe ensuite dans la dépendance de la sensibilité, c'est-à-dire des émotions conscientes; plus tard elle rentre sous l'empire de la volonté. Mais à tous ses degrés et sous toutes ses formes elle peut toujours être définie : *le pouvoir d'agir sur les muscles et de produire des mouvements corporels.*

Les mouvements chez l'enfant. — Les phénomènes du mouvement sont les premiers qui se manifestent chez l'enfant. Bien avant qu'il pense, il agit, il se meut. A peine né, il s'agite, il remue ses lèvres pour téter ; il ferme ses paupières pour se dérober à l'éclat d'une lumière trop vive; il tend les muscles de sa poitrine et de sa gorge pour produire le cri et la voix.

Les mouvements sont-ils des phénomènes psychologiques ? — Les mouvements du corps sont avant tout des faits physiologiques, qui résultent du jeu des nerfs et des muscles. Mais ce sont aussi en partie des faits psychologiques : ils le seront à proportion qu'ils tomberont sous le regard de la conscience. L'enfant n'est pas une simple machine, et ses mouvements ne sont pas des actes purement mécaniques, les résultats d'un automatisme matériel.

Classification des mouvements. — Les mouvements familiers à l'enfant se présentent d'ailleurs sous beaucoup de formes, et participent plus ou moins à la vie consciente. Quelques-uns sont presque totalement inconscients.

Nous distinguerons surtout les *mouvements spontanés*,

qui proviennent de la nature même, d'une excitation interne, et les *mouvements provoqués*, qui sont déterminés par un stimulus* extérieur.

Mouvements spontanés. — Les mouvements spontanés chez l'adulte, dans certains cas chez l'enfant lui-même, ont pour cause la volonté : ils dépendent alors de l'*activité volontaire* que nous étudierons plus tard (voyez *Leçon XVI*). Dans ce cas, nous produisons un mouvement en pleine connaissance de cause, pour accomplir une action préméditée, pour atteindre un but prévu. Mais, avant d'obéir à notre volonté, nos nerfs et nos muscles sont soumis à des besoins irréfléchis, à des tendances inconscientes de la nature.

1° Dans un petit nombre de cas, les mouvements de l'enfant ont pour cause une habitude déjà contractée dans la vie intra-utérine*. L'habitude, ce tyran de la vie, exerce déjà son empire sur le nouveau-né. Les observateurs de l'enfance ont constaté, par exemple, que les enfants avaient une tendance à porter les mains sur leur figure et sur leurs yeux, à replier leurs jambes vers le corps, à reprendre enfin la molle position qu'ils occupaient dans le sein de la mère : ce sont là des *mouvements habituels*.

2° Des *habitudes héréditaires*, transmises par les parents, peuvent, elles aussi, déterminer des mouvements spéciaux. M. Pérez* a observé un enfant de six jours qui portait machinalement la main sur son visage, et qui réussissait à la placer sur sa tête. Le père de l'enfant reconnut dans cette attitude un geste qui lui était familier à lui-même.

3° Mais ce ne sont là que des cas exceptionnels et peu importants. Un beaucoup plus grand nombre de mouvements, chez l'enfant et même chez l'homme mûr, s'expliquent par l'*activité spontanée des centres nerveux*. Il y a chez l'enfant une énergie de force vitale, une fraîcheur et une surabondance de sève qui déborde, et qui se manifeste par une gesticulation désordonnée, par une mobilité incessante. Plus les fonctions vitales seront puissantes, plus les mouvements seront vifs. A tout âge la vigueur naturelle des organes et la riche santé des fonctions se traduiront par des mouvements de ce genre.

Mouvements provoqués. — Les mouvements de l'enfant et de l'homme même ne sont pas toujours la conséquence d'une excitation intérieure et spontanée ; ils proviennent souvent d'une cause extérieure. Tels sont, par exemple, les mouvements brusques et subits que déterminent en nous la vue d'un objet repoussant, un bruit éclatant, un chatouillement.

Actions réflexes. — Les faits irréfléchis, involontaires, provoqués par un agent extérieur, nous présentent le type parfait de ce que les physiologistes appellent une action *réflexe,* par analogie sans doute avec les phénomènes de la *réflexion* de la lumière.

L'action réflexe est, en quelque sorte, la réponse de l'organisme vivant à l'excitation extérieure qui le sollicite. La sensitive, quand elle replie ses feuilles au moindre contact, nous donne déjà l'image de l'action réflexe. Mais l'action réflexe n'existe véritablement que chez les animaux qui possèdent un système nerveux et un système musculaire, le premier susceptible d'*irritation* et le second de *contraction*. Les deux systèmes, les deux tissus, sont liés entre eux de telle sorte que l'irritation de l'un entraîne la contraction de l'autre, et par suite détermine un mouvement. L'excitation, une fois communiquée aux nerfs, se propage le long des fibres nerveuses, aboutit à un centre nerveux, d'où elle est transmise à un muscle par l'intermédiaire d'un autre nerf.

Bien entendu, quoique le type de l'action réflexe

soit le mouvement provoqué, les mouvements spontanés, eux aussi, sont des actions réflexes toutes les fois qu'ils sont inconscients et automatiques. Dans ce cas, l'excitation nerveuse se produit d'elle-même, en vertu de l'activité propre des centres nerveux.

Mais toujours l'action réflexe est absolument irréfléchie : la conscience en est absente, et à plus forte raison la volonté. Les actions réflexes, dit M. Herbert Spencer*, ne sont que l'aurore de la vie sensible.

Mouvements instinctifs. — Nous venons d'examiner diverses catégories de mouvements qui ont pour antécédent, pour cause, soit une habitude, soit l'hérédité individuelle, soit le trop-plein de l'activité vitale, soit enfin une excitation extérieure. Mais il y a toute une série de mouvements spontanés, de beaucoup la plus importante, que l'on explique par l'instinct.

Les *mouvements instinctifs* se distinguent des autres mouvements spontanés en ce qu'ils sont coordonnés, réguliers et dirigés vers un but. Mais ce but, ils ne le connaissent pas ou le connaissent à peine ; ils y tendent presque aveuglément, et en cela ils se distinguent des mouvements volontaires.

De ce nombre sont les mouvements que l'enfant accomplit pour téter, pour associer ses deux yeux dans une vision unique, pour imprimer à ses deux jambes le rythme locomoteur.

L'instinct chez l'homme. — Au dire de certains philosophes, l'instinct serait le privilège de l'animal. Capable de tout apprendre, l'homme, dit-on, commence par ne rien savoir. Il ne possède pas l'instinct, ou le possède à peine. Assurément il n'y a pas à comparer, sous ce rapport, la vie humaine, où la réflexion joue le grand rôle, et la vie animale, presque entièrement asservie à l'aveugle instinct. Mais, dans les premières années de l'enfant tout au moins, il est impossible de ne pas reconnaître que l'instinct est le principe d'un certain nombre d'actions. Avant que l'homme, qui est appelé à se gouverner lui-même, soit en pleine possession de sa raison et de sa volonté, la nature l'a placé sous la garde de certaines dispositions qui lui servent de guides, qui le déterminent à agir, et à agir conformément aux besoins essentiels de son existence.

Caractères de l'instinct. — L'*instinct* peut être défini une tendance innée, une impulsion à agir qui préexiste à toute éducation, qui ne suppose aucune réflexion préalable, et qui atteint cependant avec une sûreté merveilleuse le but poursuivi.

L'instinct est la part de la nature dans l'homme, le don de l'hérédité. Par cela seul qu'il existe, et qu'il reproduit à son tour le type de l'espèce à laquelle il appartient, tout individu est doué d'instincts.

Les caractères de l'instinct ont été souvent décrits par les philosophes, mais ils ont été en général établis avec une rigueur trop absolue.

Ainsi, on affirme que l'instinct est *inconscient*, qu'il est caractérisé par l'*ignorance du but* qu'il poursuit et de l'action qu'il accomplit.

Cela n'est vrai que sous certaines réserves. Tout instinct n'est pas nécessairement aveugle. Nous ne saurions admettre, par exemple, que, chez l'enfant, l'instinct de téter soit absolument dépourvu de conscience : la joie très vive que l'enfant manifeste de très bonne heure, quand il se rapproche du sein de sa nourrice, est la preuve qu'il a eu jusqu'à un certain point conscience, dès le début, de la satisfaction donnée à son besoin de nutrition.

On dit encore que l'instinct atteint sans étude une *perfection immédiate* et infaillible. Une observation plus attentive prouverait, je crois, que même les abeilles, les fourmis, dans leurs constructions merveilleuses, n'échappent pas à certains tâtonnements, et commettent, elles aussi, des maladresses.

Ce qui est plus vrai, c'est que l'instinct est *spécial*, et qu'il ne s'applique qu'à une seule chose, à une fin déterminée. Un oiseau ne construit pas toute espèce de nids, mais un nid d'une certaine forme.

Jusqu'à quel point l'instinct est invariable. — Un autre caractère de l'instinct, conséquence des précédents, serait l'*invariabilité* absolue, l'uniformité des mêmes actions toujours identiques à travers les siècles. Les abeilles de Virgile[*] et celles de notre temps construiraient leurs ruches de la même manière. Nous ne contestons pas que les actions instinctives ne se ressemblent en général; mais nous croyons qu'elles admettent une certaine variabilité, très limitée du reste.

M. Berthelot[*], par exemple, raconte qu'il a, pendant vingt-cinq ans, observé dans les bois de Sèvres une cité de fourmis, et qu'il y a recueilli des faits non équivoques, qui prouvent que les sociétés animales ne sont pas absolument immobiles.

« J'ai pu observer, dit-il, dans ma fourmilière une émigration en masse... C'était à la fin de l'été. La fourmilière, située au bord d'un chemin fréquenté par les promeneurs, avait été souvent ravagée par leur curiosité malveillante. Obligées sans cesse de reconstruire leurs édifices, les fourmis se lassèrent. Un jour en traversant la route, je la vis traversée obliquement par une longue colonne de fourmis. Le lendemain et les jours suivants, la colonne noire marchait toujours. Surpris de cette persévérance, je suivis la colonne : elle se dirigeait au milieu des bois, ne parcourant aucun sentier déjà battu même par des fourmis; elle marchait sans se diviser, au milieu des feuilles mortes, des herbes et des racines d'arbres, vers un but évidemment fixé à l'avance. Le trajet dura trois cents mètres : il aboutissait au milieu des arbres, au pied d'un arbuste, en haut d'un petit escarpement sablonneux, difficilement accessible et dominant une vieille route pavée. Là, une nouvelle fourmilière se formait, en partie sous la terre, en partie à sa surface. L'émigration dura tout l'automne. Au printemps suivant, la ville ancienne était déserte, et la ville neuve en pleine activité. Le site actuel d'ailleurs n'était pas bien choisi. S'il se trouvait à l'abri des promeneurs en raison de sa situation, par contre il était au bas d'une pente herbagée, par laquelle s'écoulaient les eaux d'orage. La fourmilière, inondée à plusieurs reprises, ne reprit jamais sa prospérité première, elle dépérit et finit, après quelques années, par disparaître d'elle-même, comme aurait pu le faire une ville très souvent ravagée par les eaux ou par la malaria (1). »

Mouvements conscients. — S'il y a déjà dans les actes instinctifs quelque chose de conscient et par suite de psychologique, si l'instinct suppose une certaine représentation, quelque vague qu'on l'imagine, des moyens à employer et du but à atteindre, il n'en est pas moins vrai que les mouvements instinctifs ne participent que peu à la conscience. Il en est autrement de certains mouvements qui se produisent assez tôt chez l'enfant et qui résultent de ses émotions : lorsque, par exemple, un enfant ayant peur se rejette vivement en arrière et se blottit dans les bras de sa nourrice; de même quand il a une impression de plaisir causée par la vue d'un objet lumineux qu'il suit du regard tant qu'il peut l'apercevoir.

Ici, sans doute, comme dans certaines actions réflexes, la présence d'un objet extérieur semble être la cause du mouvement; elle n'en est en réalité que l'occasion. Il n'y a pas simplement transmission d'une excitation externe qui se communique aux nerfs et aux muscles. Il y a entre l'agent extérieur et le mouvement un intermédiaire conscient, la peur, la surprise, un plaisir, une douleur quelconque : de sorte que le mouvement, dans ces cas, a pour antécédent, non plus seulement une disposition aveugle ou une excitation

(1) M Berthelot, *Science et Philosophie*, p. 176.

physique, mais une opération consciente, un fait psychologique.

Commencements de l'activité volontaire.
— La vie instinctive n'est chez l'homme qu'un accident, un état provisoire, une régence, pour ainsi dire, qui prépare l'établissement de la royauté définitive, celle de la volonté réfléchie. Par l'intermédiaire de l'instinct, la nature tient, en quelque sorte, l'enfant par la main jusqu'au moment prochain où il pourra marcher seul. Aussi, dès les premières années, la volonté tend à se dégager de l'instinct, et les premiers mouvements intentionnels ne tardent pas à se montrer.

L'enfant trouve de bonne heure dans ses désirs naissants le point de départ d'une activité toute spontanée, toute consciente, et qui est l'ébauche de la volonté.

Voici un enfant de huit mois : dès que sa bonne le prend dans ses bras, le matin, il donne aussitôt des coups de reins pour lui faire comprendre qu'il veut se promener; car avant de goûter le plaisir de marcher lui-même, l'enfant apprécie beaucoup celui de marcher sur les jambes des autres. L'approche-t-on de la porte par où il doit sortir, son trémoussement redouble et prend une signification très nette. Au même âge, on constate que l'enfant meut sa tête et ses yeux dans une direction voulue, afin de retrouver l'objet qu'il désire voir. Si vous vous cachez près de lui, il saura bien s'incliner, se pencher, se tourner, de façon à vous découvrir. Déjà l'enfant par conséquent domine et gouverne ses petits membres; il en est le maître. Non pas de tous, sans doute ; tous d'ailleurs ne sont pas destinés à devenir les serviteurs de la volonté. Pendant toute notre vie une foule d'actes qui supposent des mouvements musculaires, les actes respiratoires, par exemple, resteront indépendants de notre vouloir.

Mais du moins l'enfant a déjà acquis la possession de certaines parties du système musculaire : il les dirige à sa guise, aussi bien que l'homme fait. Et dans la maturité, comme dans l'enfance, le désir, l'intention, la volonté, continueront à agir sur les muscles, à produire des mouvements réglés et concertés, sans que la conscience d'ailleurs nous apprenne jamais comment à l'acte intentionnel et conscient succède un mouvement matériel du corps.

Comment l'enfant apprend à marcher.— Un des grands événements de la vie de l'enfant, c'est son premier pas. C'est en même temps un des actes où se montre le mieux ce mélange qui caractérise la nature humaine, à la différence de la nature animale, ce mélange perpétuel d'instinct et d'effort, de tendances automatiques et mécaniques et d'intention consciente. Les enfants mettent beaucoup de temps à apprendre à marcher. On a cru observer que celui qui parle tôt marche tard, et *vice versâ*. Cela est vraisemblable, la nature n'aimant guère à faire deux efforts à la fois. Ce qui est certain, c'est que la locomotion est pour l'enfant une véritable étude : l'animal, au contraire, gambade parfois en naissant; l'oiseau vole presque au sortir de l'œuf. L'enfant tâtonne longtemps : d'abord il se dressera sur les genoux de sa mère, raidira les muscles de ses deux jambes de façon à se tenir sur ses pieds ; puis il apprendra à faire le mouvement alternatif, le mouvement rythmique qui constitue la marche ; enfin il osera se risquer tout seul dans l'espace, et c'est ici que l'intention se manifeste sous forme de désir vif, de hardiesse, de poursuite volontaire d'un but. L'enfant s'essayera d'abord, en s'accrochant à la main de celui qui le mène, ou, à défaut de la main, à ses vêtements; il cherchera son équilibre ; enfin, après quelques chutes, il avancera tout seul, fixant du regard la personne qu'il veut rejoindre, manifestant déjà par conséquent un effort volontaire. Et la joie qui rayonne dans ses yeux, lorsqu'il a ainsi conquis l'espace, témoigne précisément de l'intensité de son effort et du sentiment qu'il a de la difficulté vaincue.

Les habitudes physiques. — Ce n'est pas l'effort seul, l'effort intentionnel, joint aux tendances instinctives, qui détermine les mouvements physiques. L'habitude y prend une grande part, et cela dès les premières années de la vie. C'est une des lois essentielles de notre nature que tout acte tend à se reproduire par cela seul qu'il a été produit une fois. Nous acquérons une disposition à refaire ce que nous avons déjà fait et à le refaire avec plus de facilité, avec plus de sûreté. L'intensité de l'effort nécessaire décroît à mesure que grandit la force de l'habitude. L'habitude a en effet tous les caractères de l'instinct. Mais elle est un instinct acquis, une seconde nature.

La marche, l'écriture, l'exécution musicale, la parole elle-même, tous les mouvements qui à l'origine ont pour principe soit l'instinct, soit l'intention et l'effort, deviennent bien vite des actes habituels, auxquels nous nous livrons même sans presque y penser.

L'activité physique chez l'homme fait. — C'est surtout chez l'enfant que nous avons étudié l'activité physique, parce qu'elle présente chez lui des caractères particuliers, parce qu'elle y est plus directement soumise à l'organisme et à l'instinct, parce que aussi l'activité physique est presque le tout de la vie enfantine. Mais, pendant toute la durée de l'existence, l'activité physique reste un des attributs essentiels de la nature humaine. Seulement, avec le progrès de l'âge, le rôle de l'instinct diminue, et les actions physiques dépendent de plus en plus de la volonté et de l'habitude. C'est volontairement que nous

nous mettons à notre table de travail pour écrire, mais c'est l'habitude qui guide notre main et trace les caractères sur le papier. C'est volontairement que nous nous décidons à faire une promenade; mais c'est l habitude qui conduit nos pieds et détermine le mouvement de nos jambes.

L'activité physique de l'homme conservera d'ailleurs plus d'une fois les caractères de l'activité physique de l'enfant. Pendant que nous travaillons par la pensée, pendant que nous rêvons par l'imagination, bien des gestes nous échapperont qui n'auront pas de cause intentionnelle, et qui seront, comme la mobilité de l'enfant, le résultat d'une excitation spontanée des centres nerveux.

RÉSUMÉ

10. **L'activité physique** est le pouvoir d'agir sur les muscles, de produire les mouvements du corps.

11. Avant d'être **volontaire** et **consciente**, l'activité physique est d'abord **fatale** et **aveugle**; elle est déterminée par des causes obscures et inconscientes, l'excitation des centres nerveux, l'hérédité, l'instinct, etc.

12. Les mouvements chez l'enfant sont ou **spontanés** ou **provoqués**. Quand ils sont inconscients, ils constituent ce qu'on appelle des actions réflexes.

13. Les **actions réflexes** consistent en une excitation nerveuse suivie d'une contraction muscu-

laire; l'excitation nerveuse peut avoir pour cause soit une impulsion extérieure, soit une impulsion spontanée des centres nerveux.

14. Les **instincts** sont des systèmes d'actions réflexes ; les mouvements qu'ils déterminent se distinguent des autres mouvements spontanés en ce qu'ils sont ordonnés, réglés, et tendent à un but ; et ils diffèrent des mouvements volontaires en ce qu'ils ignorent le but auquel ils tendent.

15. Les **mouvements instinctifs** supposent cependant une certaine représentation des moyens à employer pour atteindre le but poursuivi : ils ne sont ni aussi infaillibles ni aussi invariables que l'ont affirmé certains philosophes.

16. Des **mouvements conscients** se produisent de bonne heure chez l'enfant, ceux qui dérivent des émotions de sa sensibilité.

17. Des **mouvements intentionnels** et **volontaires** se manifestent aussi d'assez bonne heure : la volonté joue un certain rôle, par exemple, dans l'éducation de la marche.

18. L'**habitude** intervient dans l'activité physique, par exemple, dans l'écriture, dans l'exécution musicale, etc.

LEÇON III

LA SENSIBILITÉ PHYSIQUE : — PLAISIR ET DOULEUR, SENSATIONS ET SENTIMENTS, BESOINS ET APPÉTITS.

Définition de la sensibilité. — Différents emplois du mot sensibilité. — Faits sensitifs et faits intellectuels. — Évolution de la sensibilité. — Sensibilité physique et sensibilité morale. — Sensations et sentiments. — Différentes dénominations des phénomènes sensitifs. — Éléments essentiels de tout phénomène sensitif. — Plaisir et douleur. — Plaisir et inclination. — Lois du plaisir et de la douleur. — Conséquences de ces lois. — Corrélation du plaisir et de la douleur. — Ce qu'il y a au fond de l'inclination. — Classification des émotions. — Les appétits. — Classification des appétits. — Les plaisirs des sens. — Caractères intrinsèques des plaisirs. — La sensibilité physique chez l'animal, chez l'enfant et chez l'homme.

Définition de la sensibilité. — Avec la sensibilité nous entrons décidément dans le monde de la conscience. Il y a, et on le conçoit facilement, des mouvements inconscients; mais une sensibilité inconsciente serait quelque chose d'incompréhensible, une pure contradiction dans les termes. Un être sensible a nécessairement conscience de ce qu'il sent. « Je sens » est synonyme de « J'ai conscience d'une sensation ou d'un sentiment ».

Commune à l'animal et à l'homme dans quelques-unes de ses manifestations, la sensibilité, sous toutes ses formes, peut être définie *la faculté d'éprouver du plaisir et de la peine, et par conséquent d'aimer et de haïr*.

Différents sens du mot sensibilité. — Les phénomènes sensibles ou sensitifs, dans le langage précis de la psychologie, sont essentiellement des phénomènes agréables ou désagréables, qui supposent ou au contraire provoquent l'existence d'une inclination ou d'une aversion. Il ne faut pas les confondre avec les phénomènes intellectuels qui les accompagnent généralement, et que certains philosophes rattachent à tort à la sensibilité.

Ainsi, l'enfant ouvre les yeux à la lumière : il voit les couleurs qui charment ses yeux, et dont l'apparence le réjouit. Dans ce cas, deux phénomènes très distincts se produisent en lui : le plaisir que lui procure la couleur brillante, ce qui est un fait de sensibilité, et la perception, la connaissance de la couleur, ce qui est un fait d'intelligence. (Voyez *Leçon VI.*)

Faits sensitifs et faits intellectuels. — Les faits sensitifs et les faits intellectuels se distinguent donc les uns des autres en ce que les premiers sont purement *affectifs* : ils constituent un état intérieur de l'esprit, plaisir ou douleur, selon le cas ; les seconds sont, au contraire, *représentatifs;* ils nous apprennent quelque chose sur la nature des objets extérieurs.

Sensibilité et intelligence ne sont pas seulement *différentes de nature*. Quoiqu'elles coexistent souvent — la plupart de nos plaisirs et de nos peines étant accompagnés de la représentation de l'objet qui les cause — il y a des cas où les deux facultés agissent isolément et témoignent qu'elles sont indépendantes l'une de l'autre. Certaines douleurs, certains malaises indéfinissables affectent notre sensibilité sans que notre intelligence en connaisse et s'en représente la cause : de même pour certaines impressions mystérieuses de bien-être et de plaisir. D'autre part, le plus grand nombre de nos représentations intellectuelles apparaissent à notre conscience sans aucun mélange de plaisir ou de peine: soit nature de l'objet, soit effet de l'habitude, nous restons indifférents devant la plupart de nos pensées;

nous étudions la géométrie sans y trouver le plaisir qui faisait tressaillir Pascal* en présence de tel ou tel théorème*.

Évolution de la sensibilité. — Consciente à tous ses degrés, la sensibilité n'est pourtant pas toujours identique à elle-même. Elle s'étend depuis les plus humbles actions de la vie animale, depuis les phénomènes de l'activité physique que nous avons déjà étudiés, et auxquels elle mêle des plaisirs et des douleurs, jusqu'aux plus hautes manifestations de la vie morale, qu'elle attriste ou qu'elle embellit par des émotions agréables ou pénibles.

Chez l'enfant, la sensibilité débute en s'associant aux fonctions de la vie organique. Nul doute que le nourrisson, poussé par le besoin de la nutrition, n'éprouve un plaisir extrême à se suspendre au sein de sa mère. Plus tard la sensibilité se joint aux représentations du monde extérieur dont les cinq sens sont la source : il y a les plaisirs de la vue, de l'ouïe, etc. Plus tard encore, la sensibilité, sortant de nous-mêmes et dépassant l'égoïsme, nous attache aux animaux, à nos semblables : l'enfant sourit à sa mère, et son sourire est déjà l'expression de sa tendresse. Enfin la sensibilité, lorsque l'intelligence est mûre pour les idées abstraites, se laisse émouvoir par ces idées. Un cortège d'émotions douces ou douloureuses accompagne les pensées les plus élevées : notre cœur bat pour la justice, pour la vérité, pour la patrie.

Sensibilité physique et sensibilité morale. — La sensibilité variera donc d'après la nature des causes qui l'excitent, des objets qui la provoquent.

Tantôt le phénomène sensitif aura pour antécédent immédiat, ou pour cause, un besoin organique, le besoin de manger, par exemple, une impression physique, le contact d'un corps moelleux; et, dans ce cas, il s'appellera *sensation* ; on le rattachera à la *sensibilité physique.*

Tantôt, au contraire, les plaisirs et les peines auront pour objet, et par conséquent pour antécédent, pour cause, une idée, une conception de l'esprit, un phénomène moral : par exemple, l'idée d'une faute qui cause la douleur du remords, l'idée d'une belle action qui engendre le plaisir de l'admiration : et alors ils s'appelleront *sentiments,* et on les rattachera à la *sensibilité morale.*

Sensations et sentiments. — Les sensations peuvent être définies, par conséquent, des plaisirs ou des douleurs qui dérivent immédiatement d'un phénomène matériel : par exemple, une brûlure, une lésion quelconque des organes, le plaisir de la marche, la satisfaction des besoins de nutrition, etc.

Les sentiments, au contraire, sont les plaisirs et les peines qui ont pour antécédent immédiat un phénomène psychologique, une représentation intellectuelle : l'idée de nos qualités ou de nos défauts, d'où les plaisirs et les peines de l'amour-propre ; l'idée de nos parents, de nos amis, d'où les sentiments de la famille, les joies de l'amitié, etc. « Les sensations, dit M. Sully*, naissent d'une excitation nerveuse ; les sentiments dépendent, au contraire, d'une des formes de l'activité mentale (1). »

Il résulte de cette différence d'origine que les sensations peuvent toujours être localisées dans une partie du corps, dans l'organe où s'est manifesté le besoin, où s'est produite l'impression. Exemple : J'ai mal à la tête ou à l'estomac ; je me suis brûlé au bras ; ma main est agréablement impressionnée par la chaleur ou par le froid. Les sentiments au contraire ne sont pas localisés dans le corps. C'est par simple figure de mots que le

(1) *Manuel de Psychologie à l'usage des professeurs.* Londres, 1885, p. 343.

langage vulgaire établit dans le cœur le siège des sentiments, à raison sans doute de l'action plus vive que les émotions de la sensibilité impriment au mouvement du sang et aux battements du cœur.

On comprend maintenant pourquoi l'étude de la sensibilité physique peut et doit précéder l'étude de l'intelligence; tandis que la sensibilité morale, dont nous ne parlerons que plus tard (voyez *Leçons XIV* et *XV*), suppose la connaissance préalable des phénomènes intellectuels.

Différentes dénominations des phénomènes sensitifs. — Les phénomènes de la sensibilité jouent un si grand rôle dans la vie humaine, ils présentent tant de complications, tant de nuances délicates, que le langage vulgaire a multiplié les expressions, les mots à peu près synonymes, pour en désigner les diverses formes. Avant d'aller plus loin, mettons un peu d'ordre dans ce vocabulaire usuel de la sensibilité.

Plaisirs et *joies* s'entendent de préférence, les premiers des plaisirs physiques, les autres des plaisirs de l'âme : les plaisirs du goût, de l'odorat; les joies de la famille, de l'amitié.

Douleurs et *peines* s'entendent de même : douleurs physiques, peines morales.

Le terme *émotions*, que la psychologie anglaise a mis à la mode, peut s'appliquer à tous les phénomènes de la sensibilité physique et de la sensibilité morale : il est synonyme de *faits sensitifs*.

Les *passions* expriment une recherche violente du plaisir, les inclinations dominantes, exclusives.

Enfin les *appétits*, les *penchants*, les *inclinations*, les *affections*, sont différents mots qui désignent les tendances de la sensibilité, selon qu'elle recherche des biens matériels ou des biens moraux, une satisfaction égoïste ou une satisfaction désintéressée.

Éléments essentiels de tout phénomène sensitif. — Quelle que soit leur différence d'origine et de nature, les sensations et les sentiments nous présentent, les uns et les autres, les mêmes phénomènes essentiels :

1° Des inclinations ou des aversions;
2° Des plaisirs et des douleurs.

Toute sensation, tout sentiment, est à la fois une inclination ou une aversion pour un objet déterminé, et une impression de plaisir ou de douleur : de sorte que la théorie générale de la sensibilité est la même pour les sensations et pour les sentiments.

Plaisir et douleur. — Il n'est pas question de définir le plaisir et la douleur : ce sont là des phénomènes simples, élémentaires, irréductibles à tout autre, et que chacun connaît suffisamment par sa propre expérience.

Mais, s'il est inutile et impossible de définir ces états de conscience, il est nécessaire de les expliquer, c'est-à-dire d'en faire connaître la cause.

Plaisir et inclination. — La cause du plaisir n'est autre que l'inclination, la tendance à agir dans un sens ou dans un autre. On a dit quelquefois que l'inclination, au contraire, était l'effet du plaisir ressenti; et il est certain en effet que le plaisir a pour conséquence d'aviver l'inclination, de lui donner pleine connaissance d'elle-même. Nous n'avons d'inclination décidée pour la chasse qu'après avoir goûté le plaisir de la chasse, pour le jeu qu'après avoir joué, pour le tabac qu'après avoir fumé. Mais il n'en est pas moins vrai que tout plaisir suppose une inclination antérieure, une tendance naturelle, consciente ou inconsciente, consciente quand le besoin, quand le désir précède l'action, inconsciente parfois, mais non moins réelle, quand elle ne se révèle que par le plaisir même qu'on éprouve à le satisfaire. Chez l'enfant encore inexpérimenté, le plaisir précède souvent l'inclination : un éducateur habile peut lui inspirer ainsi des goûts qu'il ne soupçonnait pas.

Le plaisir est donc une inclination satisfaite; la douleur, une inclination contrariée.

Lois du plaisir et de la douleur. — Prenons des exemples pour nous rendre bien compte des rapports de l'inclination avec le plaisir et la douleur.

Nous avons une tendance, une inclination à marcher : si nous nous promenons modérément, sans dépasser nos forces, nous éprouvons du plaisir; si la marche se prolonge, si c'est une marche forcée, nous ressentons de la fatigue et du malaise.

Nous aimons naturellement la lumière et les couleurs : une lumière douce, des couleurs vives, nous impressionnent agréablement ; mais une lumière trop éclatante, des couleurs criardes, nous blessent et nous font souffrir.

Nous avons un goût naturel pour la lecture, pour l'étude ; mais autant la lecture et l'étude nous récréent, nous réjouissent, quand nous nous y livrons avec mesure, autant nous éprouvons de peine si nous les imposons de force et trop longtemps à notre esprit surmené.

Il résulte de ces exemples, choisis entre mille, que le plaisir est la suite naturelle de l'exercice modéré et approprié de chacun des organes de notre corps, de chacune de nos facultés morales. Une action modérée des sens, des énergies musculaires, des facultés mentales, est accompagnée de plaisir.

Si au contraire l'action dépasse certaines limites, le plaisir diminue insensiblement, et se change bientôt en malaise, en douleur.

Aristote* l'avait déjà remarqué.

« C'est dans l'action, disait-il, que consistent le bien-être et le bonheur. Le plaisir n'est pas l'acte même, ni une qualité intrinsèque de l'acte; mais c'est un surcroît qui n'y manque jamais, c'est une perfection dernière qui s'y ajoute, comme à la jeunesse sa fleur. Chaque action a son plaisir propre. »

« Le plaisir, dit dans le même sens un philosophe moderne, Hamilton*, le plaisir est le résultat de l'exercice spontané et libre d'un pouvoir dont la conscience perçoit l'énergie; la douleur est le résultat d'une activité qui outrepasse sa puissance ou n'en atteint pas les limites. »

Conséquences de ces lois. — A la lumière de ces explications, presque tous les prétendus caprices de la sensibilité deviennent simples et clairs; tous ses mystères s'évanouissent.

Pourquoi, par exemple, la nouveauté nous plait-elle en toutes choses, tandis que l'uniformité nous irrite et nous fatigue ? Parce que les choses nouvelles excitent et exercent en nous des forces disponibles accumulées par l'inaction, tandis que ces mêmes forces s'usent par un exercice trop prolongé ou trop fréquemment répété.

Pourquoi ce qui nous charme un jour nous déplait-il le lendemain? Parce que, l'objet restant le même, nos dispositions personnelles ont varié. Hier nous étions prêts pour l'action, pour le travail cérébral, pour la marche; aujourd'hui nous ne le sommes plus.

Pourquoi la paresse a-t-elle tant d'attrait pour les uns, tandis que les autres ne trouvent le bonheur que dans l'action? C'est que tous les esprits n'ont pas la même dose d'énergie; c'est que l'activité intellectuelle, qui pour les uns est le développement naturel et aisé des puissances vivantes de l'intelligence, n'est pour les autres qu'un travail contraint, disproportionné à leurs forces. Les paresseux d'ailleurs s'ennuient quand ils ne peuvent se livrer à quelque occupation favorite.

Pourquoi encore certains objets sont-ils toujours désagréables, par exemple le noir pour les yeux, la rhubarbe pour le goût? Parce que les sensations qui en dérivent tendent à contrarier, à supprimer l'activité normale, l'exercice naturel de nos facultés : le noir, par exemple, impose à l'organe de la vision une sorte d'immobilité et d'inactivité.

Ne l'oublions pas, en effet : la douleur ne résulte pas seulement de l'action excessive ; elle est aussi la conséquence de l'inaction forcée. Il y a des douleurs négatives, comme la privation de la lumière, comme la solitude prolongée, comme l'immobilité.

Il y a des douleurs positives, comme la chaleur trop forte, comme un effort exagéré. Entre ces deux extrêmes, à égale distance de l'inaction et de l'excès d'activité, apparaît le plaisir, conséquence d'une activité moyenne, ou, pour mieux dire, d'une activité dirigée dans le sens de la nature, conforme à nos fins naturelles, et en même temps équivalente aux forces dont l'individu dispose.

Corrélation du plaisir et de la douleur. — La corrélation du plaisir et de la douleur est aussi une conséquence des lois que nous avons établies. Socrate* racontait que le plaisir et la douleur étaient à l'origine des ennemis irréconciliables, mais que Jupiter, pour rétablir la paix, les avait unis l'un à l'autre par des liens d'or : de sorte que, comme deux compagnons de chaine, ils se suivent l'un l'autre. Et en effet, au malaise de la faim ou de la soif succède le plaisir de manger et de boire ; toute privation, qui est une souffrance, est suivie, dès qu'elle cesse, d'un plaisir et d'une jouissance. De même des plaisirs excessifs engendrent la satiété, qui est accompagnée de malaise. Nous ne croyons pourtant pas, comme certains psychologues, que la vie consciente soit une série non interrompue de plaisirs et de peines. Il y a, quoi qu'on en dise, des états neutres, indifférents (1).

Ce qu'il y a au fond de l'inclination. — On explique le plaisir par l'inclination satisfaite; mais l'inclination elle-même, comment l'explique-t-on?

L'inclination est la tendance naturelle à agir dans un sens ou dans un autre, et, par conséquent, à rechercher, à aimer tout ce qui est conforme à notre activité, tout ce qui est bien, à écarter, à détester, tout ce qui y est contraire, tout ce qui est mal.

L'inclination, c'est l'activité canalisée, pour ainsi dire, par la nature dans des directions différentes.

En un sens, on peut dire que le fond de l'inclination est l'amour, l'amour de tout ce qui correspond à la conservation et au développement de notre être.

Inconscient d'abord, l'amour recherche instinctivement ce qui lui convient : une fois qu'il le possède, il éprouve du plaisir; et ce plaisir, une fois ressenti, laisse dans la conscience le désir de retrouver l'objet agréable. Le désir, c'est l'inclination consciente, qui sait ce qu'elle aime; c'est le souvenir d'un plaisir passé, et l'aspiration à un plaisir nouveau du même genre.

Classification des émotions. — L'inclination et le plaisir forment un tout, un ensemble, que d'un seul mot on peut appeler *émotion*. Nous avons déjà vu que les émotions doivent être classées en deux grandes catégories : les *sensations* et les *sentiments*.

Les sensations, ou émotions de la sensibilité physique, se subdivisent elles-mêmes en deux classes : 1° les émotions qui sont liées aux organes de la vie matérielle, et qui dépendent de l'accomplissement de leurs fonctions :

---

(1) Pour établir que l'homme n'est jamais « dans un état neutre, sans joie ni peine », M. Marion est obligé d'admettre « des joies et des tristesses inconscientes », ce qui est une pure contradiction. Il n'y a pas de plaisirs inconscients. (V. *Leçons de Psychologie*, p. 219.)

on les appelle *besoins* ou *appétits ;* 2° les émotions qui résultent de l'exercice des cinq sens, goût, odorat, ouïe, vue et toucher : ce sont les *plaisirs des sens*.

Les appétits. — Les besoins ou *appétits* sont les inclinations de la vie organique. Autant on compte de fonctions distinctes dans l'organisme, autant il y a de besoins ou d'appétits.

Les caractères des appétits sont ceux de toutes les sensations. L'appétit est toujours précédé d'un phénomène physiologique, d'une modification organique : la faim et la soif correspondent à un état particulier des voies digestives. L'appétit, par suite, est localisé dans une partie du corps.

Quelques appétits se distinguent des autres sensations par leur *périodicité*. Satisfaits pour un temps et apaisés par la satiété, ils renaissent à des intervalles déterminés, lorsque, la fonction demandant de nouveau à agir, le besoin reparaît : par exemple, le besoin de nourriture et le besoin de sommeil.

Classification des appétits. — La liste des appétits se confond avec la liste des fonctions organiques.

Les *fonctions de nutrition* (digestion, respiration, circulation, etc.) donnent lieu à l'appétit de la *faim*, de la *soif*, qui nous procurent des jouissances très vives; et aussi les sensations désagréables de la nausée, du dégoût, de l'inanition ; au *besoin de la chaleur ;* au *besoin de respirer ;* mais ce dernier besoin est tellement permanent, et si régulièrement satisfait par la nature, que nous ne ressentons plus le plaisir qui en résulte; nous éprouvons, au contraire, du malaise et de la gêne quand ce besoin est contrarié, dans la suffocation, par exemple.

Aux fonctions de relation correspondent le *besoin de mouvement* et un *besoin* corrélatif *de repos et de sommeil.*

Les plaisirs des sens. — L'exercice des cinq sens donne lieu à des plaisirs appropriés d'un ordre plus élevé que les précédents. Ces plaisirs, bien qu'on doive les attribuer à la sensibilité physique, sont susceptibles de se modifier sous l'action de l'intelligence : les plaisirs de la vue deviennent une des sources essentielles des émotions esthétiques que nous procure le beau réalisé par la peinture ; les plaisirs de l'ouïe s'associent au sentiment musical.

Les plaisirs des cinq sens se distinguent d'ailleurs des plaisirs de la vie organique, en ce qu'ils sont, pour ainsi dire, désintéressés : ils ne résultent pas de la satisfaction nécessaire d'un besoin essentiel à l'existence ; ils servent déjà d'intermédiaire entre les nécessités matérielles de l'animalité et les contemplations nobles et élevées de la vie intellectuelle.

Caractères intrinsèques des plaisirs. — Chaque plaisir, chaque douleur, sont des phénomènes spéciaux, *sui generis*, irréductibles à tous les autres. La douleur déterminée par une brûlure ne ressemble pas à la douleur que cause le mal de tête, ni le plaisir excité par de belles couleurs au plaisir que donne l'audition de sons agréables. Il y a donc en un sens autant d'espèces de plaisirs et de douleurs que d'espèces d'inclinations.

Cependant les psychologues ont essayé de distinguer les plaisirs en plusieurs classes, selon qu'ils sont *passagers* ou *durables*, *nobles* ou *bas*.

Cette dernière distinction est la seule qui mérite d'être retenue. Les émotions en effet diffèrent entre elles selon le but auquel elles tendent. Distinctes par leur origine, elles le sont aussi par leur fin. On ne saurait mettre sur la même ligne, dans la hiérarchie morale, les plaisirs qui tendent seulement à la conservation du bien-être matériel, et ceux qui, relevant de la sensibilité morale, tendent au développement de nos facultés intellectuelles.

La sensibilité physique chez l'animal, chez l'enfant et chez l'homme. — La sensibilité physique est commune à l'animal et à l'homme. Toute chair vivante est pénétrée de sensibilité; tout organe est le siège d'un besoin, d'une tendance; toute fonction physique est la source d'une jouissance ou d'une souffrance.

Mais les facultés intellectuelles, plus développées chez l'homme, impriment à sa sensibilité même physique des caractères particuliers : le souvenir et la réflexion rendent les émotions humaines plus durables, plus intenses.

Chez l'enfant et chez l'homme, la sensibilité physique présente aussi des différences notables. Elle est plus vive chez l'enfant, d'abord parce qu'elle se développe presque seule, parce que ni la sensibilité morale ni la réflexion intellectuelle ne viennent encore en contenir l'essor. L'enfant est tout entier à ses joies, à ses douleurs physiques. Il met dans son rire et dans ses larmes un accent qui témoigne de l'intensité de ses émotions. Plus tard, les préoccupations, l'effort de la pensée, la volonté modéreront les impressions sensibles : l'homme fait jouira et souffrira moins dans ses appétits, dans ses sens. Rien n'égale probablement l'intensité de joie du premier pas, du premier regard. Cette différence provient aussi de l'influence de l'habitude. Neuves et fraîches, les émotions de l'enfant sont nécessairement plus fortes; chez l'homme fait, elles s'émoussent.

RÉSUMÉ

19. **La sensibilité** est la faculté d'éprouver du plaisir ou de la peine, et par conséquent d'aimer ou de haïr.

20. Les **faits sensitifs** se distinguent des faits intellectuels en ce qu'ils sont **affectifs**; les **faits intellectuels** sont **représentatifs**.

21. Les faits sensitifs ont pour antécédent tantôt un fait physiologique, tantôt un fait psychologique : dans le premier cas, on les appelle **sensations**; dans le second, **sentiments**. Les sensations constituent la sensibilité physique; les sentiments, la sensibilité morale.

22. La **sensibilité morale**, qui suppose l'intelligence, ne doit être étudiée qu'après l'intelligence.

23. Les **sensations** sont localisées dans un organe, dans la partie du corps où se produit le fait physiologique qui les précède.

24. Dans la sensation comme dans le sentiment, on retrouve les éléments constitutifs de la sensibilité : 1° le plaisir et la douleur; 2° l'inclination.

25. Le **plaisir** suppose toujours une inclination préalable, ou consciente ou inconsciente.

26. Le **plaisir** est une **inclination satisfaite**; la **douleur**, une **inclination contrariée**.

27. Le plaisir résulte d'une activité moyenne, conforme à la nature, équivalente aux forces dont l'individu dispose. La douleur résulte, soit de l'inaction forcée, soit de l'action excessive.

28. L'inclination, au fond, n'est que l'amour du bien, la recherche de la conservation et du développement de l'être.

29. Les **sensations** ou émotions de la sensibilité physique se répartissent en deux catégories : 1° les appétits ; 2° les plaisirs des cinq sens.

30. Les **appétits** correspondent aux diverses fonctions de la vie organique.

31. Les **plaisirs des sens** sont intermédiaires entre la sensibilité physique et la sensibilité morale.

LEÇON IV

L'INTELLIGENCE EN GÉNÉRAL. DIVISION DES FAITS INTELLECTUELS.

Définition de l'intelligence. — Rapports de l'intelligence et des autres facultés. — Ce qu'on appelait entendement. — Évolution de l'intelligence. — La part de l'innéité dans l'intelligence. — Eléments de l'intelligence : l'idée et le jugement. — Le jugement, acte essentiel de l'intelligence. — Division des faits intellectuels. — Tableau général des fonctions de l'intelligence. — Analyse d'une page de Descartes. — Conditions du développement de l'intelligence. — Conditions physiologiques : le cerveau et la pensée. — Conditions psychologiques : l'attention.

Définition de l'intelligence. — L'intelligence est l'ensemble des faits par lesquels nous nous représentons soit un objet, soit le rapport de deux ou plusieurs objets. Considérée comme le principe de tous ces faits, elle peut être définie la *faculté de penser*. Penser en effet est la même chose que connaître et comprendre : connaître, c'est se représenter un objet quelconque : comprendre, c'est saisir le rapport d'un objet et d'un autre objet.

Étymologiquement l'intelligence (du verbe latin *intelligo*) signifie exclusivement la faculté de comprendre. Mais il est plus exact de lui rapporter même les simples faits de connaissance. Les connaissances sensibles des choses extérieures, la perception d'une couleur, la perception d'un son, bien qu'elles dérivent des sens, sont cependant déjà des faits intellectuels.

Rapports de l'intelligence et des autres facultés. — Nous ne saurions trop nous convaincre de cette vérité que les phénomènes psychologiques, quelle que soit leur diversité, se mêlent et se confondent en fait. L'analyse psychologique seule les distingue et les met à part, comme l'analyse chimique sépare dans un corps composé les éléments simples.

Dans la réalité vivante de la conscience, il n'y a pas un seul fait de sensibilité qui ne soit accompagné d'un fait intellectuel : soit tout au moins la conscience du plaisir ou de la douleur, soit la connaissance de l'objet qui provoque l'inclination ou l'aversion. De même la volonté suppose toujours un fait intellectuel : vouloir, c'est se déterminer à une action que l'on connaît, c'est tendre à un but que l'on se représente.

Remarquons que l'intelligence seule, à la différence des autres facultés, peut se développer isolément, et sans qu'aucun fait sensitif ou volontaire se mêle à son action. Le penseur sans doute n'est indépendant d'une façon absolue ni de la sensibilité ni de la volonté. Descartes, quand il médite, est le plus souvent entretenu dans ses pensées par le plaisir qu'il y trouve, et surtout par sa volonté, qui lui fait une loi de poursuivre son raisonnement. Penser ne va pas, le plus souvent, sans une secrète joie de l'esprit, ni sans une forte attention; or l'attention, c'est la volonté dirigeant l'intelligence. Dans certains cas pourtant nous jugeons, nous raisonnons, sans qu'aucune émotion s'ajoute à nos jugements et à nos raisonnements, sans que nous ayons besoin d'effort et de volonté pour suivre nos pensées. Le géomètre qui poursuit la démonstration de ses théorèmes n'est qu'une pure pensée, qui n'agit qu'intellectuellement.

Ce qu'on appelait entendement. — Le mot *intelligence* est aujourd'hui consacré par l'usage pour désigner tous les faits qui ont pour caractère commun d'être des pensées. Le mot *entendement*, autrefois fort usité, ne convient que pour désigner les actes les plus élevés de l'intelligence, ceux qui n'ont aucunement besoin du concours des cinq sens.

Le physicien qui observe les qualités des corps fait déjà œuvre d'intelligence ; mais il fait œuvre d'entendement quand il raisonne pour établir les lois physiques, pour expliquer les phénomènes de la nature. Le géomètre qui raisonne sans cesse fait constamment usage de son entendement.

Les anciens philosophes distinguaient nettement les *opérations sensitives*, perception sensible, mémoire, imagination, et les *opérations intellectuelles*, généralisation, jugement, raisonnement ; celles-ci seulement étaient rapportées à l'entendement. Il paraît plus juste de réunir dans une même catégorie tous les faits de pensée, quelle qu'en soit la source, qu'ils dérivent de la perception sensible, ou d'un travail ultérieur, d'une élaboration propre de l'esprit.

Evolution de l'intelligence. — L'intelligence se manifeste déjà, chez l'enfant, dès le jour où il connaît sa mère, où il distingue les objets que ses sens lui présentent. Mais, enveloppée à l'origine dans les impressions sensibles, l'intelligence se développe peu à peu ; ou plutôt des faits d'un autre ordre succèdent aux premières perceptions des sens. Conservées par la mémoire, les représentations particulières, qui se sont peu à peu accumulées dans l'esprit, donnent lieu à des comparaisons, à des rapprochements, d'où se dégagent insensiblement les idées abstraites, les idées générales, qui représentent, non plus les objets particuliers, mais leurs rapports.

En d'autres termes, l'intelligence, qui n'est d'abord que le miroir des choses, acquiert peu à peu sa vitalité propre. Elle réagit sur les éléments de connaissance qui lui sont fournis par la perception sensible et par la conscience; elle s'en empare, elle les modifie, elle les transforme, elle s'élève aux plus hautes conceptions; elle étend par le raisonnement les connaissances primitives.

En un mot, le mécanisme de l'intelligence suppose à la fois des données, des matières premières, pour ainsi dire, et une action exercée par l'intelligence elle-même pour tirer parti de ces données élémentaires et transformer ces matières premières.

La part de l'innéité dans l'intelligence. — L'intelligence n'est pas seulement un vase qui se remplit peu à peu, grâce aux connaissances qu'y versent quotidiennement les sens et la conscience; c'est une force qui existe par elle-même, qui a par suite ses tendances propres, ses instincts, ses lois inflexibles.

Non seulement chaque intelligence tient de l'hérédité* et de sa nature propre plus ou moins de vivacité, de puissance, de dispositions à mieux comprendre tel ou tel ordre de vérités. Mais toute intelligence, par cela seul qu'elle est une intelligence, apporte avec elle en naissant des principes qui dirigent toutes ses opérations.

Ces principes constituent ce qu'on appelle la *raison*, c'est-à-dire tout ce qui est inné à l'intelligence, par opposition à l'*expérience*, c'est-à-dire à tout ce qui est acquis.

Éléments de l'intelligence : l'idée et le jugement. — Quelle que soit la diversité des formes de l'intelligence, on retrouve les mêmes éléments dans toutes ses manifestations. Le fait intellectuel élémentaire, c'est la représentation, ou en d'autres termes l'*idée*, tantôt l'idée sensible et particulière, un homme, un arbre, tantôt l'idée abstraite et générale, l'humanité, les végétaux.

Mais les idées par elles seules ne constituent pas la vie de l'esprit, l'activité de l'intelligence. L'intelligence n'agit véritablement que lorsqu'elle associe des idées, c'est-à-dire lorsqu'elle juge, lorsqu'elle affirme ; et en fait elle juge toujours. Le *jugement* est l'acte fondamental de l'intelligence ; il est à la pensée ce que la respiration est au corps.

S'il n'y avait que des idées isolées, se succédant les unes aux autres dans l'esprit, sans lien qui les associât, l'esprit serait semblable à un dictionnaire de mots, qui comprendrait l'énumération de tous les substantifs et de tous les adjectifs de la langue. Pour que ces mots prennent une valeur, il faut qu'ils se joignent entre eux ; que le verbe *être* les réunisse. De même, pour que l'intelligence agisse, il faut que les idées s'unissent entre elles pour former des jugements que le langage traduit en propositions ou en phrases.

Le jugement acte essentiel de l'intelligence. — Prenons un à un les divers faits intellectuels, et nous constaterons qu'ils consistent tous à juger.

La perception extérieure, sous sa forme même la plus élémentaire, est l'affirmation, tout au moins, de l'existence de l'objet perçu. J'affirme ou je juge que cette couleur existe, que j'entends ce son. A un degré plus élevé, la perception extérieure est l'affirmation du rapport que je saisis entre deux idées sensibles : cette table est carrée, cette fleur est rouge.

La conscience, ou perception intérieure, n'est que la série des jugements que nous portons sur les faits qui s'accomplissent en nous. *Je sens une douleur* équivaut à ce jugement : *J'affirme que je sens une douleur*. Avoir conscience des phénomènes psychologiques n'est pas autre chose qu'en affirmer l'existence.

La mémoire est aussi une collection de jugements :

je juge que j'ai vu autrefois telle personne, qu'il y a deux jours j'ai fait telle promenade.

L'imagination elle-même aboutit à des jugements, et les idées qu'elle nous suggère n'ont de prix que quand elles sont unies les unes aux autres. Le paysage que j'imagine est verdoyant; l'ombre y entretient la fraîcheur.

La raison a été souvent définie la faculté des idées et des vérités premières : or la vérité n'est qu'un jugement, un jugement conforme à la réalité.

L'abstraction et la généralisation ne sont en un sens que les sources des idées abstraites et générales ; mais ces idées ne se présentent isolément que dans les dictionnaires; dans l'esprit, elles se combinent toujours entre elles ou avec des idées particulières pour constituer des jugements. « Le Français (idée générale) est malin (autre idée générale). » — « J'aime (idée particulière) l'humanité (idée générale). »

Enfin le raisonnement n'est pas autre chose qu'une succession de jugements liés entre eux de telle façon que l'esprit, en les comparant, en dégage un nouveau jugement.

Division des faits intellectuels. — Rien n'est plus varié que les faits intellectuels ; rien n'est plus compliqué, par conséquent, que leur division et leur classification.

Les faits intellectuels, en effet, diffèrent entre eux à divers points de vue : d'abord, à raison de la nature des objets que se représente l'intelligence (les qualités matérielles des objets extérieurs, ou les phénomènes spirituels); ensuite, selon que l'intelligence acquiert pour la première fois les connaissances (perception), ou n'a plus qu'à les conserver (mémoire); suivant encore que l'intelligence tire ses idées d'elle-même (raison), ou les reçoit de l'expérience (sens et conscience); suivant enfin que l'intelligence est simplement le miroir où se reflètent les objets, ou bien devient l'ouvrière active qui élabore les matériaux fournis par les facultés primitives (abstraction, généralisation, raisonnement).

Tableau général des fonctions intellectuelles. — En tenant compte des différentes considérations que nous venons d'indiquer, on arrive à classer ainsi qu'il suit les faits et les fonctions de l'intelligence :

1° Fonctions d'acquisition, qu'on appelle aussi facultés d'intuition, de perception immédiate, facultés d'expérience : les *sens* et la *conscience*. Les sens sont comme les fenêtres de la maison qu'habite l'intelligence ; la conscience est la lumière qui éclaire l'intérieur du logis.

2° Fonctions de conservation : ce sont celles qui conservent, qui maintiennent soit les connaissances fournies par les sens, par la conscience, soit les connaissances qui résultent des fonctions ultérieures de l'intelligence : la *mémoire*, l'*imagination représentative*.

3° Fonctions d'élaboration et de combinaison : ce sont celles qui s'emparent des matériaux, des données de la conscience et des sens, les comparent, les associent par un travail de réflexion, et, grâce à cette élaboration, achèvent de constituer l'intelligence : l'*imagination créatrice*, l'*abstraction*, la *généralisation*, le *raisonnement*.

La *raison* n'est pas nommée dans ce tableau, parce qu'à vrai dire elle n'est pas une fonction particulière de l'intelligence ; elle est l'intelligence elle-même, dans sa constitution native et dans ses lois innées. La raison domine toutes les opérations intellectuelles ; c'est elle qui les dirige et qui les rend possibles.

Analyse d'une page de Descartes. — Un

exercice assez propre à nous faire reconnaître les diverses fonctions intellectuelles consiste à analyser, dans un auteur quelconque, une suite de pensées.

Prenons, par exemple, une page de Descartes :

« J'avais étudié, étant plus jeune, entre les parties de la philosophie à la logique, et entre les mathématiques à l'analyse des géomètres et à l'algèbre, trois arts au moins qui semblaient devoir contribuer quelque chose à mon dessein (*mémoire : Descartes se rappelle ce qu'il a étudié étant jeune*). Mais, en les examinant (*attention, analyse*), je pris garde que pour la logique, ses syllogismes et la plupart de ses autres instructions servent plutôt à expliquer à autrui les choses que l'on sait qu'à les apprendre (*jugement : Descartes affirme que la logique n'est pas efficace pour la découverte de la vérité*). Et bien qu'elle contienne en effet beaucoup de préceptes très vrais et très bons, il y en a toutefois tant d'autres mêlés parmi qui sont ou nuisibles ou superflus (*idées abstraites et générales*), qu'il est presque aussi malaisé de les en séparer que de tirer une Diane ou une Minerve hors d'un bloc de marbre qui n'est point encore ébauché (*imagination : Descartes se représente le travail d'un sculpteur façonnant une statue*). Puis, pour l'analyse des anciens et l'algèbre des modernes, outre qu'elles ne s'étendent qu'à des matières fort abstraites, la première est toujours si astreinte à la considération des figures, qu'elle ne peut exercer l'entendement sans fatiguer beaucoup l'imagination. Et l'on s'est tellement assujetti, en la dernière, à certaines règles et à certains chiffres, qu'on en a fait un art confus et obscur, qui embarrasse l'esprit, au lieu d'une science qui le cultive. Ce qui fut cause que je pensai qu'il fallait chercher quelque autre méthode qui, comprenant les avantages de ces trois, fût exempte de tous leurs défauts (*raisonnement déductif; le syllogisme de Descartes pourrait être ainsi formulé : Majeure : L'esprit humain a besoin d'une méthode ; mineure : or la logique, l'analyse des géomètres, l'algèbre, sont des méthodes insuffisantes; conclusion : il faut donc chercher une nouvelle méthode*). Et, comme la multitude des lois fournit souvent des excuses aux vices, en sorte qu'un État est bien mieux réglé lorsque, n'en ayant que fort peu, elles y sont fort étroitement observées ; ainsi, au lieu de ce grand nombre de préceptes dont la logique est composée, je crus que j'aurais assez des quatre suivants (*raisonnement inductif par analogie*) : Descartes, ayant observé ce qui se passe dans les États, où les choses sont d'autant mieux réglées que les lois y sont moins nombreuses, conclut qu'il est bon aussi de réduire à un petit nombre les préceptes de la logique)... »

Sauf des exemples de perceptions sensibles, qui naturellement n'interviennent guère dans les méditations abstraites d'un philosophe, la page que nous venons d'analyser nous offre à peu près toutes les variétés du travail intellectuel.

Si nous voulons bien rentrer en nous-mêmes et nous rendre compte, par exemple, des opérations qui se sont succédé dans notre conscience pendant un quart d'heure de réflexion, nous retrouverons avec la même facilité dans la trame de nos pensées les différents fils qui la constituent, et qui sont empruntés tantôt à la perception extérieure, tantôt à la mémoire, tantôt à l'imagination, tantôt aux opérations purement intellectuelles de l'abstraction et de la généralisation.

Conditions du développement de l'intelligence. — L'intelligence suppose avant tout des données : elle sera d'autant plus riche que les sens auront été plus exercés, qu'ils auront recueilli dans le milieu qui nous entoure plus de notions ou d'idées, que la conscience plus vivante nous aura révélé plus d'impressions intérieures. Il faut aussi à l'intelligence des principes qui la dirigent : c'est sa nature même, c'est sa constitution native, c'est sa qualité d'être raisonnable qui les assure à l'homme. Mais il faut encore, pour garantir le développement de l'intelligence, certaines conditions qui ne se réalisent pas toujours.

Conditions physiologiques : le cerveau et la pensée. — La santé physique générale importe au développement de la pensée : une pensée saine est généralement unie à un corps sain. Des rapports plus étroits encore existent entre l'intelligence et le cerveau. Le cerveau* est évidemment l'organe de la pensée comme l'œil est l'organe de la vue. Nous ne voulons pas dire que le cerveau est le principe de l'intelligence ; mais, dans l'état actuel de la nature humaine, il en est l'outil, l'outil indispensable. L'ablation de certaines parties du cerveau a pour conséquence la disparition de telle ou telle fonction intellectuelle, comme la suppression de certaines touches d'un piano empêche le musicien de produire certaines notes.

Le développement progressif de l'intelligence, de l'enfance à la maturité, correspond exactement au développement du cerveau.

« Le cerveau, nous dit un psychologue anglais, se développe à la fois dans son volume, et aussi dans sa structure, c'est-à-dire dans la complication croissante de ses diverses parties. Le volume atteint à peu près son *maximum* vers la fin de la septième année. Au contraire, son organisation, au point de vue de la structure, n'est guère qu'embryonnaire à cette même époque (1). »

Conditions psychologiques : l'attention. — Mais si le développement de l'intelligence a ses conditions physiques, il dépend aussi, et peut-être à un plus haut degré encore, de conditions psychologiques : la principale est l'attention.

L'attention n'a pas trouvé place dans notre tableau des fonctions intellectuelles, parce qu'à vrai dire elle n'est pas une des facultés particulières de l'intelligence : elle est la condition du développement de toutes. A la pensée instinctive, qui par elle-même n'irait pas bien loin, succède, grâce à l'attention, la pensée réfléchie. Les fonctions intellectuelles les plus humbles, la perception extérieure, par exemple, n'atteignent toute leur puissance que grâce à l'attention : regarder, écouter, sont autre chose que voir et entendre. Quant aux opérations supérieures de l'esprit, elles seraient à peine possibles sans l'attention ; une fois

---

(1) M. Sully, *Manuel de psychologie*. Londres, 1886, p. 65.

sans doute que le raisonnement s'est mis en train, on peut soutenir qu'il se continue sans effort, conduit par le pur attrait de la pensée ; mais, au début tout au moins de nos méditations, nous avons besoin d'attention pour échapper au joug des impressions sensibles, des fantaisies de l'imagination, et pour diriger notre pensée vers le but de nos recherches.

RÉSUMÉ

32. **L'intelligence,** c'est-à-dire l'ensemble des faits intellectuels, peut être définie la **faculté de penser,** c'est-à-dire de connaître et de comprendre, de connaître les choses et de comprendre les vérités.

33. L'intelligence accompagne toutes les opérations de la sensibilité, puisque toutes ces opérations sont au moins conscientes d'elles-mêmes. Elle est le principe de la volonté, puisque la volonté suppose la connaissance de ce qu'on veut.

34. A son tour, l'intelligence est soutenue par le plaisir qui se mêle à l'activité de la pensée et par la volonté qui est le principe de l'attention. Il y a cependant des faits intellectuels absolument indépendants de la sensibilité et de la volonté.

35. L'intelligence est un mot plus compréhensif que l'**entendement** qui ne désigne que les opérations intellectuelles, **abstraction, raisonnement.** Elle comprend les opérations sensitives : **perception, mémoire, imagination,** aussi bien que les opérations intellectuelles.

36. L'intelligence a pour point de départ la **perception sensible** et la **conscience**, en un mot l'**expérience**. Elle forme avec ces matériaux, par un travail ultérieur, les **idées abstraites** et les **idées générales;** elle étend ses connaissances primitives par le **raisonnement.** et elle est aidée dans toutes ses opérations par la **raison.**

37. Dans tous les faits intellectuels on retrouve les mêmes éléments : les **idées**, c'est-à-dire les représentations des choses. Ces idées elles-mêmes sont toujours associées entre elles par un acte d'affirmation qui constitue le **jugement.**

38. Toutes les fonctions intellectuelles aboutissent à des jugements.

39. Les faits intellectuels se répartissent en trois grandes catégories :

1° **Faits d'acquisition,** perception extérieure des sens, perception intérieure de la conscience;
— 2° **Faits de conservation,** mémoire, imagination représentative ; — 3° **Faits de combinaison et d'élaboration :** imagination créatrice, abstraction, généralisation, raisonnement.

40. La **raison** n'est pas une fonction intellectuelle particulière; elle est l'intelligence même, dans sa constitution native, dans ses principes innés.

41. L'intelligence, en même temps qu'elle emprunte ses données à l'expérience, ses lois à la raison, a besoin encore, pour se développer, de certaines conditions : les unes physiques et physiologiques, le **cerveau;** les autres psychologiques, principalement l'**attention.**

LEÇON V

LA CONSCIENCE ET L'ATTENTION.

La conscience et l'attention. — Divers sens du mot conscience. — Caractères de la conscience. — Perception et conception. — Degrés de la conscience. — Causes des variations dans l'intensité de la conscience. — Conscience spontanée et conscience réfléchie. — Y a-t-il des phénomènes inconscients ? — Connaissances que nous devons à la conscience. — L'idée du « moi ». — L'idée de substance et l'idée de cause. — L'attention. — L'attention instrument d'éducation. — Lois de l'attention. — Attention, réflexion, comparaison.

La conscience et l'attention. — La conscience étant la forme générale de tous les faits intellectuels, c'est elle qu'il faut étudier la première.

De même pour l'attention, qui n'est, à vrai dire, que la conscience réfléchie et dont nous avons déjà dit qu'elle constitue la condition la plus importante du développement intellectuel.

Tout fait psychologique est conscient, c'est-à-dire qu'il se connaît lui-même à l'instant même où il se produit. D'un autre côté, toute fonction intellectuelle, après s'être accomplie d'abord spontanément, peut se reproduire avec réflexion, c'est-à-dire sous l'empire de l'attention.

Il est donc nécessaire, avant d'examiner les opérations particulières de l'esprit, de considérer leur caractère commun et aussi leur mode réfléchi : la conscience et l'attention.

Divers sens du mot conscience. — Dans le langage ordinaire, le mot conscience a surtout une signi-

'fication morale. Une bonne conscience, une mauvaise conscience, c'est l'état moral d'une âme honnête ou déshonnête. La philosophie emploie aussi le mot conscience dans le même sens : la conscience pour le moraliste, c'est l'ensemble des sentiments et des jugements qui se rapportent à la morale ; c'est l'idée du bien, l'idée du devoir, c'est le repentir et le remords.

Tout autre est l'acception du mot conscience en psychologie : la conscience psychologique peut être définie la *connaissance que nous avons de nous-mêmes* ou, plus justement encore, la connaissance immédiate que nous avons de chacun des faits qui s'accomplissent dans notre sensibilité, dans notre intelligence et dans notre volonté.

Caractères de la conscience. — La conscience est une *perception*, ou encore une intuition, c'est-à-dire une connaissance immédiate, primitive.

Percevoir, c'est connaître sans intermédiaire, du premier coup, un objet particulier. On perçoit une douleur, un son, une saveur. La conscience est la perception intérieure ; les sens sont les organes de la perception extérieure.

Percevoir et concevoir. — On distingue nettement, dans le langage philosophique, la *perception* et la *conception*.

La conception est une opération dérivée, ultérieure, de l'intelligence. On conçoit par l'imagination un vaste édifice, le monde entier. On conçoit par l'abstraction les nombres, par la généralisation, l'humanité. La conception d'ailleurs n'entraine pas nécessairement la croyance à l'existence de l'objet conçu ; elle n'est pas fatalement enveloppée dans un jugement : on peut concevoir un bel été pour la saison prochaine, sans y croire ; on peut concevoir l'humanité, sans rien affirmer d'elle pour le moment.

La perception, au contraire, donne toujours lieu à un jugement : ma conscience, mes sens, ne me présentent pas des idées isolées, mais toujours des affirmations qui portent au moins sur l'existence de l'objet perçu.

Degrés de la conscience. — Les phénomènes psychologiques en général, ceux de la conscience en particulier, ne sont pas des états absolus, invariables. Si l'on pouvait les mesurer, on constaterait qu'ils passent par des degrés très divers, depuis un minimum presque égal à zéro jusqu'à un maximum très élevé.

Il y a des moments où une pleine lumière envahit notre esprit : nous voyons avec une netteté parfaite les moindres particularités, les plus petits détails de la pensée présente à notre intelligence : c'est le plein jour de la conscience.

Mais, dans d'autres cas, au contraire, nous apercevons avec peine, confusément et obscurément, l'objet de notre pensée : c'est la demi-lueur du crépuscule qui dissipe déjà les ombres de la nuit, sans nous éclairer tout à fait.

« Les faits psychologiques sont susceptibles d'une infinité de degrés, et, comme eux et avec eux, la conscience peut décroître indéfiniment sans cesser d'être. Il y a des atomes de conscience dans le monde de l'âme comme des atomes d'étendue dans le monde des corps (1). »

Causes des variations dans l'intensité de la conscience. — Le degré de la conscience dépend en partie de la nature des phénomènes dont, grâce à elle, nous prenons connaissance. Les faits qui ont pour antécédents immédiats des phénomènes organiques, les appétits, par exemple, sont à peine conscients ; au contraire, les faits de sensibilité morale, d'intelligence

(1) M. Rabier, *op. cit.*, p. 54.

abstraite, de volonté, qui ne relèvent que très indirectement des fonctions physiologiques, acquièrent une pleine conscience d'eux-mêmes. En d'autres termes, à mesure que les faits deviennent plus psychologiques, la conscience augmente et s'éclaire. C'est que la conscience est l'essence même des phénomènes psychologiques. Elle n'est pas, à proprement parler, une faculté distincte, elle est la succession des faits moraux, se connaissant eux-mêmes à mesure qu'ils se produisent.

Le degré de la conscience dépend, par suite, de toutes les causes qui affaiblissent ou accroissent l'intensité de l'activité psychologique. Ainsi, dans les premiers moments qui suivent le réveil, nous n'avons qu'un vague sentiment de nous-mêmes, nos rêves se prolongent encore, et, la vie psychologique n'ayant pas encore repris son entière lucidité, la conscience s'en ressent.

La conscience, en un mot, est à l'esprit ce que la lumière est à la flamme. Plus la combustion s'accélère, plus la flamme est intense et plus la lumière est vive et brillante.

Conscience spontanée et conscience réfléchie. — Ce que nous venons de dire n'est vrai que de la conscience spontanée qui accompagne sans effort les phénomènes psychologiques. Mais l'attention exerce son empire sur la conscience comme sur les autres opérations intellectuelles : la conscience devient alors la *réflexion*, c'est-à-dire l'attention portée sur les phénomènes de l'esprit.

Dans ce cas, l'esprit se dédouble pour ainsi dire : le sujet pensant devient l'objet de la pensée, et, grâce à l'attention, qui est un effort, un acte de la volonté, nous n'en sommes plus seulement à nous voir nous-mêmes, nous nous regardons. Et le regard attentif double ou triple la portée de la vision : regarder attentivement, c'est voir avec un verre grossissant, avec une loupe.

Cette conscience attentive, a-t-on dit bien souvent, n'est pas dans les tendances naturelles de l'esprit. Nous sommes peu disposés à nous replier sur nous-mêmes, entraînés que nous sommes à regarder autour de nous. Il suffit pourtant d'un peu d'effort et de quelque habitude pour que cette observation intérieure nous devienne aussi familière que l'observation extérieure. Les psychologues, les esprits méditatifs deviennent aisément capables de s'observer eux-mêmes et de pratiquer cet art de la réflexion qui est le principe de toute science psychologique.

Y a-t-il des phénomènes inconscients? — En dehors et tout autour du champ qu'éclaire la conscience, y a-t-il une zone de phénomènes inconscients, qui doivent cependant être considérés comme des phénomènes psychologiques? Sans abuser de l'inconscient, comme le font quelques philosophes contemporains, M. de Hartmann *, par exemple, il est impossible de ne pas constater autour de ce centre lumineux qu'on appelle la conscience une bordure crépusculaire, pour ainsi dire, et même plongée dans l'ombre de l'inconscience.

Il y a longtemps que Leibnitz* l'a fait observer, nous n'avons pas conscience de certaines perceptions sourdes, inaperçues, tellement faibles qu'elles ne sont pas remarquées au passage et qui laissent cependant une trace dans notre esprit.

De ce genre sont, par exemple, le bruit du moulin que le meunier endormi semble ne pas entendre, et qu'il entend cependant dans une certaine mesure, puisque, le bruit cessant, le meunier se réveille ; de même, un sermon ennuyeux dont le monotone débit endort l'auditeur, qui ne se réveille que lorsque le sermon est fini ; les impressions multiples que les sens nous transmettent pendant que nous lisons, pendant que nous méditons, étrangers à tout ce qui se passe autour de nous, et dont nous ne nous rendons compte qu'après coup, etc. On sait que, sous l'influence de la fièvre, de l'agitation nerveuse, on a vu des malades parler une langue dont ils ne faisaient pourtant pas un usage journalier : par exemple, la servante de Coleridge*, qui parlait hébreu dans un accès de fièvre, parce que dans sa jeunesse elle avait entendu son maître lire tout haut la Bible dans le texte hébraïque. Sans qu'elle s'en doutât, les sons de la langue inconnue s'étaient gravés dans sa mémoire.

Mais ces perceptions obscures ne sont pas des faits inconscients à proprement parler, ce sont des faits de conscience moindre, de conscience intermittente. Et, à vrai dire, l'esprit, ne pouvant jamais penser qu'à une chose à la fois, passe sans cesse de l'inconscience à la conscience.

Connaissances que nous devons à la conscience. — La conscience accompagnant tous les faits psychologiques, c'est à elle que nous devons la connaissance de tous les faits intellectuels et moraux.

Nous n'avons une idée du remords que parce que nous l'avons éprouvé ; nous ne mettons un sens précis sous les mots de joie, de tristesse, d'ambition, d'amitié, que parce que nous avons eu conscience de ces sentiments.

Il y a des consciences partiellement aveugles et sourdes, comme il y a, au point de vue de la perception extérieure, des gens qui ne voient ni n'entendent, parce que ces consciences sont celles d'esprits incomplets, auxquels une partie des phénomènes psychologiques restent étrangers.

L'idée du « moi ». — La conscience est un défilé ininterrompu de perceptions particulières; mais toutes ces perceptions qui s'égrènent une à une dans la pensée, nous les rattachons toutes à nous-mêmes. La conscience, aidée par les autres opérations de l'esprit, nous fournit l'idée du moi.

Cette idée n'est pas de celles que l'enfant acquiert immédiatement. Elle suppose un certain travail de réflexion, de comparaison, entre les perceptions successives de la conscience.

« C'est, dit M. Sully, par un travail d'abstraction analogue à celui par lequel l'enfant groupe les objets extérieurs d'après leur ressemblance qu'il parvient à connaître le monde intérieur et moral, son propre esprit, son propre caractère. L'idée du moi commence par la perception de l'organisme individuel considéré comme l'objet où l'enfant localise ses impressions agréables ou désagréables. Cette perception partielle du moi ne s'acquiert, elle aussi, que lentement. Le professeur Preyer* remarque qu'à un an son fils mordait son propre bras comme un objet étranger. Cette forme grossière et matérialiste de la conscience de soi correspond à cette première période de la vie où l'enfant parle de lui-même en se désignant par son nom propre.

« Aussitôt que le pouvoir d'abstraction grandit, l'idée du moi devient plus complète et embrasse la représentation des états intérieurs de l'esprit... L'enfant d'abord se laisse absorber par les impressions extérieures. Faire attention aux faits de la vie intérieure, cela suppose un effort de l'esprit qui se détourne du monde extérieur... Ce retour sur soi-même est favorisé par les éloges ou le blâme que reçoit l'enfant. Lorsque l'enfant est obligé de réfléchir sur ses propres actions comme bonnes ou mauvaises, il s'élève à une plus complète connaissance de lui-même. La substitution graduelle des mots « je, moi » au nom propre, qui s'observe vers la troisième année, marque un progrès dans la conscience personnelle... Un travail ultérieur d'abstraction est impliqué dans l'idée du moi permanent... La croyance à un moi qui dure, un et identique, à travers tous les changements de la sensibilité, suppose aussi un certain développement de la mémoire (1). »

(1) M. Sully, *op. cit.*, p. 256.

En laissant de côté ce que l'idée du moi peut devoir à la perception sensible de notre corps, cette idée résulte donc surtout de la comparaison que l'esprit établit entre ses différents états de conscience. Malgré leur diversité, ils ont tous quelque chose de commun, c'est qu'ils sont perçus comme nôtres. Grâce à la mémoire, grâce à l'abstraction qui dégage dans la variété des phénomènes leur qualité commune d'êtres conscients de la même manière, nous nous élevons sans peine à l'idée de notre existence personnelle.

L'idée de substance et l'idée de cause. — L'idée du moi permanent est le principe, la matière, pour ainsi dire, de l'idée générale de substance, qui a joué un si grand rôle dans la philosophie.

La substance, c'est précisément quelque chose qui subsiste le même, qui dure sous des modifications apparentes et des changements perpétuels.

La permanence de la forme dans les objets sensibles peut contribuer sans doute à nous faire acquérir l'idée de la substance invariable; mais c'est seulement en nous-mêmes, par la conscience de notre identité personnelle, que nous expérimentons réellement une substance, c'est-à-dire un être permanent (1).

De même, la conscience est la source de la notion de cause, c'est-à-dire du rapport qui existe entre une force agissante et un effet produit. Dans le monde extérieur, nous saisissons des phénomènes qui se succèdent, et qui se succèdent même constamment. Mais le rapport de « causalité » est quelque chose de plus que l'idée d'une succession invariable; c'est l'idée d'une

---

(1) « L'idée de substance, dit M. Rabier, peut être dérivée de l'idée du moi. Le moi s'apparaît à lui-même comme chose en soi, comme quelque chose d'identique. Il peut donc, mieux que les objets extérieurs, fournir à l'intelligence le type d'où se dérive la notion de substance. » (*Op. cit.*, p. 289.)

action efficace, d'un effort suivi d'effet; et c'est en nous, dans la conscience de notre activité dirigée vers un but et tendant à un acte qu'elle prévoit et qu'elle produit, que nous saisissons pour la première fois sur le fait une cause agissante. Cette notion de cause, empruntée d'abord à notre propre expérience, nous la généralisons ensuite et nous la transportons dans le monde extérieur.

L'attention. — Ce n'est pas à la conscience spontanée, réduite à elle-même, c'est à la conscience prolongée par la mémoire et aidée par la comparaison réfléchie, c'est à l'attention, en un mot, que nous devons les connaissances dont il vient d'être question.

L'attention n'est pas une fonction intellectuelle spéciale; elle est un mode général, le mode volontaire de l'intelligence. Elle est l'intelligence disciplinée par la volonté. Elle peut être définie : *l'intelligence se gouvernant elle-même, s'appliquant où elle veut.*

Par cette définition nous excluons du domaine de l'attention les états de conscience qui la simulent : par exemple, les états où l'intelligence est absorbée par une impression qui la domine, qui la subjugue. Une perception dominante, exclusive, ne peut être confondue avec l'attention véritable, qui est précisément le pouvoir de se soustraire au joug des sensations, de se porter volontairement vers les objets que nous avons choisis, qui est, en un mot, la liberté de l'esprit.

L'attention instrument d'éducation. — L'attention est la condition du développement de toutes les facultés intellectuelles. Nous la retrouverons, agissante et efficace, dans toutes les opérations de l'esprit, assurant à chacune d'elles son maximum d'énergie. Elle est, avant tout, une faculté pédagogique, c'est-à-dire un instrument d'éducation. Voilà pourquoi nous en avons longuement étudié l'importance, les commencements et les progrès, les caractères et les conditions, dans notre *Cours de pédagogie* (1). Il est inutile de revenir sur une théorie qui intéresse plus l'art de l'éducation que la psychologie proprement dite. Il nous suffira d'avoir marqué la place de l'attention dans le développement de l'intelligence et d'en exposer succinctement les lois.

Lois de l'attention. — 1° L'attention est sans doute le résultat d'un effort de l'esprit, d'une application de la volonté. Mais, aucun acte mental n'étant absolument indépendant et n'existant par lui-même, cet effort à son tour relève en partie de l'intelligence et de la sensibilité. Notre volonté a beau appeler à elle toutes les forces de l'esprit, si l'objet qu'elle propose à notre attention ne répond pas à nos capacités, à nos habitudes intellectuelles, elle ne réussira pas ou elle réussira mal à fixer nos méditations. De même il est utile, pour aider le travail de l'attention, que l'objet étudié ait un attrait pour nous, que notre sensibilité y trouve son compte. En d'autres termes, tout se tient, tout s'enchaîne dans notre vie morale, et, si l'attention est l'application de la volonté à l'intelligence, la volonté, pour s'appliquer, a besoin elle-même que l'intelligence et la sensibilité lui prêtent leur concours.

2° L'attention a un double résultat : *a*) de circonscrire l'objet à connaître, de délimiter exactement et de réduire le champ de notre effort mental. Par là, elle divise les difficultés afin de les mieux résoudre. — *b*) D'autre part, elle concentre les forces intellectuelles sur le même point ; au lieu de les laisser s'éparpiller dans des directions différentes, elle les ramène vivement vers un même but. Ces deux raisons suffisent à expli-

---

(1) Voyez notre *Cours de Pédagogie*, leçon V, « Culture de l'attention ».

quer les résultats de l'attention et l'heureuse influence qu'elle exerce sur le travail intellectuel.

Attention, comparaison, réflexion. — Le langage psychologique, un peu trop riche pour être tout à fait précis, dispose de plusieurs expressions pour désigner différentes nuances de l'attention.

Le mot *attention*, au dire de quelques philosophes, devrait être réservé pour l'application de l'esprit à ce qui est hors de nous. La *réflexion* serait, au contraire, l'attention du dedans. Nous n'y contredirons pas, quoiqu'il nous paraisse préférable de conserver à l'attention sa signification la plus générale et de lui attribuer tous les efforts de la pensée, quel que soit l'objet de celle-ci. D'autre part, la *comparaison* est encore une forme de l'attention : elle est l'attention portée sur deux idées, sur deux objets, une double attention en quelque sorte, tendant à saisir les rapports des choses.

Mais, sous toutes ses formes, l'attention reste toujours le mode réfléchi de l'intelligence, la véritable « force de l'esprit », selon l'expression de Malebranche[*], et, comme il le disait encore dans son langage imagé, la prière que nous adressons à la Vérité pour qu'elle se donne à nous.

RÉSUMÉ

42. **La conscience** est la forme générale de tous les faits intellectuels. **L'attention** en est un des modes essentiels, le mode volontaire.

43. La conscience est la connaissance que nous avons de tous les faits sensitifs, intellectuels et volontaires.

44. La **conscience** est une **perception**. La

perception est la connaissance immédiate, primitive, toujours accompagnée de jugement. La **conception** est une connaissance dérivée, qui ne donne pas toujours lieu à un jugement.

45. La conscience est la **perception intérieure, un sens interne.** Les cinq sens proprement dits sont les organes de la **perception extérieure.**

46. La conscience est susceptible d'un grand nombre de degrés. Sa puissance se mesure toujours au degré de force qu'atteignent les diverses fonctions psychologiques.

47. La force de la conscience dépend aussi de l'effort, de l'application volontaire, qui transforme la conscience **spontanée** en conscience **réfléchie.**

48. Il y a des perceptions inaperçues, qui supposent un moindre degré de conscience et qui sont presque inconscientes.

49. La conscience nous fait connaître en premier lieu tous les phénomènes moraux et intellectuels qui s'accomplissent en nous.

50. C'est elle aussi qui rattache tous les phénomènes à un principe un et identique, sujet de tous ces phénomènes, **le moi.**

51. Par là encore la conscience nous présente le premier type de la **substance** et de la **causalité.**

52. **L'attention** est la forme réfléchie, volontaire de tous les faits intellectuels.

53. Elle dépend elle-même, quoiqu'elle soit un acte de volonté, de l'intelligence et de la sensibilité.

LEÇON VI.

LA PERCEPTION EXTÉRIEURE. — LES CINQ SENS.

Définition de la perception extérieure. — Les cinq sens. — Sensations et perceptions. — Le subjectif et l'objectif. — Hiérarchie des cinq sens. — Micromégas et la pluralité des sens. — Analyse de la perception sensible. — Description générale de l'appareil des sens. — Perceptions naturelles et perceptions acquises. — Perceptions passives et perceptions actives. — Perceptions spéciales de chaque sens. — Perceptions de l'odorat et du goût. — Perceptions de l'ouïe. — Perceptions de la vue. — Expérience de Cheselden. — Perception de la profondeur. — Perceptions du toucher. — Laura Bridgman. — Les erreurs des sens. — L'hallucination. — Relativité des connaissances sensibles. — L'idéalisme. — Réalité du monde extérieur.

Définition de la perception extérieure. — La perception extérieure est la fonction intellectuelle par laquelle nous prenons connaissance immédiatement des qualités du monde extérieur.

La perception extérieure a pour instruments des organes matériels, localisés dans diverses parties du corps et qu'on appelle les organes des *sens*.

Les cinq sens. — Les sens sont au nombre de cinq : l'odorat, le goût, l'ouïe, la vue et le toucher. Quelques philosophes, surtout les psychologues anglais, prétendent qu'il conviendrait d'en compter deux de plus, qui seraient le sens musculaire et le sens organique général.

« Le sens musculaire est l'ensemble de ces sensations particulières que nous éprouvons lorsque nous exerçons volontairement nos muscles... Ces sensations sont de deux sortes : 1° celles du mouvement ou d'une énergie librement développée ; 2° celles de la résistance, c'est-à-dire d'une énergie gênée dans son développement (1). »

Mais, à vrai dire, ces sensations musculaires ne sont guère des perceptions : elles ne nous apprennent rien de la matière, sinon qu'elle nous résiste, qu'elle empêche la liberté de nos mouvements ; elles consistent surtout en une impression d'activité agréable ou d'effort pénible.

Cela est encore plus vrai du sens organique général, que M. Sully * définit ainsi :

« Les sensations qui se rattachent à la sensibilité générale ou au sens organique se distinguent par l'absence de tout caractère défini. Elles sont vagues et indéterminées. Leur particularité distinctive, c'est qu'elles présentent surtout des éléments de plaisir et de peine. Telles sont les impressions d'aise et de malaise qui accompagnent les fonctions de la digestion et de l'indigestion... Ces sensations ne nous donnent aucune connaissance du monde extérieur (2). »

On peut donc s'en tenir à la vieille distinction classique des cinq sens, parce que seuls ils nous fournissent des notions précises sur les qualités de la matière.

Sensations et perceptions. — Les cinq sens, on l'a déjà vu (*Leçon III*), sont à la fois le siège de phénomènes affectifs et de phénomènes représentatifs, de sensations et de perceptions.

A l'origine, c'est l'élément affectif qui domine ; c'est le plaisir ou la douleur qui constituent le « tout » de la sensation. Mais peu à peu l'élément représentatif se dégage, et la perception apparaît. C'est ce qu'Hamilton * exprimait en disant : « La sensation est en raison inverse de la perception. »

(1) M. J. Sully, *op. cit.*, p. 112.
(2) *Ibid.*, p. 106.

Nul doute que pour l'enfant les sensations de la vue, par exemple, ne soient des plaisirs intenses, qui émeuvent vivement sa sensibilité, mais qui ne lui apportent que des représentations vagues du monde extérieur. Au contraire, chez l'homme fait, les perceptions de la vue ne sont qu'exceptionnellement accompagnées de plaisir ou de douleur.

Le subjectif et l'objectif. — C'est le cas d'indiquer une distinction essentielle dont les philosophes font grand usage, celle du *subjectif** et de l'*objectif**. Une sensation est simplement subjective ; elle est, en d'autres termes, un phénomène intérieur qui ne se rapporte qu'au sujet sentant. Une perception, au contraire, est objective, elle nous représente un objet distinct du sujet.

Hiérarchie des cinq sens. — Il s'en faut que les cinq sens soient tous également importants au point de vue des perceptions, des représentations objectives dont ils sont la source. Dans les impressions du goût et de l'odorat, les peines et les plaisirs dominent : serviteurs de la sensibilité, ces deux sens ne sont que des instruments médiocres de l'intelligence. L'ouïe, la vue et le toucher, au contraire, nous procurent des perceptions qui sont le plus souvent indifférentes, c'est-à-dire dégagées de toute émotion agréable ou désagréable, et qui constituent de véritables connaissances intellectuelles.

Micromégas * et la pluralité des sens. — Les cinq sens nous révèlent un grand nombre de qualités de la matière ; mais il est évident qu'ils ne nous les révèlent pas toutes, et qu'un sens de plus, s'il existait, nous ferait connaître des qualités nouvelles. Dans un de ses romans les plus ingénieux, Voltaire imagine un géant qui, doué de plus de sens que l'homme,

Compayré. — *Psychologie*.

distingue dans la matière une multitude de propriétés qui nous sont inconnues.

> « ... Combien les hommes de votre globe ont-ils de sens? demande l'habitant de Sirius à l'habitant de Saturne. — Nous en avons soixante-douze, dit le Saturnien, et nous nous plaignons tous les jours du peu... — Je le crois bien, dit Micromégas, car dans notre globe nous avons près de mille sens, et il nous reste encore je ne sais quel désir vague qui nous avertit sans cesse qu'il y a des êtres beaucoup plus parfaits. Combien comptez-vous de propriétés diverses dans votre matière?... — Si vous parlez de ces propriétés sans lesquelles nous croyons que ce globe ne pourrait subsister tel qu'il est, nous en comptons trois cents, l'étendue, l'impénétrabilité, la motilité, la divisibilité, et le reste (1). »

Analyse de la perception sensible. — La perception extérieure a beau être une connaissance immédiate de la réalité matérielle, elle n'en est pas moins une opération complexe, qui suppose plusieurs éléments.

Elle suppose d'abord l'existence d'un phénomène extérieur, d'un objet physique, d'une qualité matérielle, qui est la cause de la perception.

Elle nécessite ensuite une série de phénomènes physiologiques, qui s'accomplissent : 1° dans l'organe extérieur, placé à la surface du corps, et où se produit l'impression ; 2° dans les nerfs spéciaux*, nerfs optiques pour la vue, nerfs acoustiques pour l'ouïe, etc., qui transmettent au centre nerveux l'impression reçue du dehors ; 3° dans le cerveau, où, à la suite de l'impression transmise, la perception a lieu.

La perception est donc un phénomène psychologique, qui implique comme antécédents des phénomènes physiques et des phénomènes physiologiques.

Description générale de l'appareil des

---

1) *Micromégas*, Histoire philosophique.

sens. — Prenons un exemple, le sens de la vue. Dans l'obscurité nous ne voyons rien, dans le vide non plus : il faut, pour que la perception de la vue s'exerce, que la lumière nous éclaire et qu'elle éclaire des objets placés devant nous. En second lieu, il faut que l'organe de l'œil existe et qu'il soit sain. L'œil est comme la fenêtre ouverte sur le monde extérieur : si la fenêtre est fermée ou obstruée de façon ou d'autre, le jour ne pénètre pas dans la maison ou y pénètre mal. Mais ce n'est pas tout. Si le nerf optique placé derrière la *rétine** qui tapisse le fond de l'œil est coupé ou détruit, le rayon lumineux aura vainement frappé l'œil : il ne sera point perçu, n'étant pas transmis au cerveau.

Sans entrer dans des détails qu'il faut demander à la physiologie, concluons que les organes des sens sont des appareils spéciaux, donnant lieu à des perceptions particulières. Le sens du toucher seul est répandu sur toute la surface du corps, quoiqu'il ait son siège principal dans la main.

Perceptions naturelles et perceptions acquises. — Une distinction essentielle doit être tout d'abord bien comprise. Parmi les perceptions, les unes dérivent immédiatement du jeu naturel de chaque sens réduit à lui-même : ce sont les *perceptions naturelles;* les autres supposent une certaine éducation des sens et leur collaboration mutuelle : ce sont les *perceptions acquises.* Ainsi nous verrons tout à l'heure que la couleur est une perception naturelle de la vue, et la distance des objets une perception acquise.

Perceptions passives et perceptions actives. — Une autre distinction importante est celle des perceptions spontanées, passives, et des perceptions volontaires, actives. L'attention joue un grand rôle dans la perception extérieure, comme dans les autres fonctions de l'esprit. Autre chose est regarder, écouter, palper, déguster, flairer; autre chose, voir, entendre, toucher, goûter et sentir. La perception n'atteint son maximum de force que lorsqu'elle est dirigée par l'attention.

Perceptions spéciales de chaque sens. — Chacun de nos sens nous procure des perceptions spéciales, absolument irréductibles les unes aux autres. Considérons les unes après les autres ces perceptions spécifiques.

Perceptions de l'odorat et du goût. — Les perceptions spéciales de l'odorat et du goût sont les *odeurs* et les *saveurs*.

L'odorat et le goût sont deux sens inférieurs, qui nous apportent plus de sensations que de perceptions, auxquels nous devons plus de plaisirs que d'idées. Les odeurs, les saveurs, nous l'avons déjà dit, sont plutôt des impressions agréables ou désagréables, selon les cas, que des phénomènes intellectuels, des connaissances, des faits représentatifs.

Néanmoins, les odeurs et les saveurs, étant des qualités distinctes de la matière, peuvent nous aider à reconnaître les corps. Les chimistes, dans leurs analyses et dans leurs classifications, se servent des odeurs caractéristiques des différentes substances pour les distinguer l'une de l'autre. De même, le dégustateur* apprend à reconnaître le cru d'un vin à son goût particulier. Chacun de nous a besoin du sens du goût pour distinguer les aliments et ne pas s'y tromper.

Perceptions de l'ouïe. — L'ouïe a pour perception spéciale le *son* et ses différentes qualités.

Les différents caractères du son peuvent être ainsi classés : 1° la qualité : le son est doux ou criard ; 2° l'intensité : le son est fort ou faible ; 3° le volume, qui dépend de l'étendue de la masse sonore ; 4° la hauteur ou tonalité : le son est aigu ou grave ; 5° le timbre, qui provient de la différence des voix ou des instruments.

L'ouïe est un sens social, car c'est grâce à elle que nous percevons le langage de nos semblables, et le langage est un des fondements de la société.

Elle est un sens musical, car c'est grâce à la perception des différences dans la hauteur des sons que nous sommes sensibles au charme de la musique.

L'ouïe, en outre, acquiert par l'éducation et par le concours des autres sens la perception de la distance et de la direction des sons. Habitués que nous sommes par l'expérience à associer les sons avec la présence de tel ou tel objet, nous parvenons à juger, d'après le son seul, d'après sa nature et son intensité, si l'objet qui le produit est éloigné ou rapproché. Le son affaibli est signe que l'objet s'éloigne, et *vice versâ*.

Perceptions de la vue. — La perception propre et naturelle de la vue est la couleur. Mais, la couleur étant toujours unie à l'étendue, l'étendue, au moins dans ses deux premières dimensions, c'est-à-dire l'étendue de surface, est aussi l'objet immédiat des perceptions de la vue.

Il faut ajouter, il est vrai, que les yeux ne perçoivent véritablement l'étendue que parce qu'ils peuvent se mouvoir. Nous les portons à droite et à gauche, et nous étendons ainsi le champ de la vision (1).

Mais si la vue perçoit naturellement l'étendue dans ses deux premières dimensions, la longueur et la largeur ; si elle saisit immédiatement, grâce aux différences de couleur qui la marquent et la limitent, la forme des objets, il n'en est pas de même de la troisième dimension des corps, de la profondeur, et, par suite, de la distance des objets.

---
(1) Voyez notre *Cours de Pédagogie*, p. 82.

La profondeur et la distance ne sont pas des données naturelles, ce sont des perceptions acquises de la vue.

Il suffirait, pour le prouver, de rappeler que l'enfant, pendant fort longtemps, se montre très maladroit dans l'appréciation des distances : il tend la main pour saisir des objets tout à fait hors de sa portée.

D'ailleurs, de nombreuses expériences faites sur des aveugles-nés ne permettent pas le doute dans cette question.

Expérience de Cheselden. — Un chirurgien du dix-huitième siècle, Cheselden*, ayant opéré un aveugle de la cataracte*, constata que le patient, au moment où il recouvrait la vue, n'avait aucune perception de la distance, de la profondeur des corps. Les objets qui frappaient ses yeux se présentaient à lui sur un même plan, collés, pour ainsi dire, sur un même tableau ; ils touchaient ses yeux. Il confondait un disque plan et un globe, et le toucher seul lui apprit à connaître la différence de la surface plane et des corps solides.

Cette expérience a été renouvelée plusieurs fois, et a toujours donné lieu aux mêmes constatations (1).

Perception de la profondeur. — Il en résulte que la perception de la profondeur et de la distance est due à la collaboration de l'œil et de la main, et qu'elle suppose même l'intervention du raisonnement, d'une induction rapide. La vue nous permet de percevoir les divers degrés de la lumière, les dégradations et les ombres. Le toucher, d'autre part, nous apprend, par la résistance que lui opposent les corps, la différence d'une surface plane sur laquelle glissent nos doigts et d'un corps solide que notre main contourne. Nous apprenons très vite à associer ces deux

(1) Voyez M. Taine, *De l'intelligence*, t. I.

sortes de perceptions, à reconnaître quel jeu de lumière et d'ombre correspond soit à une simple surface, soit à une profondeur solide; de sorte qu'à la vue de l'objet, suivant qu'il est éclairé de telle ou telle manière, nous jugeons de ses trois dimensions.

De même pour la *distance* : l'expérience nous a appris que les objets nous apparaissent plus petits à mesure qu'ils sont plus éloignés, plus grands s'ils sont plus rapprochés; de sorte que nous jugeons, à leur grandeur apparente, de la distance qui les sépare de nous.

Les perceptions acquises d'un sens sont donc, au fond, des perceptions naturelles, interprétées, grâce à l'expérience et au concours des autres sens, par le raisonnement.

Les perceptions naturelles des sens sont infaillibles, tant que les sens subsistent dans leur état normal; mais les perceptions acquises, étant le résultat d'une interprétation raisonnée des perceptions naturelles, sont sujettes à erreur. Nous nous trompons souvent dans l'appréciation de la profondeur et de la distance des objets. Une fenêtre fausse, simplement représentée sur un mur, nous donne l'illusion d'une fenêtre réelle. Le peintre qui dispose habilement sur une toile les couleurs, les lumières et les ombres, nous fait croire à l'existence de plusieurs plans dans un même tableau. Toutes les illusions de la perspective sont fondées sur ce fait psychologique que la perception de la profondeur et de la distance est une perception acquise.

Perceptions du toucher. — Les perceptions du toucher sont assez nombreuses : c'est d'abord le rugueux et le poli, ensuite le chaud et le froid, enfin et surtout la résistance et la solidité.

Le toucher, a-t-on dit, est le vrai sens de l'*extériorité*, celui qui nous révèle sans contestation possible l'existence de quelque chose d'extérieur, qui résiste à notre pression et qui, par conséquent, est distinct de nous.

Laura Bridgman. — Le toucher a ce caractère particulier, qu'étant répandu sur toute la surface du corps, il n'est jamais complètement aboli. Il y a des sourds, des aveugles de naissance ou par accident ; mais il n'y a pas de créature vivante privée du sens du toucher, et, grâce à ce sens, on a vu des êtres exceptionnels, Laura Bridgman*, par exemple, se passer de la vue et de l'ouïe, et arriver à lire, à écrire, à s'entretenir par signes avec les autres personnes. Laura Bridgman, l'Américaine, sourde, muette, aveugle de naissance, coud et brode ; elle distingue les couleurs des fils de soie et de coton qu'elle emploie ; elle compose des vers ; elle est devenue enfin, par une substitution remarquable du sens du toucher, affiné et prodigieusement développé, aux sens qui lui manquaient, une personne intelligente, instruite, relativement heureuse.

Les erreurs des sens. — On a beaucoup parlé des erreurs des sens. On a souvent cité celles de la vue : l'illusion du bâton qui paraît brisé dans l'eau où on le plonge, de la tour carrée qui de loin paraît ronde, etc. A vrai dire, ces erreurs sont imputables, non aux sens eux-mêmes, mais au raisonnement, qui interprète mal les apparences sensibles, ou qui, faisant sortir un sens des limites de sa compétence spéciale, lui demande des connaissances qu'un autre sens peut seul fournir. Les apparences sensibles sont toujours ce qu'elles doivent être. Par exemple, la physique explique par les lois de la réfraction de la lumière le phénomène du bâton qui paraît brisé. Mais, en raison de l'habitude que nous avons prise d'associer un jugement sur l'état réel des corps aux apparences colorées de ces mêmes corps, nous sommes dupes, dans certains cas, de ces apparences; nous nous trompons quand, pour une raison ou pour une autre, elles ne coïncident plus avec la réalité.

L'hallucination. — La seule erreur des sens, à vrai dire, c'est l'hallucination. Dans ce cas, nous croyons voir, nous croyons entendre, et, en réalité, il n'y a en dehors de nous aucun objet visible, aucun objet sonore. L'hallucination est une perception fausse, une perception purement subjective qui ne répond à aucune réalité objective.

Il est facile d'ailleurs d'expliquer cette erreur ou, pour mieux dire, cette maladie des sens. Dans l'état normal, la perception est la conséquence d'une série de phénomènes nerveux que détermine l'impression extérieure d'un objet réel. Mais, dans certains états anormaux, l'excitation nerveuse peut être le résultat d'une simple exaltation de l'imagination, d'un désordre organique. Le nerf optique vibre alors comme s'il était impressionné par un objet lumineux ; et l'esprit projette au dehors, comme correspondant à une réalité, l'image qui lui est transmise et qui n'est qu'un fantôme.

Relativité des connaissances sensibles. — S'il est une vérité désormais acquise à la philosophie, c'est que les connaissances sensibles sont relatives : elles dérivent du rapport de deux termes, l'objet extérieur et l'organisation de nos sens. Modifiez l'appareil sensible, et la perception variera. C'est ainsi que l'œil altéré par la jaunisse voit tout en jaune ; que dans d'autres cas, par exemple, à raison de l'infirmité qu'on appelle le « daltonisme* », l'œil est incapable de distinguer le rouge. Ce qui est résistant pour la main frêle d'un enfant ne l'est pas pour la main robuste d'un homme fait. Les sens ne nous donnent donc pas de connaissances absolues (1). Avec le microscope nous voyons grand ce qui paraît petit à la vue naturelle.

D'autre part, il est bien évident que les perceptions sensibles ne ressemblent pas aux phénomènes matériels qui les produisent. Elles sont des signes qui traduisent à leur manière les choses signifiées. En dehors de nous, le son n'est, on le sait, qu'un mouvement de la matière ; la lumière n'est aussi qu'un mouvement. Il faut bien se pénétrer de cette vérité que, s'il n'y avait pas d'ouïe, il n'y aurait plus de sons; s'il n'y avait pas d'yeux, il n'y aurait plus de lumière dans la nature. La matière est, en quelque sorte, un texte inaccessible et indéchiffrable en lui-même, et que nous ne connaissons que par une traduction.

L'idéalisme. — De la relativité des connaissances sensibles certains philosophes ont tiré cette conclusion extrême et inacceptable que le monde extérieur était une illusion, une apparence vaine. Berkeley* a soutenu que la matière n'existait pas, et que toute réalité se réduisait à nos états de conscience. C'est cette doctrine qu'on appelle l'*idéalisme**.

Réalité du monde extérieur. — Il faut répondre à Berkeley que les sens, s'ils ne nous donnent pas une connaissance adéquate* de la matière, s'ils ne nous apprennent pas ce qu'est en lui-même le monde extérieur, nous révèlent tout au moins qu'il y a quelque chose en dehors de nous, qu'il y a un monde extérieur.

Les perceptions de l'ouïe, de l'odorat et du goût, si

---

(1) D'après certains philosophes, il faudrait distinguer dans la matière les *qualités premières* (étendue, divisibilité, forme, etc.) et les *qualités secondes* (couleur, saveur, odeur, etc.). Les premières seules seraient des connaissances absolues. Les philosophes modernes n'ont pas eu de peine à montrer que l'étendue elle-même est une connaissance relative, car elle varie avec la structure de l'organe visuel.

elles étaient seules, pourraient être considérées, jusqu'à un certain point, comme des impressions purement subjectives, que par illusion nous projetterions au dehors, en les rattachant à une substance imaginaire.

Mais comment persister dans la même opinion en présence de la perception de l'étendue visuelle, si radicalement opposée à nos états de conscience inétendus, en présence surtout des perceptions tactiles, de la résistance qu'oppose au toucher ce quelque chose d'inconnu qui est hors de nous ? Si Descartes a pu dire : « Je pense, donc je suis », il est permis d'ajouter, par une formule analogue : Je sens, je touche quelque chose qui résiste, je perçois quelque chose d'étendu : donc il y a quelque chose en dehors de moi.

Ajoutons d'ailleurs que la croyance au monde extérieur, l'idée d'une matière distincte de nous-mêmes, n'est pas une perception immédiate des sens, le résultat d'une expérience directe : c'est une conception dérivée qui s'organise peu à peu dans l'esprit. Les sens ne nous révélant immédiatement que des qualités particulières, c'est par l'association, par la coordination de leurs différentes impressions, réunies insensiblement en un seul et unique tableau, que nous arrivons à *objectiver**, c'est-à-dire à projeter au dehors, à considérer comme une substance distincte la cause de toutes les perceptions sensibles.

RÉSUMÉ

54. **La perception extérieure** est la fonction intellectuelle par laquelle nous prenons immédiatement connaissance du monde extérieur.

55. La perception extérieure a pour organes les

cinq sens : **odorat, goût, ouïe, vue** et **toucher**. Quelques psychologues distinguent aussi le sens musculaire et le sens organique général.

56. Les **sensations** sont des phénomènes affectifs de plaisir ou de peine; les **perceptions**, des phénomènes représentatifs. On peut dire encore que la sensation est **subjective,** la perception **objective.**

57. Les sens peuvent être classés dans l'ordre suivant, au point de vue des services qu'ils rendent à l'intelligence : 1° vue, 2° ouïe, 3° toucher, 4° odorat, 5° goût.

58. La perception extérieure est un phénomène psychologique qui suppose un **phénomène physique :** l'objet de la perception, et des **conditions physiologiques :** l'organe extérieur du sens, les nerfs, le cerveau.

59. Les sens nous procurent chacune des perceptions spéciales, les unes **naturelles,** les autres **acquises,** tantôt **passives,** tantôt **actives.**

60. Les perceptions propres de l'**odorat** et du **goût** sont les **odeurs** et les **saveurs.**

61. Les perceptions propres de l'**ouïe** sont le **son** et ses diverses qualités. L'ouïe ne perçoit qu'à l'aide de l'expérience et du raisonnement la direction et la distance des sons.

62. Les perceptions naturelles de la **vue** sont la **couleur** et l'étendue de surface. La perception de la **distance** et de la **profondeur** des corps est une **perception acquise** de la vue.

63. La perception principale du **toucher** est la **solidité** ou la **résistance.**

64. Les sens sont infaillibles quand ils ne sortent pas de leur domaine propre.

65. **L'hallucination** est une perception fausse.

66. Les connaissances sensibles sont relatives; mais si elles ne nous font pas connaître la matière en elle-même, elles nous révèlent cependant d'une **façon certaine** l'existence de la matière.

LEÇON VII

ANALYSE ET EXPLICATION DES PHÉNOMÈNES DE LA MÉMOIRE.

Mémoire, fonction de conservation. — Mémoire et conscience. — Définition de la mémoire. — Importance de la mémoire. — Analyse des faits de mémoire. — Réminiscence et reconnaissance. — Essais d'explication de la mémoire. — Explication physiologique. — La mémoire est une habitude. — Qualités d'une bonne mémoire. — Conditions du développement de la mémoire. — Conditions physiologiques. — Lois du rappel des souvenirs. — Mémoire volontaire. — Idées que nous devons à la mémoire. — Maladies de la mémoire.

Mémoire, fonction de conservation. — Les facultés intellectuelles dont nous avons parlé jusqu'à présent sont des fonctions d'acquisition. La conscience nous révèle immédiatement le monde intérieur; les sens, le monde extérieur. Mais ces données de la connaissance ne seraient qu'une succession inutile de phénomènes passagers et périssables, une accumulation de faits de conscience disparaissant aussitôt qu'ils auraient apparu, si elles n'étaient conservées par la mémoire. Sans la mémoire, l'esprit ne serait comparable qu'au tonneau des Danaïdes* se vidant en même temps qu'il se remplit. A vrai dire, l'esprit n'existerait pas; car l'intelligence ne suppose pas seulement l'acquisition incessante et toujours continuée de connaissances nouvelles; il lui faut aussi, pour exister, le pouvoir de garder ce qu'elle acquiert, d'avoir toujours à sa disposition les connaissances élémentaires qui sont les matériaux de ses connaissances ultérieures (1).

Ajoutons que la mémoire conserve et renouvelle, non seulement les connaissances qui ont été acquises par les sens et par la conscience, mais aussi les connaissances qui dérivent des facultés d'élaboration.

Mémoire et conscience. — Sous quelque forme que se présente la mémoire, les faits qui doivent lui être attribués sont toujours des souvenirs, et les souvenirs sont des états de conscience dérivés, secondaires, à la différence des perceptions, qui constituent les faits primitifs de l'esprit.

Il n'y a rien, il ne peut rien y avoir dans la mémoire qui n'ait été auparavant dans la conscience.

Réciproquement, tout ce qui a été, à un moment donné, fait de conscience, peut devenir, à un moment ultérieur, fait de mémoire.

Nous nous rappelons les sons, les couleurs et les formes, les saveurs et les odeurs, les impressions tactiles. Nous nous rappelons les émotions agréables ou désagréables qui ont traversé notre sensibilité.

« A proprement parler, disait Royer-Collard *, nous ne nous souvenons que des opérations et des états divers de notre esprit, parce que nous ne nous souvenons de rien qui n'ait été l'intuition immédiate de notre conscience. Cette assertion paraît contredire le sens commun, selon lequel on n'hésite point à dire : *Je me souviens de telle personne;* mais la contradiction n'est qu'apparente. *Je me souviens de telle personne,* veut dire : *Je me souviens d'avoir vu telle personne* (2). »

Mais si la puissance de restauration de la mémoire ne saurait dépasser en aucun cas le champ d'acquisi-

---

(1) Quelques psychologues, notamment M. Marion, placent l'étude des fonctions de conservation après l'étude des fonctions d'élaboration. Nous croyons qu'il est plus logique, quand on a examiné les facultés primitives de perception, de passer tout de suite à la mémoire, qui est la condition du travail ultérieur de l'esprit.

(2) *Fragments* de Royer-Collard, p. 357.

tion de la conscience, il s'en faut que la réciproque soit vraie absolument, et que tout état primitif de conscience reste fixé dans le souvenir. A côté de la mémoire, il y a l'oubli : non seulement l'oubli provisoire, où tombent toutes nos connaissances dès que nous n'y pensons plus présentement, mais aussi l'oubli définitif, auquel sont condamnés une multitude d'états de conscience, qui ne reparaîtront plus, soit parce que l'occasion favorable à leur réapparition ne se produira pas, soit parce que les forces de la mémoire sont impuissantes à retenir tout ce qui successivement défile devant notre conscience.

La mémoire n'est donc, en fait, que la restauration partielle des pensées précédemment acquises.

Définition de la mémoire. — La mémoire peut donc être définie, dès à présent, la *fonction intellectuelle qui conserve et qui renouvelle des états de conscience intérieurs*. Elle ne comprend pas seulement les faits de souvenirs réalisés, mais aussi la disposition latente qui fait que ces souvenirs pourront, un jour ou l'autre, reparaître dans la conscience.

C'est donc une définition inexacte de la mémoire que celle qui consiste à dire, avec Reid*, qu'elle est la « connaissance immédiate du passé ». D'abord, « connaissance immédiate » est inexact, puisque la mémoire est un fait dérivé, consécutif à une perception primitive. Ensuite, et surtout, la mémoire n'est pas seulement la succession intermittente des souvenirs conscients et réalisés, elle est aussi la possibilité du souvenir, possibilité qui ne se réalise pas toujours. Elle est l'ensemble des aptitudes que nous acquérons à nous représenter de nouveau ce qui s'est une première fois présenté à notre esprit.

Importance de la mémoire. — Il est inutile d'insister sur une vérité aussi élémentaire que l'importance de la mémoire (1). Sans la mémoire, aucune opération intellectuelle n'est possible. Les perceptions elles-mêmes, quand elles durent un certain temps, supposent que, au moment où elles s'achèvent, nous n'avons pas oublié ce qu'elles nous ont fourni, à leur début, de premières impressions. Le raisonnement, qui comprend toujours une série de jugements, exige que l'esprit, quand il arrive à la conclusion, se rappelle les prémisses sur lesquelles il se fonde.

Et si, sous sa forme la plus humble et dans ses proportions ordinaires, communes à tous, la mémoire est une des conditions nécessaires de toutes les opérations de l'esprit, elle devient, quand elle est plus particulièrement puissante et développée, l'une des sources de la force et de la richesse de l'intelligence : car c'est elle qui l'enrichit, qui l'approvisionne plus ou moins.

Analyse des faits de mémoire. — Il y a plusieurs moments à distinguer dans les phénomènes de la mémoire.

La mémoire n'est d'abord que la prolongation dans la conscience de l'impression reçue, qui se continue, qui, pour ainsi dire, retentit pendant quelque temps, après l'instant où elle s'est produite. Ainsi nous entendons encore, longtemps après qu'elle a tinté, la cloche qui frappe nos oreilles. Nous avons ouvert les yeux pour considérer un paysage; nous les fermons ; et nous voyons encore intérieurement les différents objets que nous avons perçus. Dans ce cas, la mémoire n'est pas autre chose que la conscience prolongée : aucun intervalle ne sépare la perception primitive et le souvenir que nous en gardons.

Dans la plupart des cas, au contraire, le souvenir

---

(1) Voyez, sur ce point, notre *Cours de Pédagogie*, leçon VI, « Culture de la Mémoire. »

est précédé par l'oubli. Nous avons perçu, depuis que nous existons, une multitude d'objets ; nous avons acquis une foule de connaissances. Toutes ces connaissances, toutes ces perceptions, demeurent endormies, pour ainsi dire, dans notre intelligence ; mais nous avons la faculté de les réveiller, et c'est en cela précisément que consiste la mémoire. La vraie mémoire est la résurrection, la réapparition dans la conscience de connaissances pendant un temps oubliées, et qui revivent après une période plus ou moins longue d'inconscience et d'oubli.

Réminiscence et reconnaissance. — Mais cette réapparition elle-même, cette restauration des connaissances, ne s'accomplit pas toujours de la même manière ; et il y a encore à distinguer entre la *réminiscence*, qui n'est qu'un souvenir incomplet, un demi-souvenir, et la *reconnaissance*, qui est la forme intégrale de la mémoire.

Il arrive souvent qu'une représentation renait dans notre esprit, sans que nous puissions dire quand et comment elle s'y est présentée pour la première fois, sans que nous sachions même qu'elle est le renouvellement d'un état de conscience antérieur. Dans ce cas, le phénomène de mémoire est une simple réminiscence.

Mais, plus souvent encore, les représentations de la mémoire sont, comme dit Locke*, « accompagnées d'une perception additionnelle indiquant qu'elles ne sont pas nouvelles, qu'elles ont déjà été éprouvées : c'est ce qu'on nomme ordinairement la reconnaissance ».

La vraie mémoire consiste, en effet, à reconnaître, à replacer dans le passé la représentation qui nous revient à l'esprit. Le souvenir sera d'autant plus net, d'autant plus précis que nous pourrons mieux le rapporter, dans le temps et dans l'espace, au lieu et au moment où il s'est gravé dans notre mémoire.

Explication de la mémoire. — Les philosophes ont multiplié les théories pour expliquer les phénomènes de la mémoire. Mais peut-être faut-il reconnaître que ces explications n'aboutissent pas à une solution claire, et que la mémoire est un fait irréductible qui défie l'analyse.

D'après certains philosophes, les souvenirs demeureraient dans l'esprit comme des objets précieux demeurent dans la cassette, dans le tiroir obscur où on les a enfermés, jusqu'au jour où on les rend à la lumière. Il y aurait pour les connaissances acquises une sorte de survivance inconsciente. L'esprit, comme disait Platon, serait un colombier plein d'oiseaux qui attendent qu'on vienne les saisir et les remettre au grand jour. En d'autres termes, nos perceptions conscientes subsisteraient à l'état de pensées insensibles et inconscientes.

Cette hypothèse ne saurait être admise; car on ne peut se représenter des pensées inconscientes. Il y a contradiction absolue à concevoir une pensée qui n'est point pensée. La connaissance acquise, dès qu'elle n'est plus présente à l'esprit, n'existe évidemment plus à l'état de connaissance.

Les faits psychologiques ont pour essence d'être conscients ; supprimez la conscience, et ils cesseront d'exister.

Explication physiologique. — Une théorie plus plausible est celle qui, pour expliquer la persistance latente des souvenirs et leur réapparition intermittente, admet que des traces organiques, des empreintes matérielles correspondant à chaque connaissance acquise, subsistent dans le cerveau. La vieille comparaison qui assimilait la mémoire à un trésor, à un magasin, serait ainsi pleinement justifiée. Le cerveau contiendrait à l'état de traces réelles, de caractères infiniment petits, tous les souvenirs qui peuplent notre mémoire.

C'est en ce sens que Descartes comparait l'esprit, en tant qu'il se souvient, à une feuille de papier ou à une pièce de toile qui, pliées une fois de telle ou telle manière, gardent indéfiniment le pli qu'on leur a donné et tendent à le reprendre.

On peut objecter, il est vrai, que les souvenirs dont un esprit garde le dépôt sont innombrables, et qu'il est difficile de concevoir la possibilité matérielle de loger dans le cerveau la quantité énorme de traces distinctes et particulières que supposerait cette accumulation de connaissances endormies. A cela les philosophes répondent que la complexité de la matière nerveuse est infinie, que le cerveau contient six cents millions de cellules [*] et plusieurs milliards de fibres [*].

Mais l'explication physiologique elle-même ne résout pas toutes les difficultés. Nous voulons bien admettre que la mémoire a ses conditions dans le cerveau; mais comment comprendre que ces traces matérielles, qui seraient empreintes dans la substance nerveuse, comme des caractères d'imprimerie sont gravés sur une feuille de papier blanc, ne demeurent pas toujours présentes à la conscience; que tantôt elles restent cachées, ignorées de l'esprit qui les possède pourtant, tantôt elles ressuscitent et reparaissent sous l'œil de la conscience?

La mémoire est une habitude. — C'est ici qu'interviennent les psychologues, qui définissent la mémoire une *habitude intellectuelle,* une disposition permanente de l'esprit à penser de nouveau ce qu'il a déjà pensé.

Mais cette explication apparente n'en est pas une, et elle ne consiste, à vrai dire, qu'à substituer un mot à un autre. Déclarer que la mémoire est une habitude, c'est dire qu'elle est une puissance acquise, une aptitude contractée par l'esprit; c'est avouer, en d'autres termes, qu'elle est une de ces facultés inconnues dans leur essence, qui, comme la conscience, comme la raison, constituent la nature mystérieuse et indéfinissable de l'esprit.

Qualités d'une bonne mémoire. — La question des qualités d'une bonne mémoire est plutôt pédagogique que psychologique. Nous nous contenterons de remarquer qu'une bonne mémoire est celle qui associe la promptitude à apprendre, la ténacité des souvenirs et la promptitude à se rappeler.

Conditions du développement de la mémoire. — Les faits de mémoire n'étant pas des faits primitifs, on peut établir de quelles conditions dépendent leur degré et leur force.

S'il s'agit de la promptitude à apprendre et de la fidélité à retenir, les conditions sont à peu près les mêmes.

Elles consistent, *en premier lieu*, dans l'intensité naturelle, dans la vivacité de l'impression primitive; et cette vivacité elle-même provient ou de la puissance native de l'intelligence et de la sensibilité, ou de la nouveauté, de l'importance de l'objet qui s'est présenté à l'esprit. Tout le monde sait par expérience que les impressions sont plus ou moins fortes, suivant que l'individu est plus ou moins doué sous le rapport de ses facultés intellectuelles et sensibles, suivant aussi que le spectacle extérieur ou l'événement moral qui est l'objet de sa conscience est plus ou moins considérable et important.

Elles consistent, *en second lieu*, dans le degré de l'attention que nous accordons aux impressions particulières qui sont le point de départ des souvenirs. Plus nous sommes attentifs, plus nous retenons vite et pour longtemps ce que nous voulons apprendre.

Elles consistent, *en troisième lieu*, dans la répétition. La mémoire, étant une habitude, a besoin, comme toutes les habitudes, de se renforcer par le renouvellement fréquent des pensées qu'elle doit retenir. Une seule impression ne suffit pas, le plus souvent, pour fixer le souvenir.

Conditions physiologiques. — La mémoire ne relève pas seulement de conditions psychologiques. La vigueur de la santé, la vitalité de l'organisme, en favorisent le développement. La mémoire est plus puissante chez le jeune homme que chez le vieillard, non seulement parce que dans l'esprit du vieillard l'encombrement des idées nuit à l'acquisition de souvenirs nouveaux, mais aussi parce que son cerveau est fatigué, parce que sa vitalité s'affaiblit. On a souvent fait observer que le vieillard, qui se rappelle avec précision les événements lointains de sa jeunesse, oublie les événements du jour ou de la veille. Mais ce n'est pas seulement avec l'âge que la mémoire décroît. On peut, à toute époque de la vie, constater que la mémoire est plus forte à certaines heures du jour, au réveil, après les repas, lorsque les forces du corps ont été renouvelées, rafraîchies, soit par le repos, soit par l'alimentation.

Lois du rappel des souvenirs. — La vivacité des impressions, l'attention, la répétition, les conditions physiologiques, qui exercent une grande influence sur les deux premières qualités de la mémoire, agissent aussi évidemment sur la troisième, c'est-à-dire la promptitude à se rappeler. Il est évident que des souvenirs qui ont été acquis avec facilité, qui sont durables et tenaces, ont contracté par là même, une tendance en quelque sorte spontanée à réapparaître dans la conscience.

Mais il faut pourtant pousser plus loin l'analyse. Pourquoi, parmi tant de souvenirs enfouis dans les profondeurs de notre mémoire et qui y sommeillent, attendant l'heure du réveil, pourquoi y en a-t-il certains qui surgissent, et d'autres pas? Pourquoi, à un moment donné, tel souvenir va-t-il renaître, et non pas tel autre?

C'est ici qu'intervient l'association des idées, dont nous aurons à exposer les lois. (Voyez *Leçon VIII.*) La raison qui fait qu'à un état quelconque de conscience, perception, émotion, sensation, souvenir, succède un autre souvenir, précisément celui-là, et non pas un autre, c'est qu'il y a un lien, une relation entre l'état de conscience antécédent et le souvenir qui le suit :

« Je pense à la pluie : pourquoi ? Parce que j'ai vu le ciel chargé de nuages. Je pense au tonnerre : pourquoi ? Parce que j'ai vu l'éclair. Je pense à Napoléon Ier : pourquoi ? Parce que tout à l'heure je pensais à César ou à Alexandre. Dans tous ces cas, l'idée à laquelle j'aboutis est évidemment déterminée par l'idée antécédente. Si l'idée antécédente eût été autre, autre aussi eût été l'idée subséquente. Si, par exemple, au lieu de penser à Alexandre, j'eusse pensé à Socrate, il est infiniment probable que je n'eusse pas, l'instant d'après, pensé à Napoléon (1). »

Les souvenirs sont donc provoqués, suggérés, mécaniquement pour ainsi dire, par les liens qui les rattachent aux divers états de conscience qui les précèdent. L'association des idées est la grande loi du rappel des souvenirs.

Mémoire volontaire. — Cependant la volonté et l'effort de l'attention jouent aussi un rôle dans le rappel des souvenirs. Nous savons tous par expé-

(1) M. Rabier, *op. cit.*, p. 183.

rience qu'avec un peu de réflexion nous retrouvons le souvenir qui nous échappait d'abord et dont nous avons besoin. Mais, jusque dans ce gouvernement réfléchi de la mémoire, nous devons obéir aux lois de l'association des idées, et nous ne pouvons nous soustraire au mécanisme naturel de la restauration des souvenirs.

De là ces tâtonnements qui accompagnent le plus souvent la recherche d'un souvenir depuis longtemps effacé de notre esprit. Je passe après deux ans devant un établissement d'instruction qu'on appelle le séminaire de *Polignan*. Ce nom est sorti de ma mémoire; je fais effort pour le ressaisir : je ne trouve rien tout d'abord ; puis des noms analogues, *Pompignan*, *Perpignan*, se présentent à ma mémoire. Je les rejette, car à l'oubli momentané du nom vrai se joint un jugement vague qui m'oblige à rejeter les noms faux. Et j'arrive péniblement, de proche en proche, à reconstituer le souvenir exact. De même, j'ai oublié le nom d'une personne qui s'appelle *Rouquette*, mais j'ai gardé dans l'esprit l'idée que son nom est à peu près celui d'un animal, d'un *roquet;* cette association d'idées me conduit à ressaisir le nom que je cherche... De sorte que dans l'effort même de ma volonté qui cherche et trouve le souvenir dont elle a besoin, l'association des idées intervient comme un élément indispensable du succès de ma recherche.

Idées que nous devons à la mémoire. — La mémoire n'est pas seulement le pouvoir de retrouver un à un les souvenirs. De l'ensemble de ces souvenirs, grâce au travail de réflexion de l'esprit, résultent des idées nouvelles, qui sont en quelque sorte des acquisitions propres de la mémoire : l'idée de la *substance*, que nous avons déjà attribuée à la conscience, mais dont la conception n'est possible que parce que la mémoire continue la conscience ; l'idée de l'*identité personnelle;* l'idée du *moi*, qui n'est au fond qu'une autre forme de l'idée de la substance ; enfin l'idée de la *durée*, qui n'est encore qu'une traduction différente de la notion fondamentale d'un être qui reste le même à travers une succession de phénomènes changeants.

Maladies de la mémoire. — La mémoire, comme les autres fonctions humaines, est sujette à des maladies, à des désordres, qui l'altèrent, qui l'affaiblissent, qui la suppriment totalement. On perd quelquefois la mémoire des mots : c'est ce qu'on appelle *aphasie**, état physique qui laisse parfois subsister les idées et les sentiments, mais en interdit l'expression. Il arrive aussi que la mémoire se dédouble : dans le même individu deux existences se succèdent, deux consciences, deux *moi*. Dans une période, le malade ne se rappelle qu'une série de ses souvenirs, qu'il oublie dans l'autre période, à laquelle se rattachent d'autres souvenirs, etc.

Mais, dans l'état normal, la mémoire, malgré la multiplicité des notions particulières qu'elle contient, malgré la diversité de ses espèces, mémoire des mots, mémoire des lieux, des dates, des noms propres, etc., la mémoire est une, et témoigne de l'unité, de l'identité de l'esprit, sans laquelle elle n'existerait pas et que, d'autre part, nous ne connaîtrions pas sans elle.

RÉSUMÉ

67. La **mémoire** est une fonction de conservation : elle garde et elle renouvelle dans la conscience les connaissances acquises par les autres fonctions de l'esprit.

68. La mémoire suppose toujours la conscience antérieure. On ne se souvient que parce qu'on a eu précédemment conscience. Les **souvenirs** sont des faits secondaires, dérivés.

69. Il faut distinguer la mémoire qui n'est que la continuation, la prolongation non interrompue de la conscience, et la mémoire qui est précédée par l'oubli.

70. Le souvenir est souvent incomplet : on l'appelle alors **réminiscence**. Le souvenir complet s'appelle la **reconnaissance**.

71. Les philosophes spiritualistes ont essayé d'expliquer la mémoire par l'existence latente et inconsciente des souvenirs ; les physiologistes, par l'existence de certaines traces matérielles qui subsisteraient dans le cerveau.

72. L'explication la meilleure, bien qu'insuffisante encore, est celle qui définit la mémoire : une **habitude intellectuelle**.

73. Les conditions psychologiques du développement de la mémoire sont : 1° la **vivacité de l'impression première** ; 2° **l'attention** ; 3° la **répétition**.

74. La mémoire suppose aussi des conditions physiologiques : elle dépend de l'âge, de la santé, etc.

75. Le rappel des souvenirs dépend en grande partie de l'**association des idées**. Un souvenir est suggéré par le rapport qui l'unit à l'état de conscience qui l'a précédé dans l'esprit.

76. La mémoire permet à l'esprit de concevoir les idées d'**identité**, de **durée**.

LEÇON VIII

LA LOI DE L'ASSOCIATION DES IDÉES.

L'association des idées. — Dans la rêverie. — Dans la réflexion. — Exemples classiques. — Déterminisme intellectuel. — L'association des sentiments. — Principes de l'association des idées. — Classification de ces principes. — Principes accidentels. — Principes rationnels. — Réduction de ces différents principes. — Le principe de la contiguïté. — L'association des idées est une habitude. — La liaison des idées. — L'association par ressemblance. — L'association des idées et la mémoire. — L'imagination. — La raison.

L'association des idées. — L'association des idées n'est pas, à proprement parler, une fonction spéciale de l'esprit; elle en est une des lois essentielles. Dans la succession de ses pensées, et en général de tous ses états de conscience, l'esprit obéit à la loi de l'association. A vrai dire, l'expression consacrée, « association des idées », est impropre. Il conviendrait mieux de dire « l'association ou la suggestion des états de conscience »; car les sentiments se suggèrent les uns les autres aussi bien que les idées.

Dans la rêverie. — Essayons de nous rendre compte de ce qui se passe dans notre conscience lorsque nous abandonnons notre pensée à elle-même, lorsque nous la laissons suivre librement le cours de sa rêverie. Un grand nombre de représentations diverses occupent tour à tour notre esprit. Nous pensions tout à l'heure à l'éducation de nos enfants, et maintenant, sans transition apparente, nous songeons à nos propres travaux, à nos livres en préparation ; dans un instant, nous penserons peut-être à nos compatriotes.

Les souvenirs, les imaginations, les conceptions générales se pressent dans un désordre apparent, dans une sorte de fourmillement intellectuel. Et cependant, si nous remontons la série de nos pensées, nous nous apercevons sans peine que, comme les divers anneaux d'une même chaîne, elles tiennent toutes l'une à l'autre par un fil réel, quoique à peu près imperceptible. Notre esprit passe par des ponts invisibles d'une idée à une autre idée. Malgré la confusion superficielle de nos rêveries, il n'y a jamais solution de continuité. Toujours quelque liaison secrète rattache à la pensée qui précède la pensée qui suit.

Dans la réflexion. — Ce n'est pas seulement lorsque la pensée a la bride sur le cou, pour ainsi dire, qu'elle obéit à la loi, en quelque sorte mécanique et fatale, de l'association des idées. Même lorsque nous réfléchissons, lorsque nous maîtrisons nos pensées, nous sommes encore dirigés par la loi de l'association.

Les souvenirs que nous évoquons, les conceptions nouvelles que nous imaginons, ne répondent à notre appel, ne se présentent à notre esprit qu'en raison du lien qui les unit à la pensée qui a servi de point de départ à notre réflexion. Observez-vous vous-même quand vous composez une narration, une dissertation sur un sujet donné : les idées, les images que vous parviendrez à grouper pour en faire la trame de votre composition, seront toutes liées l'une à l'autre par une relation quelconque. Les pensées même les plus originales qui vous ont séduit par leur imprévu, les pensées en apparence les plus fortuites, vous ont été suggérées par le rapport qui les associe à une de vos idées antérieures.

Exemples classiques. — Les philosophes ont

depuis longtemps observé le fait de l'association des idées.

Hobbes * raconte qu'un jour, dans une conversation qui avait pour sujet la mort de Charles Ier, roi d'Angleterre, livré par trahison à ses ennemis, un interlocuteur interrompit tout à coup l'entretien pour demander combien valait le denier romain. Surprise des assistants, qui ne saisissaient nullement le rapport de la question posée avec la conversation engagée. Mais le questionneur avait cependant suivi logiquement sa pensée : de la trahison qui avait livré Charles Ier il avait passé, par association de ressemblance, à la trahison qui livra Jésus, et il voulait savoir laquelle de ces deux trahisons avait été le mieux payée.

George Sand * a écrit quelque part :

« ... Je n'ai jamais vu voler le papillon Thaïs sans revoir le lac Nemi ; je n'ai jamais regardé certaines mousses de mon herbier sans me retrouver sous l'ombre épaisse des yeuses de Franconie. Une petite pierre me fait revoir la montagne d'où je l'ai rapportée, et la revoir avec ses moindres détails, de haut en bas. L'odeur du liseron fait apparaître devant moi un terrible paysage d'Espagne dont je ne sais ni le nom ni l'emplacement, mais où j'ai passé avec ma mère à l'âge de quatre ans (1). »

Hobbes dit encore :

« ... De saint André l'esprit se porte sur saint Pierre, parce que leurs noms se trouvent ensemble dans l'Écriture. De saint Pierre l'esprit se porte sur une pierre, et une pierre nous conduit à penser à une fondation, parce que nous y voyons des pierres ensemble ; par la même raison, une pierre nous conduit à penser à l'Église ; l'Église nous présente l'idée d'un peuple ; l'idée d'un peuple nous mène à l'idée de révolution (2). »

Chacun de nous peut trouver dans sa propre expérience des exemples analogues. Parfois les intermé-

(1) G. Sand, *Revue des Deux-Mondes* du 15 nov. 1863.
(2) Hobbes, *De la nature humaine*, ch. IV.

diaires qui ont produit la filiation de nos idées nous échappent; mais, avec un peu de réflexion, nous finissons presque toujours par les retrouver, et, dussent-ils rester inconnus, on a le droit d'affirmer, d'après toutes les analogies, qu'ils n'en existent pas moins.

Déterminisme intellectuel. — La loi de l'association des idées nous oblige à reconnaître que dans l'esprit tout se tient, tout est lié. De même que, dans le monde physique, les phénomènes dérivent d'autres phénomènes et engendrent d'autres phénomènes, de même, dans le monde moral, les pensées s'appellent l'une l'autre; elles tiennent de leur nature ou elles contractent par accident une parenté qui les rapproche. Le hasard est un vain mot dans l'esprit comme dans la nature. Chaque état de la conscience est déterminé par l'état de conscience antérieur. Il y a un déterminisme* intellectuel comme il y a un déterminisme physique.

L'association des sentiments. — Nos sentiments, eux aussi, dans leur évolution, obéissent à la loi de l'association, non seulement en ce qu'ils suggèrent toutes les idées qui se rapportent à l'émotion particulière que nous éprouvons, mais aussi en ce qu'ils excitent, par une sorte d'affinité, tous les sentiments analogues. Sommes-nous en colère à propos d'un accident quelconque? Aussitôt des sentiments de malveillance, d'antipathie contre les personnes qui nous entourent et qui parfois le méritent le moins, surgissent dans notre cœur. Sommes-nous tristes? Non seulement toutes les représentations agréables et gaies seront comme fatalement écartées de notre imagination, et, par contre, les sujets de tristesse, par une sorte de sélection involontaire, s'accumuleront dans notre pensée, mais la colère, la méchanceté, l'envie, le mécontentement contre tout et contre tous, feront cortège au sentiment initial. Sommes-nous joyeux, au contraire? Alors c'est d'abord un tourbillon de conceptions douces et réjouissantes qui nous inonde; c'est aussi tout un flot de mouvements affectueux, bienveillants, qui envahit notre sensibilité.

Principes de l'association des idées. — L'association des idées, ou, pour mieux dire, l'association de nos états de conscience, quels qu'ils soient, est donc une loi fondamentale de la nature humaine. Mais cette loi, comment agit-elle, d'après quels principes exerce-t-elle son empire? Quels sont les rapports, les relations qui déterminent le plus souvent la liaison des pensées ou des sentiments?

Classification de ces principes. — Les philosophes ont essayé depuis longtemps de ramener à un certain nombre de catégories ou d'espèces les relations multiples qui peuvent servir d'intermédiaires, de traits d'union entre nos pensées. L'ancienne psychologie distinguait deux grandes classes de principes d'association d'idées, les uns accidentels et superficiels, les autres logiques et essentiels.

Principes accidentels. — De ce nombre sont :

1° La *contiguïté dans l'espace.* — Nous passons de l'idée d'une ville à l'idée de tous les lieux avoisinants : Rome nous fait penser au Forum, au Champ-de-Mars, à la campagne romaine; Naples, au Vésuve, à Pompéi. Notre pensée voyage insensiblement d'une contrée à une autre contrée voisine, d'une rue à une autre rue adjacente.

2° La *contiguïté dans le temps.* — Mirabeau nous fait songer à la Révolution, à ses contemporains, à Louis XVI, etc.; Napoléon III, à la guerre de Crimée, à la guerre du Mexique, à la guerre de 1870. C'est là une contiguïté objective, pour ainsi dire, entre les événements qui se sont succédé dans le temps. Mais il y a une autre contiguïté, subjective celle-là, qui rapproche et associe deux idées, deux sentiments, par cela seul qu'ils ont coexisté, ou se sont immédiatement succédé dans l'esprit.

3° La *ressemblance*. — C'est un des principes les plus féconds de l'association des idées, et certains philosophes y ramènent tous les autres : deux événements contemporains, deux monuments contigus dans l'espace, se ressemblent, en effet, en ce qu'ils appartiennent à la même époque, en ce qu'ils existent dans le même lieu. Mais les ressemblances plus précises agissent avec plus de force encore : une église gothique rappelle à notre souvenir toutes les églises du même caractère que nous avons visitées; une école reporte notre pensée sur toutes les écoles que nous connaissons. Il est important de noter que les associations fondées sur le principe de la ressemblance peuvent s'établir soit entre les choses qui sont les objets de notre pensée, soit entre les idées elles-mêmes, soit entre les mots. Il suffit d'une simple analogie dans le son des mots pour que nous soyons exposés parfois à voir complètement détourné le cours de nos idées. Beaucoup de bizarreries apparentes de notre imagination, beaucoup de prétendus hasards de notre pensée, dérivent de ce qu'une consonance de deux mots très différents dans leur sens nous a fait sauter sans transition logique d'une conception à une autre.

4° Le *contraste*. — De même que la ressemblance, le contraste guide parfois nos idées. Nous sommes secrètement portés, en présence d'un objet, à concevoir non seulement tout ce qui lui ressemble, mais aussi tout ce qui lui est contraire. Certains esprits, Lamartine[*], par exemple, toujours prêts aux comparaisons, obéissent plutôt à la ressemblance; d'autres, comme Victor Hugo[*], qui usent et abusent de l'antithèse et des oppositions, sont plutôt sous la domination du contraste.

Principes rationnels. — Les différents principes d'association que nous venons d'énumérer n'établissent entre les idées que des rapports ou extérieurs ou même frivoles (dans le cas de l'analogie des mots). D'autres principes, au contraire, rapprochent deux idées, deux faits, en vertu d'une liaison intrinsèque, d'un rapport essentiel et logique.

1° *Rapport de la cause à l'effet et de l'effet à la cause.* — Nous descendons instinctivement, pour ainsi dire, l'échelle qui conduit d'une cause à son effet, et, *vice versâ*, nous remontons avec la même facilité de l'effet à la cause. Devant une voiture renversée dans la rue, nous pensons immédiatement aux événements (essieu cassé, cheval emporté, etc.) qui ont déterminé l'accident. En présence d'un orage de grêle qui dévaste la contrée, nous sommes naturellement portés à nous représenter les effets qui en résulteront (champs dévastés, récoltes perdues, arbustes brisés, etc.).

2° *Rapport du principe à la conséquence.* — Un rapport analogue au précédent est celui qui associe non plus deux événements liés entre eux, comme cause et effet, mais deux idées, dont l'une est le principe et l'autre la conséquence. Le rapport de principe à conséquence n'est, en quelque sorte, qu'un rapport de causalité subjective. On parle devant nous d'une théorie philosophique, le panthéisme*, par exemple : aussitôt notre esprit en mesure les conséquences : la suppression de la liberté humaine, la négation de la personnalité divine, etc. De même, nous rencontrons dans un livre l'apologie du régicide : nous entrevoyons tout de suite les principes d'où découle cette conséquence : mépris de la vie humaine, exagéré ardent de la liberté, etc.

3° *Rapport de moyen à fin.* — En voyant une machine, nous nous demandons à quoi elle sert, et, réciproquement, en considérant un objet fabriqué, nous recherchons par quels moyens l'ouvrier ou la machine l'ont produit. L'aile de l'oiseau fait songer au vol; la moisson, au grain qu'on a semé. Le rapport de moyen à fin n'est guère d'ailleurs que le rapport de causalité renversé, en ce sens que la fin est en réalité la cause des moyens employés (on l'appelle, par suite, cause finale).

On pourrait encore distinguer le rapport de signe à chose signifiée. Le drapeau fait penser au régiment, à la patrie. La fumée évoque l'idée de feu, etc.

Réduction de ces différents principes. — Quelque exacte que soit l'énumération qui précède, il est permis de se demander si tous ces principes d'association d'idées ne peuvent pas être réduits, ramenés à un plus petit nombre de rapports, et même à un seul.

Depuis longtemps déjà les philosophes ont tenté cette réduction. Aristote ne distinguait que la ressemblance et la contiguïté :

« Quand nous poursuivons une pensée qui ne s'offre pas immédiatement à nous, nous y sommes conduits en partant d'une autre idée par le moyen de la ressemblance, ou du contraste et de la contiguïté. »

Hume admettait trois principes : la ressemblance, la contiguïté, la causalité. L'école anglaise contemporaine ne reconnaît, en général, que deux principes : la contiguïté, entendue comme coexistence ou succession immédiate des idées dans la conscience, et la similarité ou ressemblance.

Mais on peut aller plus loin encore et montrer que le principe fondamental, unique, de l'association des idées est la contiguïté subjective, c'est-à-dire la simultanéité ou la succession immédiate dans la conscience.

Le principe de la contiguïté. — Stuart Mill [*] a nettement exposé cette conclusion lorsqu'il dit :

« Règle générale, quand deux idées ont été pensées une ou plusieurs fois en connexion étroite l'une avec l'autre, l'esprit acquiert par cela même une tendance à les penser ensemble, à se rappeler l'une à propos de l'autre, tendance d'autant plus forte que ces idées ont été plus souvent unies dans l'expérience. »

En d'autres termes, le seul principe essentiel de l'association des idées serait la coexistence antérieure dans la conscience de deux sentiments, de deux conceptions, qui, s'étant une fois rencontrés, contracteraient l'habitude de reparaître toujours l'un après l'autre.

A l'appui de cette théorie, on fait observer, en fait, que toutes les associations d'idées, sur quelque principe apparent qu'elles soient fondées, ont pour condition cette rencontre préalable, cette succession ou cette simultanéité dans la conscience. La contiguïté dans l'espace se ramène aisément à la contiguïté subjective. En effet, nous ne passons de l'idée du Capitole à l'idée de la roche Tarpéienne que parce que, antérieurement, ces deux idées ont été juxtaposées dans notre esprit, lorsque nous apprenions l'histoire romaine ou la topographie de Rome. De même pour les rapports essentiels de causalité, de finalité, etc. Il est évident que nous n'associons à tel effet l'idée de telle cause que parce que nous avons déjà expérimenté ce rapport. Le principe de causalité nous suggère sans doute, à la vue de tout effet, l'idée d'une cause quelconque, mais il ne nous apprend pas quelle est cette cause. Si, en vertu de l'association des idées, nous pensons à cette cause plutôt qu'à une autre, c'est que déjà l'expérience nous a présenté, unis dans une succession de pensées, l'effet que nous avons sous les yeux et sa cause particulière.

L'association des idées n'est qu'une habitude. — On a donc le droit de conclure que l'association des idées, entendue comme l'ensemble des affinités qui unissent entre elles nos conceptions, n'est qu'une habitude : l'habitude de repenser l'une après l'autre des idées qui, une fois au moins, ont été déjà en connexion dans la conscience.

La liaison des idées. — Mais, en dehors de cette association toute mécanique, toute fatale, comme tout ce qui est du ressort de l'habitude, il faut reconnaître que nous avons la faculté de lier logiquement les idées, d'après les principes de causalité, de finalité, etc., qui constituent la raison. (Voyez *Leçon XII*.)

« L'association des idées proprement dite est un phénomène tout mécanique, qui ne ressemble en rien à cet autre ordre d'association rationnel et raisonnable que la logique et la rhétorique enseignent et exigent, et qu'on appelle la *liaison des idées*. Les deux faits, au contraire, s'opposent l'un à l'autre. Pour lier vraiment les idées comme l'exige la raison, il faut lutter contre le joug de l'association extérieure des idées. Chez les mauvais écrivains, l'association mécanique se substitue à la liaison des idées (1). »

L'association par ressemblance. — Une seule catégorie d'associations d'idées semble ne pouvoir pas être ramenée à la loi de contiguïté : ce sont les associations si importantes, si nombreuses, et auxquelles la poésie est redevable de tant de comparaisons agréables, les associations fondées sur la ressemblance.

Stuart Mill est d'avis lui-même d'admettre, après la loi générale que nous lui avons empruntée, une loi complémentaire qui serait ainsi formulée : « Les idées semblables s'appellent entre elles. »

En d'autres termes, en dehors de tout rapprochement antérieur, les idées, par cela seul qu'elles se

---

(1) M. P. Janet, *Traité élémentaire de philosophie*, p. 73.

ressemblent, ont une secrète tendance à s'unir (1).

L'association des idées et la mémoire. — On comprend maintenant comment l'association des idées peut être considérée comme la grande loi du rappel des souvenirs. Unis comme des compagnons de chaîne, les états de conscience forment des couples, dont un élément ne peut apparaître dans l'esprit sans que l'autre élément ait une tendance à réapparaître aussi. La perception d'un objet nous remémore successivement les diverses idées avec lesquelles elle a déjà coexisté. Un souvenir réveille un autre souvenir. En d'autres termes, la mémoire, qui est une habitude, la disposition acquise à se rappeler un objet, est mise en jeu par une autre habitude, l'association des idées, qui est la disposition acquise à penser à un objet en connexion avec un autre objet.

L'imagination. — On verra dans le chapitre suivant que l'association des idées ne joue pas un moindre rôle dans le développement de l'imagination. De même qu'elle est l'ouvrière de la restauration des souvenirs, de même il faut lui attribuer en grande partie les combinaisons d'images qui constituent les œuvres propres de l'imagination.

La raison. — Les philosophes de l'école anglaise vont plus loin; ils croient pouvoir expliquer les principes nécessaires qui goûvernent notre pensée par l'association, par la liaison constante, et toujours vérifiée dans l'expérience de tous les hommes, des phénomènes

---

(1) Les partisans de la réduction à l'unité de tous les rapports d'association ne se tiennent pas pour battus.

« Je rencontre pour la première fois dans la rue, dit M. Rabier, une personne qui me fait penser à une autre personne qui lui ressemblait, morte il y a vingt ans. Voilà, certes, un cas où il n'y a pas eu, semble-t-il, antérieurement à l'association, simultanéité des deux représentations dans la conscience. Analysons : la représentation actuelle fait penser à la représentation passée. Oui ; mais c'est qu'il y a des caractères communs entre ces deux représentations... » (M. Rabier, *op. cit.*, p. 191.)

qui se succèdent. Le rapport de cause à effet ne serait qu'une association inséparable. Nous dirons plus loin (*leçon XII*) pourquoi cette théorie ne saurait être admise.

RÉSUMÉ

77. L'association des idées est une expression impropre : il serait plus juste de dire la suggestion des idées, et plutôt encore la suggestion des états de conscience.

78. L'association des idées explique dans la **rêverie**, et même dans la **pensée réfléchie**, le passage d'une conception à une autre conception.

79. La succession de nos idées est soumise à un véritable **déterminisme** intellectuel.

80. Les sentiments eux-mêmes s'associent, s'appellent, se suggèrent les uns les autres.

81. On a distingué un grand nombre de principes d'association des idées : les **principes accidentels :** contiguïté dans l'espace, contiguïté dans le temps, ressemblance, contraste ; les **principes logiques :** causalité, rapport de principe à conséquence, finalité.

82. Mais ces différents principes peuvent être réduits à un seul : la **contiguïté subjective**, c'est-à-dire la simultanéité, ou la succession antérieure dans la conscience des deux idées qui désormais tendront à se suggérer l'une l'autre.

83. L'association des idées n'est donc qu'une **habitude mécanique** que contracte l'esprit à raison de ses expériences antérieures.

84. Il faut distinguer de l'association mécanique des idées la **liaison des idées**, fait logique et rationnel.

85. Les **associations par ressemblance** ne paraissent pas pouvoir être ramenées à la loi unique de la contiguïté dans la conscience.

86. L'association des idées est la loi du **rappel** des souvenirs dans la **mémoire** et de la **combinaison** des images dans l'**imagination**.

LEÇON IX

L'IMAGINATION ET SES DIVERSES FORMES.

Nature complexe de l'imagination. — Imagination inventive. — Importance de l'imagination représentative. — L'imagination embrasse tous les objets sensibles. — L'imagination et les émotions intérieures. — Analyse d'une page de Lamartine. — Travail propre de l'imagination inventive. — Additions et retranchements. — Combinaison des différentes images. — Principes directeurs de l'imagination. — L'idéal. — Rôle de l'imagination dans les arts. — Dans la vie pratique. — Dans la science. — Dangers de l'imagination.

Nature complexe de l'imagination. — L'imagination, à l'origine et dans ses humbles débuts, est une fonction de conservation, comme la mémoire, dont elle ne diffère que par le degré. Elle est alors la mémoire imaginative, *l'imagination représentative* ou reproductrice ; elle consiste à se représenter vivement, les yeux fermés ce qu'on a vu les yeux ouverts. Elle est une mémoire plus vive, une mémoire pittoresque. Nous nous rappelons simplement avoir vu, tel jour, au Jardin d'acclimatation, une troupe de Cynghalais* : c'est un fait de mémoire. Mais, de plus, nous les revoyons avec leurs costumes, avec leurs attitudes, avec leurs danses bizarres, avec leur peau brune qui les fait ressembler à des bronzes florentins : ce sont des faits d'imagination.

Il est vrai que l'imagination franchit promptement ce premier degré, où elle n'est que la copie de la réalité. Elle devient vite une fonction de combinaison, d'élaboration ; elle modifie de mille manières les matériaux que la mémoire imaginative met à sa disposition, elle construit, elle crée : elle est enfin l'imagination *inventive* ou *créatrice*, qu'on pourrait aussi appeler imagination active.

Imagination inventive. — C'est dans ce dernier sens surtout que l'on entend généralement l'imagination. On parle sans cesse de sa puissance, de sa fécondité : or ces caractères ne conviennent qu'au second degré de l'imagination : homme d'imagination est synonyme de poète, d'inventeur, d'artiste.

Importance de l'imagination représentative. — Il ne faut pourtant pas dédaigner l'imagination simplement représentative qui conserve la représentation exacte des formes et des autres qualités sensibles des objets. Tous les esprits ne sont pas également doués sous ce rapport. Tel homme, d'une intelligence très ouverte cependant, très expert aux réflexions abstraites, sera incapable de se représenter vivement les choses qu'il a vues, même celles qui lui sont les plus familières. Demandez-lui quelle est la couleur des cheveux d'un de ses amis, quelle est la robe que portait hier sa sœur; il ne le sait pas. Il lui manque ce sens intérieur de l'imagination, qui nous fait voir toutes choses comme dans un tableau, qui à l'idée ajoute toujours l'image. Sans doute cette puissance de représentation n'est pas nécessaire pour les travaux du philosophe, pour les recherches de la pensée abstraite; mais je n'oserais affirmer qu'elle ne soit pas d'un certain secours pour les conceptions du géomètre, pour les études du physicien et du chimiste. En tout cas, le poète, le peintre, le sculpteur, le musicien, les artistes en général ne sauraient s'en passer. Le peintre, même le plus original et le plus inventif, doit commencer par être capable de voir mentalement les objets, leurs couleurs et leurs formes. Certains philosophes ont beau dire que l'imagination n'apparaît qu'au moment où elle modifie, où elle transforme les souvenirs ; ces souvenirs eux-mêmes peuvent être la matière utile des futures constructions de l'artiste et de l'inventeur.

L'imagination embrasse tous les objets sensibles. — L'imagination représentative amasse donc les matériaux que l'imagination créatrice mettra ensuite à profit en vertu de sa puissance propre.

Ces matériaux sont d'abord empruntés à tous les sens, et non pas seulement, comme on pourrait le croire tout d'abord, au sens de la vue.

Sans doute la plus grande partie des représentations de l'imagination dérivent de la vue, qui est de tous nos sens le plus puissant, le plus riche en perceptions, celui aussi dont les souvenirs renaissent avec le plus de netteté. Aussi, étymologiquement, l'imagination semble-t-elle se rapporter exclusivement au sens de la vue. L'image est proprement la conception d'une forme visuelle. Il n'en est pas moins certain que les autres sens donnent lieu, eux aussi, à des images, c'est-à-dire à des représentations mentales. Le musicien imagine les sons, et les combine de tête ; l'ouvrier imprimeur imagine la forme tangible des lettres, puisqu'il les reconnaît au toucher. Les saveurs et les odeurs elles-mêmes peuvent être représentées par l'imagination.

« Que d'images agréables, remarque Dugald Stewart [*], ont été empruntées au parfum des fleurs et au chant des oiseaux ! Et la musique dont la poésie a, dans tous les temps, célébré la magique influence sur les hommes, ne rentre-t-elle pas dans le domaine de l'imagination ? »

L'imagination et les émotions intérieures. — Mais ce serait trop limiter encore l'imagination que se contenter de l'étendre aux seuls objets sensibles. Nous pouvons nous imaginer aussi après coup nos états de conscience, surtout nos émotions, nos plaisirs et nos douleurs, nos passions. Telle douleur, depuis longtemps oubliée, me remonte au cœur et met des larmes dans mes yeux, lorsque je revois les lieux où je l'ai éprouvée. Les poètes, les romanciers ont évidemment recours à l'imagination, lorsqu'ils peignent avec de si vives couleurs les caractères qu'ils inventent, les personnages auxquels ils prêtent les diverses passions de l'âme.

Il n'y a pas jusqu'aux conceptions abstraites et générales qui ne puissent être, à un certain degré, des objets d'imagination. Nous prêtons vie et forme aux conceptions les plus abstraites, à l'humanité, à la patrie, à la nature. Mais dans ce cas l'imagination n'est déjà plus représentative ; elle est inventive, elle ajoute quelque chose de son cru aux notions que la mémoire lui suggère:

Analyse d'une page de Lamartine. — Lisons une page d'un poète, et nous y trouverons l'imagination sous toutes ses formes.

> Un soir, t'en souvient-il ? nous voguions en silence;
> On n'entendait au loin, sur l'onde et sous les cieux,
> Que le bruit des rameurs qui frappaient en cadence
>   Les flots harmonieux.

L'imagination de la vue et l'imagination de l'ouïe sont intimement associées dans cette strophe, qui nous représente à la fois un lac, ses flots, les cieux, et aussi le bruit des rames coupant le silence de la nuit.

> O lac, rochers muets! grotte! forêt obscure!
> Vous que le temps épargne et qu'il peut rajeunir,
> Gardez de cette nuit, gardez, belle nature,
>   Au moins le souvenir!

Ici l'imagination se mêle, pour ainsi dire, à la pensée abstraite : d'abord elle personnifie la nature ; ensuite elle introduit les idées de vie, de vieillesse et de rajeunissement possible, idées abstraites et générales au premier chef, dans la représentation que le poète se fait des objets de la nature.

> Éternité, néant, passé, sombres abîmes,
> Que faites-vous des jours que vous engloutissez ?
> Parlez : nous rendrez-vous les extases sublimes
>   Que vous nous ravissez ?

Dans ces derniers vers le poète imagine ses émotions passées, son amour et les joies ardentes de son amour disparu.

> Que le vent qui gémit, le roseau qui soupire,
> Que les parfums légers de ton air embaumé,
> Que tout ce qu'on entend, l'on voit ou l'on respire,
>   Tout dise : Ils ont aimé.

L'imagination de l'odorat apparaît au second vers, associée à des images que fournissent les autres sens.

Travail propre de l'imagination. — Les sens, la sensibilité et la conscience, la mémoire par conséquent, sont donc les sources de l'imagination ; mais l'imagination propre a son activité, qui se manifeste par le changement qu'elle fait subir aux éléments qu'elle reçoit de l'expérience. Essayons d'analyser les divers moments de cette élaboration originale et novatrice, d'où sortent les fictions du poète, les compositions de l'artiste, quelques-unes des plus importantes inventions de la science, et aussi les rêveries délicieuses qui charment notre vie.

Additions et retranchements. — L'imagination procède d'abord par *addition* et par *retranchement*.

Obéissant à ses lois propres, elle ajoute quelques traits de beauté de plus à la figure déjà belle que lui présente le souvenir ; elle retranche d'un paysage réel les accidents qui le gâtent, les taches qui l'enlaidissent. Parfois, sans doute, ces additions et ces retranchements, qui paraissent être des inventions originales de l'imagination, ne sont que des défaillances, des lacunes de la mémoire qui oublie ceci ou cela. Mais le plus souvent, les modifications apportées par l'imagination à la représentation photographique de la réalité sont des changements voulus. C'est à dessein que Rabelais * amplifie le personnage de Gargantua, qu'il lui donne dix-huit mentons et qu'il le fait allaiter par dix-sept mille neuf cent treize vaches. C'est par un effort d'imagination que Swift * a conçu dans les *Voyages de Gulliver* ses Lilliputiens.

Remarquons du reste que l'imagination est plus portée à grandir qu'à rapetisser. Tous les hommes d'imagination sont disposés à l'exagération, à l'hyperbole *.

Combinaison des différentes images. — La plupart des constructions de l'imagination sont dues à des associations, à des *combinaisons* d'images empruntées à divers objets. On a dit avec raison que l'imagination ne crée pas : ses plus audacieuses nouveautés ne sont, à vrai dire, que des combinaisons, des associations d'éléments empruntés à la réalité. S'agit-il d'imaginer un personnage qui, dans une comédie ou dans un roman, représente l'avare ? le poète ou le romancier rassemblera deçà et delà divers traits d'avarice que sa mémoire lui rappelle ; il les juxtaposera, il les fondra ensemble dans un tout harmonieux. S'agit-il de peindre ou de sculpter un beau visage ? ici encore l'imagination de l'artiste, loin de copier la réalité, combinera diverses images recueillies dans l'expérience ; il associera les yeux de l'un, le nez de l'autre et le front d'un troisième, etc.

C'est à ces combinaisons qu'il faut rapporter aussi le travail d'imagination qui consiste, comme il arrive à chaque instant chez les poètes, à associer l'abstrait et le concret, l'intellectuel et le sensible; la plupart des métaphores et des comparaisons dérivent de cette source. Notre imagination n'est pas seulement le pouvoir de réunir en un seul tout une grande variété d'images empruntées à la réalité sensible; elle est aussi la faculté de vivifier nos conceptions les plus abstraites en les mélant à des représentations matérielles.

Principes directeurs de l'imagination. — Mais dans ce travail de combinaison, de construction, qui caractérise surtout l'imagination, les matériaux ne sont pas tout. Il faut au poète qui crée de beaux personnages, au peintre qui imagine de belles figures, une idée directrice, un *idéal*. Il faut qu'entre tous les souvenirs que lui suggère une mémoire vive et puissante il fasse un choix; et ce choix n'est possible que parce que l'artiste se représente un certain idéal.

L'idéal. — Il est difficile de définir l'idéal, qui est la chose du monde la plus insaisissable. On n'avance à rien en déclarant que l'idéal c'est le beau. Le *beau* lui-même est une expression très complexe qui désigne un grand nombre d'objets très différents. Quel rapport y a-t-il, par exemple, entre une belle poésie et une belle statue? (Voyez *Leçon XV*.) Le beau est une abstraction par laquelle nous désignons tout ce qui produit sur notre sensibilité des effets analogues, tout ce qui nous émeut, tout ce qui nous ravit d'admiration.

Il y a autant d'espèces de beautés qu'il y a d'arts particuliers et distincts. Le poète, le musicien, le peintre, suivent chacun une idée différente ; idée qui leur est fournie précisément par leur imagination propre, par leur goût personnel, et qui varie avec la diversité même des natures ou des tempéraments. Mais s'il est difficile de définir cette idée, cet idéal, il n'en est pas moins certain que l'idéal existe et que sans lui l'imagination la plus riche en souvenirs serait impuissante à créer, à jeter dans un moule, à conformer à un type toutes les ressources dont elle dispose.

Rôle de l'imagination dans les arts. — L'imagination a toujours été considérée comme la faculté poétique, artistique par excellence. Sans doute, le talent du poète et de l'artiste est fait de sensibilité surtout ; mais il faut qu'à des émotions vives s'ajoute une imagination puissante, évoquant un grand nombre de souvenirs et capable de les transformer, de les idéaliser.

Sans l'imagination, l'art sous toutes ses formes ne pourrait être que la photographie servile de la réalité. Mais, sans vouloir médire de l'école littéraire qui s'intitule elle-même le *réalisme* et le *naturalisme*, sans songer à déprécier ce que peuvent avoir d'intéressant des descriptions exactes et attentives de la nature, — descriptions qui supposent d'ailleurs une action intense de l'imagination représentative, — il est évident que l'art est autre chose qu'un décalque de la nature. L'art idéalise et il invente. Tantôt il crée des choses qui n'existent pas, tantôt il embellit ce qui existe.

« C'est la nature qui fournit les matériaux ; c'est elle qui donne le marbre, la couleur, la ligne, le son, l'image, la parole ; mais l'imagination du sculpteur, du peintre et du poète y ajoute le sentiment et la pensée. De ces éléments combinés elle forme un tout qui n'existait pas jusque-là, un corps qu'elle anime de ses mains, quand elle a trouvé cette combinaison heureuse qu'elle appelle le beau. »

L'imagination dans la vie pratique. — L'imagination joue aussi un grand rôle dans la vie ordinaire. Si elle nous égare parfois, si elle est la source de beaucoup d'erreurs, elle présente aussi cet avantage qu'elle alimente nos rêveries, qu'elle embellit la réalité; et les fictions mensongères et innocentes qu'elle nous suggère sont comme des rêves bienfaisants qui nous soutiennent, qui nous aident à supporter les misères de la vie.

L'imagination est le principe de l'espérance, de toutes les conceptions riantes dont nous aimons à parer l'avenir. Et qui oserait nier que l'espérance ne soit un des ressorts essentiels de l'activité humaine? Combien de malheureux auxquels il ne reste que l'espérance, sans cesse entretenue par une imagination complaisante!

C'est l'imagination encore qui, d'une part, nous représentant vivement le but désiré et qu'il faut atteindre, d'autre part, nous mettant à même de multiplier les moyens, les inventions pour y parvenir, excite notre activité et en même temps la rend féconde.

Ne nous conduisit-elle à aucun résultat, elle aura toujours eu le mérite de nous charmer, de nous consoler, d'amplifier nos joies, de faire pour un moment trêve à nos douleurs.

« Lorsque dans la conception de l'avenir, dit M. Rabier, l'imagination se donne entière liberté et que, sans tenir compte du réel ni du possible, elle n'offre devant nous que les perspectives les plus séduisantes, elle fait, comme on dit, des *châteaux en Espagne!* Qu'on n'en dise pas trop de mal : il y a tant de gens qui n'en ont pas d'autres (1). »

L'imagination dans la science. — La science passe en général pour être l'ennemie de l'imagination.

(1) M. Rabier, *op. cit.*, p. 201.

La science aspire à la vérité, en effet, et l'imagination est la source des fables et des mensonges. On oublie que l'imagination est une faculté souple et flexible, qui se prête à tous les emplois. De même qu'elle inspire au poète ses fictions, de même elle suggère au savant les hypothèses qui le conduiront aux découvertes.

« La science elle-même, au moins la science de la nature, est impossible sans imagination : Newton*, par elle, voit dans l'avenir, et Cuvier* dans le passé. Les grandes hypothèses, d'où naissent les grandes théories, sont filles de l'imagination (1). »

Dans le même sens Tyndall * a dit :

« La science a ses conservateurs qui regardent l'imagination comme une faculté qu'il faut plutôt craindre et éviter qu'utiliser. ... En la voyant à l'œuvre dans des têtes trop faibles, on a exagéré le mal qu'elle pouvait faire. Il serait aussi juste de proscrire la vapeur parce qu'il y a des chaudières qui font explosion. Contenue dans de justes limites et modérée par la raison, l'imagination devient le plus puissant instrument des découvertes. Si Newton a franchi l'espace qui sépare la chute d'une pomme de la marche d'une planète, ce n'est que par un bond prodigieux de l'imagination (2). »

Ce n'est pas seulement parce qu'elle inspire ses hypothèses au savant dans la théorie, c'est aussi parce qu'elle lui suggère ses inventions dans la pratique que l'imagination doit être considérée comme un auxiliaire utile de la science. Les applications des sciences sont sans doute, le plus souvent, le résultat d'une déduction raisonnée, du développement logique de la théorie. Mais, dans plus d'un cas, l'imagination collabore à ce travail, et c'est elle qui, en provoquant les expédients, les combinaisons nouvelles, prépare en partie les inventions pratiques.

Dangers de l'imagination. — Mais, à côté du

---

(1) M. P. Janet, *la Philosophie du bonheur*, p. 61.
(2) Revue scientifique, *De l'imagination dans les sciences.*

bien, il y a le mal, et les détracteurs de l'imagination ne sont pas plus embarrassés pour en signaler les dangers que ses admirateurs pour en faire valoir les avantages.

Dans la poésie et dans l'art en général, elle nous éloigne parfois de la nature; elle nous égare dans le factice et dans le faux. Dans la vie pratique, elle est la source du romanesque; elle nous dégoûte de la réalité par ses fictions enchanteresses. Elle est, selon la forte expression de Malebranche, la *folle du logis*, celle qui met le désordre dans la maison.

Enfin, dans la science, elle est, comme dit Pascal, une *maîtresse fourbe;* elle a inspiré encore plus d'erreurs qu'elle n'a fait découvrir de vérités. Elle dispose le savant imprudent à se passer de l'observation et du raisonnement et à prendre ses rêveries pour des vérités démontrées.

Mais tous les dangers que présente l'exercice mal dirigé d'une imagination désordonnée, à laquelle la raison ne fait pas contrepoids, ne doivent pas nous en faire oublier les bienfaits et l'action qu'elle exerce sur nos facultés. Elle anime et vivifie l'intelligence; elle excite la volonté; de même elle étend la sensibilité, car nous n'aimons bien que les personnes et les choses dont l'imagination nous présente une vive image.

RÉSUMÉ

87. **L'imagination** est une fonction complexe qui se présente sous diverses formes bien distinctes. Tantôt elle n'est qu'une fonction de conservation :

on l'appelle alors **mémoire imaginative** ou **imagination représentative**. Tantôt elle est une fonction de combinaison et d'élaboration : elle est alors l'**imagination inventive** ou **créatrice**.

88. L'imagination représentative amasse des matériaux pour les combinaisons futures de l'imagination inventive.

89. L'imagination embrasse tous les objets sensibles, et aussi les états intérieurs de l'esprit.

90. Mais l'expérience ne fournit à l'imagination que les matériaux qu'elle emploie ; l'imagination tire d'elle-même les conceptions **idéales** d'après lesquelles elle dispose ses matériaux.

91. Le travail propre de l'imagination consiste, soit à **ajouter**, soit à **retrancher**, soit surtout à **combiner** des formes nouvelles.

92. L'imagination joue un grand rôle dans les **arts** : elle permet à l'artiste soit d'inventer en dehors de la nature, soit d'idéaliser la nature.

93. L'imagination est aussi une **faculté pratique** : elle est l'inspiratrice de l'espérance ; elle excite l'activité ; elle nous entoure de fictions agréables.

94. Enfin, l'imagination a son importance dans les recherches scientifiques, où elle suggère les **hypothèses** et favorise les **inventions** pratiques.

95. En revanche, l'imagination offre aussi de grands dangers : elle **égare** l'artiste dans le factice et dans le faux ; elle est la source du **romanesque** ; elle expose l'esprit à toutes sortes d'erreurs.

LEÇON X.

L'ABSTRACTION ET LA GÉNÉRALISATION. — LES IDÉES ABSTRAITES ET LES IDÉES GÉNÉRALES.

Idées particulières et idées générales. — Idées concrètes et idées abstraites. — Abstraction et généralisation. — Deux formes de l'idée générale. — Extension et compréhension. — Abstraction et attention. — Abstraction et imagination. — Divers degrés de l'abstraction. — Rapports de l'abstraction et de la généralisation. — Les idées générales et le langage. — Comment l'enfant généralise. — Valeur des idées générales. — Simplicité et clarté des idées abstraites et générales. — Importance des idées générales. — Dangers des idées abstraites et générales.

Idées particulières et idées générales. — Dans leur exercice propre, les sens et aussi la conscience ne nous fournissent d'abord que des idées particulières, individuelles. Sans doute la conscience enveloppe et accompagne toutes les opérations de l'esprit, l'abstraction et la généralisation, aussi bien que les perceptions élémentaires. Mais, dans ses données primitives, la conscience, comme les sens, ne nous suggère que des jugements particuliers, qui se rapportent à un seul fait, à un seul individu.

J'ai conscience tout d'abord de telle douleur qui m'arrache des cris, de tel sentiment de peur qui me fait trembler, etc. C'est seulement plus tard que, saisissant le rapport qui existe entre ces différentes émotions, mon esprit en dégage l'idée générale de sensibilité.

De même je perçois par les sens un arbre déterminé, puis un autre arbre, puis un arbuste, une plante; et de ces perceptions particulières je m'élève ensuite à l'idée générale des végétaux.

En un mot toute perception est particulière, c'est-à-dire relative à un seul et unique objet. Je perçois non la couleur en général, mais la couleur de tel ou tel objet. Je n'ai pas conscience de l'intelligence, mais de différents faits intellectuels.

Les idées particulières sont, pour ainsi dire, la première couche de l'intelligence, le premier étage de notre esprit. Par un travail ultérieur, qui constitue ce qu'on appelle la généralisation, nous saisissons la ressemblance des objets individuels, les rapports des idées particulières, et nous concevons par suite les idées générales.

Idées concrètes et idées abstraites. — Mais la généralisation suppose elle-même une opération préliminaire du même genre, qui est l'abstraction.

L'opposition entre l'*abstrait* et le *concret* est analogue à celle qui existe entre le *général* et le *particulier*. L'idée générale est toujours une idée abstraite. L'objet particulier que nous percevons est toujours concret et complexe; il comprend plusieurs éléments. La couleur de la rose est perçue en même temps que la forme, que le parfum de cette fleur. Mais notre esprit a le pouvoir de ne considérer qu'un seul de ces éléments, soit la couleur, soit la forme, soit le parfum de la rose. Ce sont là trois abstractions préliminaires, qui, comparées avec d'autres abstractions analogues, avec la couleur, avec la forme, avec le parfum du lis, de la violette, etc., nous conduisent à concevoir l'idée générale de la couleur, de la forme, de l'odeur.

Le concret, c'est tout ce que nos sens nous font immédiatement connaître, c'est la réalité directement perçue. L'abstrait, à vrai dire, n'existe que dans notre pensée. L'abstrait suppose une analyse* des éléments complexes de la réalité, que l'esprit considère successivement, de façon à n'en examiner qu'un, en éliminant tous les autres.

Le concret d'ailleurs n'est pas seulement l'ensemble des réalités matérielles et sensibles ; les faits intérieurs, les phénomènes particuliers que la conscience nous révèle l'un après l'autre, sont aussi des choses concrètes.

Abstraction et généralisation. — Il y a donc lieu de distinguer, comme opérations distinctes de l'esprit, les deux pouvoirs intellectuels qu'on appelle l'abstraction et la généralisation. L'une et l'autre concourent à cette élaboration des connaissances et font partie de ces fonctions de combinaison que nous avons distinguées des fonctions d'acquisition et des fonctions de conservation.

L'abstraction peut être définie *l'opération par laquelle l'esprit, décomposant les éléments complexes de la perception, les considère à part l'un après l'autre.*

La généralisation est *l'opération par laquelle l'esprit, rapprochant les éléments analogues ou semblables, qu'une abstraction préliminaire a distingués et séparés dans la réalité complexe, range et distribue en catégories, en genres, en espèces, soit les éléments eux-mêmes* (idées de couleur, de forme, de saveur, d'odeur, etc.), *soit les individus chez lesquels ont été successivement reconnus des éléments semblables ou analogues* (idée d'humanité, idées d'Européen, de Français, etc.).

En d'autres termes, grâce à l'abstraction, nous sommes en état de détacher successivement des objets individuels que nous avons perçus l'idée de telle ou telle de leurs qualités ; et ensuite, grâce à la généra-

9.

lisation, nous associons ensemble ces abstractions successives, de façon à former l'idée générale (1).

Deux formes de l'idée générale. — Il semble au premier abord qu'il y ait deux catégories bien distinctes d'idées générales. L'idée générale, en effet, est tantôt l'idée d'une classe d'êtres, d'individus, qui ont entre eux des rapports, qui se ressemblent par quelque qualité commune, les *minéraux*, les *plantes*, les *hommes*, etc., ou bien l'idée de ces rapports, de cette qualité commune à un grand nombre d'individus, la *raison*, la *sensibilité*, la *densité*, la *pesanteur*, etc.

Extension et compréhension. — Il est à remarquer cependant que toute idée générale, de l'une ou de l'autre forme, contient à la fois, à des degrés divers, soit la représentation d'un grand nombre d'individus, soit la conception de leurs qualités communes.

Ainsi l'idée des végétaux est sans doute et avant tout l'idée de tous les objets qui peuvent rentrer sous cette appellation générale, mais c'est aussi l'idée implicite de leurs qualités communes (croissance, faculté de se nourrir, absence de sensibilité, structure particulière, racines, tige, fleur, etc.).

De même, dans l'idée de la couleur, ce qui domine, ce qui est le caractère éminent, c'est la reproduction d'une qualité commune à tous les objets colorés. Mais nous ne pouvons penser à la couleur sans penser plus ou moins aux objets colorés eux-mêmes.

On appelle *extension* de l'idée générale la qualité qu'elle a de s'appliquer à un plus ou moins grand

---

(1) Notons que les mots *abstraction* et *généralisation*, comme d'ailleurs d'autres termes du vocabulaire psychologique, la *perception*, la *sensation*, etc., représentent à la fois et l'opération par laquelle l'esprit abstrait et généralise, et les résultats de ces opérations, c'est-à-dire les idées abstraites et générales.

nombre d'individus (l'idée d'Européen, par exemple, a plus d'extension que l'idée de Français). On appelle *compréhension* de l'idée générale la qualité qu'elle a de représenter un plus ou moins grand nombre de qualités communes (l'idée de Français a plus de compréhension que l'idée d'Européen).

L'extension et la compréhension sont en rapport inverse : plus une idée générale contient d'individus, moins elle représente de qualités communes. Les *minéraux*, les *animaux*, les *végétaux* sont des idées générales plus compréhensives et moins extensives que l'idée d'*être*, qui s'étend à tous, mais qui est l'idée générale réduite à son minimum de compréhension.

Abstraction et attention. — L'*abstraction* est une des conditions de la généralisation. Qu'est donc l'abstraction elle-même?

D'après certains philosophes, l'abstraction ne serait qu'une forme de l'attention :

« L'abstraction, dit La Romiguière*, n'est pas une faculté nouvelle à ajouter aux facultés qui constituent l'entendement : elle n'est que l'attention qui s'arrête sur une qualité d'un objet, et qui, la faisant dominer sur les autres, l'en sépare en quelque manière, l'en abstrait (1). »

Il n'en est pas moins vrai que l'abstraction est une opération différente de l'attention. Et en effet, dans le plus grand nombre des cas, l'abstraction est instinctive et irréfléchie. C'est sans effort que l'esprit décompose les éléments de la réalité. Il suffit pour cela qu'une qualité prédomine dans les objets qui sont soumis aux facultés de perception. C'est sans attention que l'enfant est frappé par les caractères communs des différents spé-

---

(1) La Romiguière, *Leçons de philosophie*, II° partie, ch. v. — M. Janet reprend pour son compte la même théorie dans son *Traité élémentaire de philosophie*, p. 153.

cimens de l'espèce végétale qui se présentent successivement à ses regards. L'attention, à vrai dire, ne joue presque aucun rôle dans la formation de la plupart des abstractions. De l'analogie, de la ressemblance spontanément saisie jaillit sans réflexion l'idée abstraite.

C'est seulement l'abstraction réfléchie qui peut être confondue avec l'attention. Dans ce cas, en effet, l'attention qui choisit son objet, qui, entre plusieurs qualités confondues dans une même perception, n'en considère qu'une exclusivement, l'attention est déjà une abstraction.

Abstraction et imagination. — Si l'abstraction a quelques rapports avec l'attention, elle est en opposition absolue avec l'imagination. Imaginer, c'est déterminer le plus possible la représentation, la conception d'un objet, c'est lui attribuer toutes les qualités. tous les détails qui le caractérisent; c'est le voir tel qu'il est dans la réalité. Par un mouvement inverse, l'abstraction simplifie; elle supprime dans les représentations intellectuelles tous les éléments que pour le moment il ne lui importe pas de considérer. En d'autres termes, l'image se rapproche aussi exactement que possible de la réalité : l'abstraction s'en éloigne au contraire. De là le divorce qui sépare les esprits poétiques des esprits scientifiques : les uns enclins à se représenter intégralement les objets, à ne rien omettre de tout ce qui singularise les êtres particuliers ; les autres portés au contraire à ne penser que des idées pures, dégagées de la complexité des éléments sensibles.

Divers degrés de l'abstraction. — L'abstraction peut considérer soit la substance en dehors de ses qualités, l'âme par exemple, l'être vivant, soit les qualités en dehors de la substance, l'intelligence, la sensibilité, la volonté, fonctions de l'âme, la respiration, la digestion, la circulation, etc., fonctions de l'être

IDÉES ABSTRAITES ET IDÉES GÉNÉRALES 157

vivant, soit le rapport qui existe entre diverses qualités, la grandeur, la petitesse, la force, la faiblesse, etc.

Rapports de l'abstraction et de la généralisation. — On peut confondre, sinon l'abstraction et la généralisation, qui sont deux opérations distinctes, du moins leurs résultats, les idées qui en dérivent. L'idée abstraite et l'idée générale sont en effet même chose.

Quelques philosophes prétendent, il est vrai, qu'il y a des abstractions particulières.

« Rien ne m'empêche, dit Reid *, de faire attention à la blancheur d'une feuille de papier qui est devant moi; et la blancheur de cet objet individuel est une conception abstraite, elle n'est point une conception générale. »

Il est certain que nous pouvons, grâce aux sens qui sont des instruments naturels d'analyse, percevoir exclusivement dans les objets des qualités isolées, la forme et la couleur, par exemple, indépendamment de la résistance, de l'odeur et de la saveur; il est certain aussi que nous pouvons, grâce à l'attention, considérer la forme d'un livre en dehors de sa couleur. Mais ces perceptions, ces réflexions exclusives ne sont pas, à vrai dire, des abstractions. L'opération propre de l'abstraction ne commence en réalité que lorsque l'idée d'une qualité unique, distinguée dans un tout complexe, s'associe avec l'idée d'une qualité analogue observée dans un objet du même genre, lorsque, en un mot, elle tend à devenir générale.

Il n'y a donc pas lieu de distinguer les idées abstraites des idées générales : tout ce qui peut être dit des unes s'applique également aux autres.

Les idées générales et le langage. — C'est une question de savoir si, sans l'usage des mots, l'esprit humain pourrait avoir des idées générales. D'après un assez grand nombre de philosophes, qu'on appelle les *nominalistes**, les mots seraient absolument nécessaires pour concevoir les généralités ; les idées générales ne seraient que des noms communs, des étiquettes placées sur une collection d'objets. L'esprit, à vrai dire, ne serait pas capable de penser le général.

« Une idée générale et abstraite, dit M. Taine, est un nom, rien qu'un nom, le *nom significatif et compris* d'une série de faits semblables, ou d'une classe d'individus semblables, ordinairement *accompagné* par la représentation sensible mais vague de quelqu'un de ces faits ou individus (1). »

C'est là une opinion fausse et absolue. Sans doute les mots sont nécessaires pour fixer l'idée générale, pour en conserver le souvenir, pour en permettre le maniement facile, mais ils ne sont pas indispensables pour que l'idée générale éclose dans l'esprit.

Il serait impossible de comprendre que nous attribuions un sens aux mots généraux, si nous n'avions pas à un certain degré le pouvoir de penser l'idée générale avant de parler les mots généraux.

C'est ce que le philosophe écossais Hamilton * a exprimé avec force dans le passage suivant :

« Une fois formé, le concept (idée générale) retomberait dans la confusion d'où l'esprit l'a évoqué, si un signe verbal qui le fixe et le ratifie ne le rendait permanent pour la conscience. Un signe est nécessaire pour donner de la stabilité à nos progrès intellectuels, pour fixer chaque pas de notre marche et en faire un nouveau point de départ pour un progrès nouveau. Une armée peut se répandre dans un pays, mais elle n'en fait la conquête qu'en y établissant des forteresses. Les mots sont les *forteresses de la pensée :* ils nous permettent d'établir notre domination sur le territoire que la pensée a déjà envahi et de faire de chacune de nos conquêtes intellectuelles une base d'opérations pour en effectuer de nouvelles.... Quand on perce un tunnel dans un banc de sable, il faut à chaque pas

(1) M. Taine, *De l'intelligence*, t. II, p. 241.

se mettre en sûreté en bâtissant une voûte avant de creuser plus avant. Le langage est pour l'esprit ce que la voûte est pour le tunnel.... Les concepts que le langage n'a pas fixés en y apposant son sceau sont des étincelles qui ne brillent que pour mourir (1). »

Il est impossible de mieux caractériser les rapports de l'idée générale et du mot qui l'exprime. L'intelligence avance sans doute d'elle-même et saisit les analogies, les ressemblances, les rapports des choses; mais cette opération intérieure resterait vaine, elle serait fugitive et périssable, si les mots ne venaient à son aide. Notre esprit est ainsi fait qu'il a toujours besoin d'un support sensible. Quand nous percevons les objets naturels, les objets particuliers, c'est la chose elle-même qui est représentée à notre esprit ; quand nous concevons, par un travail purement mental, les rapports des objets, c'est sur un mot, sur un signe sensible que notre intelligence a besoin de s'appuyer. Les mots, en d'autres termes, jouent dans l'exercice de l'abstraction et de la généralisation le même rôle que les images des objets particuliers dans le développement de la perception et de la mémoire.

Comment l'enfant généralise. — L'enfant, quoi qu'on en dise, est porté à la généralisation. Nous avons cité ailleurs des exemples de cette disposition naturelle qui le conduit à généraliser, d'après les analogies parfois les plus vagues et les plus superficielles (2), et aussi à saisir les rapports réels des objets. Voici quelques faits encore qui confirment nos conclusions sur ce sujet :

« A cinq ans et demi, le fils d'un savant grammairien dit à son père : « Mais il y a des verbes féminins! — Comment? — « *Pondre* est un verbe féminin : on dit toujours : *Elle* pond; on « ne dit jamais : *Il* pond (3). »

(1) Hamilton, *Lectures*, III, p. 137 et suiv.
(2) Voyez notre *Cours de pédagogie*, leçon VIII.
(3) Egger, *op. cit.*, p. 51.

« L'enfant dit « *oua, oua* » à propos du chien de la maison; au bout d'un peu de temps, il dit : *oua, oua* à propos des caniches, des carlins et des terre-neuve de la rue....

« Un enfant ayant appris les mots : *bon garçon*, les mettait toujours ensemble. Quand il voulait exprimer cette idée : *bonne vache*, il disait : *bon garçon vache* (1). »

L'enfant est donc inhabile à employer les termes généraux, mais il arrive déjà à dépasser, à dominer les perceptions particulières et individuelles, pour en saisir les ressemblances et les rapports.

Valeur des idées générales. — Les philosophes ont beaucoup discuté sur la valeur des idées générales, c'est-à-dire sur la nature des réalités qu'elles représentent. Les uns, nous en avons déjà parlé, sont d'avis qu'elles ne représentent rien, n'étant que des mots, des noms : on les appelle *nominalistes*. Les autres croient, tout au contraire, qu'à chaque idée générale correspond, en dehors de nous, une réalité distincte, une entité substantielle : ce sont les *réalistes* *, comme on disait au moyen âge. Pour eux, il n'y a que les idées générales qui existent véritablement, ce qu'ils appellent les *universaux* *; tandis que pour les nominalistes il n'y a pas d'existence réelle en dehors des êtres particuliers. Pour les réalistes, l'humanité en soi existe quelque part, type idéal dont les hommes ne sont que les copies successives. Pour les nominalistes, il n'y a que les hommes, avec leurs individualités propres et un nom qui les représente tous.

On conçoit difficilement aujourd'hui comment, au moyen âge, ont pu fleurir et se maintenir l'une contre l'autre deux thèses aussi absolues, aussi également fausses dans leur exagération contraire. Le réalisme n'est plus qu'une curiosité historique que personne ne soutient, et l'on peut s'étonner à bon droit que le nomina-

(1) M. Taine, *op. cit.*, p. 250 et suiv.

lisme ait encore des défenseurs. La vérité est que l'idée générale représente simplement les rapports des objets, les ressemblances communes à un plus ou moins grand nombre d'individus. Cette opinion moyenne et intermédiaire a été soutenue dès le moyen âge sous le nom de *conceptualisme* *.

Simplicité et clarté des idées abstraites et générales. — C'est à tort que l'on considère l'idée abstraite comme quelque chose de confus et d'obscur. L'idée abstraite est au contraire la plus simple, la plus claire de toutes les idées, si on la considère en elle-même. Elle consiste, en effet, à écarter toutes les circonstances accessoires, tout ce qu'il y a de complexe et d'encombrant dans les perceptions réelles, pour n'envisager qu'un seul attribut, un seul caractère des objets de la nature.

« Si, dans l'intention de nous effrayer, disait La Romiguière, on nous proposait une question abstraite, bien abstraite, nous dirions : Tant mieux, elle en sera plus simple, plus aisée! Comment a-t-on pu croire à la difficulté des idées abstraites ?... Ce qui est abstrait est simple, et ce qui est simple ne peut être que facile. »

Mais si elles sont, en soi et absolument, les plus simples de toutes les idées, les idées abstraites et générales n'en sont pas moins les plus élevées, les plus hautes, et par conséquent celles que l'esprit a le plus de peine à saisir et à manier. Le sommet des montagnes est assurément l'endroit où l'homme respire le mieux et le plus à l'aise ; mais avant d'éprouver cette sensation d'air libre et pur, il faut avoir escaladé les pentes et gravi les rochers. De même, pour arriver aux idées abstraites et générales, il faut qu'on ait passé par une longue évolution de l'intelligence, il faut qu'on ait franchi un grand nombre de degrés intermédiaires. De là provient la répugnance de l'enfant pour les abstractions, tant qu'il n'a pas été préparé à les comprendre et que son esprit n'a point suivi les chemins qui conduisent à ces conceptions finales de la pensée humaine.

Importance des idées générales. — Il est inutile d'insister sur l'importance des idées générales : chacun sait qu'elles sont une des conditions essentielles de l'esprit humain et de l'exercice de la pensée. Aristote disait déjà : « Il n'y a pas de science du particulier. » La science n'est faite que d'idées générales. Réduite ou bornée à ses perceptions particulières, l'intelligence humaine ne différerait guère de l'intelligence des animaux inférieurs. Les idées particulières, si elles n'étaient pas assemblées, groupées dans des cadres, par l'action de la généralisation, ressembleraient aux soldats débandés d'une armée sans chef. Sans idées générales, le raisonnement serait impossible; car des deux formes du raisonnement, l'une, l'induction, aboutit à des idées générales; l'autre, la déduction, s'appuie sur des généralisations déjà acceptées par l'esprit pour s'élever à d'autres généralisations.

Dangers des idées abstraites et générales. — Il n'en est pas moins vrai que les idées abstraites et générales peuvent égarer l'esprit. Par une tendance naturelle de notre intelligence, nous sommes portés à concevoir l'existence d'un objet distinct et réel derrière chaque mot de notre langue, derrière chaque abstraction de notre pensée. Nous réalisons volontiers nos abstractions ; c'est-à-dire, que nous croyons aisément à l'existence d'un être individuel correspondant à chacune de nos pensées. De là les fables de la mythologie antique, qui croit à autant de Muses qu'il y a d'arts différents; de là les illusions de la scolastique, qui croit à l'existence de l'humanité en soi, qui multiplie les entités, les substances, et qui derrière chaque série d'objets particuliers, derrière chaque qualité abstraite voit une vertu occulte. Mais ce danger disparaît de plus en plus, avec les progrès de l'esprit scientifique et de l'interprétation positive de la nature.

RÉSUMÉ

96. Les fonctions d'acquisition ou d'expérience, le **sens** et la **conscience**, ne nous apportent que des **idées particulières**, relatives à des objets individuels.

97. Ce sont les fonctions d'élaboration qui nous permettent de dégager dans plusieurs perceptions particulières les éléments analogues ou semblables, et de former par l'association de ces éléments des **idées générales**.

98. La **généralisation** est l'opération qui range en catégories, en classes, soit les qualités communes à plusieurs individus, soit plusieurs individus qui ont des qualités communes.

99. L'**abstraction** est la condition de la généralisation : c'est elle qui nous permet de décomposer les perceptions complexes, pour considérer à part telle ou telle qualité des objets, en éliminant provisoirement de la pensée toutes les autres qualités.

100. Une fois cette qualité considérée à part dans un objet, nous reconnaissons par comparaison une qualité analogue ou semblable dans d'autres objets, et nous formons ainsi l'idée générale.

101. L'idée **générale** a plus ou moins d'extension et de compréhension : l'**extension** est le

nombre d'individus auxquels elle se rapporte ; la **compréhension**, le nombre des qualités communes qu'elle représente.

102. L'abstraction est distincte de l'**attention**; elle est en opposition absolue avec l'**imagination**.

103. Toute idée abstraite tend à devenir une idée générale ; toute idée générale est abstraite.

104. Les mots généraux sont nécessaires, sinon pour former les idées générales qui les précèdent, qui préexistent, au moins pour les fixer dans le souvenir, pour leur donner une forme précise.

105. Les **nominalistes** soutiennent à tort que les idées générales ne sont que des noms ; les **réalistes** se trompent, quand ils admettent l'existence d'un être distinct correspondant à chaque idée générale. La vérité est que les idées générales représentent les rapports des choses.

106. Très claires et très simples en elles-mêmes, les idées générales sont difficiles pour tout esprit qui n'a pas franchi les degrés intermédiaires qui y conduisent.

107. Il n'y a pas de science sans idées générales; la **généralisation** est la condition du travail scientifique.

108. Les idées générales peuvent nous égarer, si nous les réalisons en dehors de notre esprit.

LEÇON XI.

LE JUGEMENT ET LE RAISONNEMENT.

Divers sens du mot « jugement ». — Jugement et proposition. — Le jugement, acte essentiel de l'esprit. — Diverses espèces de jugement. — Jugements affirmatifs et jugements négatifs. — Jugements généraux et jugements particuliers. — Jugements primitifs et jugements dérivés. — Le jugement et la croyance.
Définition du raisonnement. — Conditions du raisonnement. — Expression verbale du raisonnement. — Raisonnement et syllogisme. — Induction et déduction. — Leur emploi dans les sciences. — L'induction ramenée à la déduction. — Différences qui persistent. — Règles de l'induction. — Règles de la déduction. — Importance du raisonnement.

Divers sens du mot « jugement ». — Dans le langage ordinaire, jugement est presque toujours synonyme de justesse d'esprit. Dire de quelqu'un qu'il a du jugement, c'est affirmer qu'il a du bon sens, qu'il distingue aisément le vrai d'avec le faux.

« Le jugement, dit Kant, est le caractère distinctif de ce qu'on appelle le bon sens, et le manque de bon sens est un défaut qu'aucune étude ne saurait réparer. On peut bien offrir à un entendement borné une provision de règles et greffer en quelque sorte sur lui ces connaissances étrangères; mais il faut que l'élève possède déjà par lui-même la faculté de s'en servir exactement. Un médecin, un juge, un publiciste, peuvent avoir dans la tête beaucoup de règles pathologiques [1], juridiques ou politiques, et pourtant faiblir dans l'application, parce qu'ils n'ont pas été exercés à cette sorte de jugements par des exemples et des affaires réelles.... »

En ce sens, le jugement suppose, non seulement la droiture naturelle de l'esprit, mais aussi l'exercice du raisonnement. C'est un ensemble de qualités intellectuelles, les plus précieuses de toutes peut-être, puisqu'elles constituent les esprits droits et justes : celles que l'éducation de l'intelligence doit particulièrement se proposer pour but.

Mais tout autre est la signification du mot jugement en psychologie. Le jugement pour le psychologue est synonyme d'affirmation : c'est l'acte par lequel l'esprit affirme ceci ou cela. L'erreur la plus grossière est un jugement, et les esprits les plus faux jugent autant, sinon aussi bien que les esprits droits.

Jugement et proposition. — Le *jugement* peut donc être défini : *une opération intellectuelle par laquelle l'esprit affirme, soit l'existence d'un objet, soit les rapports de deux idées.* L'expression verbale du jugement est la *proposition*.

De même le raisonnement déductif est une opération intellectuelle, et son expression verbale est le syllogisme, c'est-à-dire une série de trois propositions.

Dans toute proposition il y a trois termes, le sujet, le verbe et l'attribut : le sujet, c'est-à-dire la chose ou la personne dont on parle; l'attribut, c'est-à-dire la qualité qui détermine le sujet; le verbe, c'est-à-dire le mot copulatif* qui réunit le sujet et l'attribut.

De même dans tout jugement il y a trois éléments : deux idées, celle de l'objet (chose ou personne) que l'on qualifie ; celle de la qualité qu'on attribue à cet objet; et l'acte d'affirmation par lequel l'esprit déclare que la qualité convient ou ne convient pas à l'objet.

Le jugement, acte essentiel de l'esprit. — Nous avons déjà montré (*Leçon IV*) que le jugement est l'opération essentielle de l'intelligence. Comme l'a dit J.-J. Rousseau, « La faculté distinctive de l'être intelligent est de pouvoir donner un sens à ce petit mot *est*. »

Le verbe *être* est en effet le verbe par excellence, le verbe unique en un sens. Les autres verbes, les verbes attributifs, ne sont que la fusion en un seul mot, 1° d'une idée, l'idée d'une action ou d'un état quelconque, 2° du verbe *être*, exprimant l'affirmation.

Diverses espèces de jugements. — Le jugement n'est donc pas une fonction spéciale de l'intelligence. Tout acte de l'intelligence aboutit en effet à un jugement. Percevoir, imaginer, concevoir, se rappeler, raisonner; tout cela c'est penser, c'est en même temps juger.

Il y a, par suite, diverses espèces de jugements. On pourrait en compter autant que l'intelligence comprend de fonctions ; et en ce sens on distinguerait les jugements de la conscience, les jugements des sens, ceux de la mémoire, de l'imagination, de la raison.

Mais les jugements, de quelque source intellectuelle qu'ils proviennent, présentent, dans la forme des propositions qui les expriment, des différences qui permettent de les distribuer en un certain nombre de catégories.

Jugements affirmatifs et jugements négatifs. — On distingue d'ordinaire : 1° Au point de vue de la qualité, les jugements *affirmatifs* et les jugements *négatifs*, selon que les propositions qui les traduisent établissent la convenance ou la disconvenance de deux idées. Mais les jugements négatifs ne le sont que dans la forme : au fond ils renferment toujours une affirmation, l'affirmation que l'attribut et le sujet ne sauraient convenir l'un à l'autre.

Jugements généraux et jugements particuliers. — 2° Au point de vue de la qualité, les jugements *particuliers* et les jugements *généraux*. Les jugements généraux sont les jugements qui ont pour sujet un mot désignant une classe entière d'êtres ou d'objets : « Tous les hommes sont mortels ; » — « Tous les corps sont étendus. » Les sujets des jugements particuliers ne s'appliquent, au contraire, qu'à une partie de la classe d'êtres qu'on a en vue : « Quelques hommes sont trompeurs ; » — « Quelques corps sont lumineux. » On pourrait aussi distinguer, à ce point de vue, les jugements *individuels,* qui ne s'appliquent qu'à un seul individu.

Les distinctions que nous venons d'indiquer sont des distinctions *formelles,* qui dérivent de la forme des propositions.

D'autres distinctions plus importantes proviennent des caractères intrinsèques des jugements.

Jugements primitifs et jugements dérivés. — C'est ainsi qu'on peut distribuer les jugements en deux classes, selon qu'ils résultent immédiatement des fonctions d'acquisition, de perception intuitive : ce sont les jugements primitifs ; ou bien qu'ils proviennent de la comparaison réfléchie de deux idées antérieurement acquises : ce sont les jugements dérivés.

« Au moment où je parle, le soleil brille », « la neige tombe », « le tonnerre gronde » : voilà des jugements primitifs, immédiats.

« Le soleil est immobile », « la neige est de l'eau congelée », « le tonnerre est un phénomène d'électricité » : voilà des jugements dérivés.

La vieille psychologie réservait l'appellation de jugements pour les jugements dérivés. Tout jugement, disait-elle, suppose une comparaison réfléchie entre deux idées préalablement acquises. Il est généralement admis aujourd'hui que dès leur première manifestation les sens et la conscience donnent lieu à de véritables jugements, qui consistent tout au moins à affirmer l'existence d'un objet ou d'un phénomène.

Le jugement et la croyance. — Le jugement se détermine dans ses affirmations d'après l'*évidence,* c'est-à-dire d'après la perception claire et nette soit d'un objet, soit du rapport d'un objet avec un autre objet.

Le jugement d'ailleurs est tantôt vrai, tantôt faux : l'erreur, comme la vérité, est un jugement. Le jugement est donc la même chose que la *croyance*. Croire, juger, penser, sont des mots synonymes.

Définition du raisonnement. — Le raisonnement, comme le jugement, est une opération distincte de l'esprit, un acte intellectuel irréductible à tout autre. Il y a dans l'activité de l'intelligence trois degrés, trois moments essentiels : concevoir, ou avoir des idées ; juger, ou associer des conceptions ; raisonner, ou lier des jugements. De même que le jugement est l'assemblage de deux idées unies par un acte d'affirmation qu'exprime le verbe *être*, de même le raisonnement est une suite, une liaison de jugements rapprochés l'un de l'autre de telle sorte que le dernier apparaisse comme la conclusion légitime et la conséquence nécessaire des premiers.

Conditions du raisonnement. — Le raisonnement implique donc diverses opérations préalables : il suppose 1° qu'on a conçu nettement les idées qui seront la matière du raisonnement ; 2° qu'on a, dans des jugements antérieurs, affirmé entre ces idées des rapports déjà connus ; 3° enfin que ces affirmations elles-mêmes ont été attentivement comparées l'une à l'autre.

L'acte propre du raisonnement consistera à faire sortir de cette comparaison un jugement nouveau implicitement contenu dans les précédents. Et pour cela, le raisonnement s'appuie sur des principes empruntés à la raison (V. *Leçon XII*).

Expression verbale du raisonnement. —

Nous l'avons déjà dit, de même que le jugement trouve son expression verbale dans la proposition, de même le raisonnement, rigoureusement exprimé, donne lieu au *syllogisme*, c'est-à-dire à un argument formé de trois propositions. *Dieu est parfait; la bonté est une perfection; donc Dieu est bon.* Dans tout syllogisme, comme dans celui que nous prenons pour exemple, il y a trois idées : *Dieu*, la *bonté*, la *perfection*. L'une de ces idées sert d'intermédiaire, de terme de comparaison entre les deux autres; dans l'exemple choisi, c'est l'idée de perfection. On l'appelle le *moyen terme*. On compare successivement à cette idée de perfection les deux autres idées qu'on est convenu d'appeler le *grand* terme et le *petit* terme, *Dieu*, et *bonté*; et, après s'être assuré dans ces deux premiers jugements, appelés *prémisses**, qu'il y a convenance, accord entre l'idée de perfection et chacune des deux autres, on affirme dans la conclusion qu'il y a aussi convenance, accord entre l'idée de Dieu et l'idée de bonté.

On applique en définitive à la comparaison des idées l'axiome mathématique qui dit : « Deux quantités égales chacune à une troisième sont égales entre elles. » Ajoutons, sans entrer dans d'autres détails et sans songer à exposer ici la théorie si compliquée du syllogisme, que chacune des deux prémisses a un nom particulier : on appelle *majeure* celle qui contient le grand terme et *mineure* celle qui contient le petit terme.

Raisonnement et syllogisme. — Le syllogisme n'est donc pas la même chose que le raisonnement. Il faut se garder de confondre l'acte intérieur de l'esprit qui juge et qui raisonne avec la traduction verbale qu'on lui donne dans le langage.

Tous les raisonnements ne se prêtent pas d'ailleurs à être exprimés sous une forme aussi simple, aussi courte, que l'argument syllogistique. Dans la plupart de nos raisonnements, les prémisses sont autrement compliquées que dans les syllogismes élémentaires, semblables à celui que nous avons cité. Il y a d'ordinaire plusieurs mineures, et, par suite, la comparaison des prémisses est délicate et laborieuse. L'esprit n'arrive à la conclusion qu'au prix d'un grand effort d'attention.

D'autre part, il est rare que le penseur qui raisonne, même le plus rigoureusement, impose à son raisonnement la forme syllogistique. Dans la conversation, dans les discours, dans les livres, on n'use presque jamais du syllogisme, qui ne saurait racheter par le mérite de la clarté et de la précision tout ce qu'il a de lourd et de pédantesque. Mais, jusque dans les écrits scientifiques, il y a longtemps qu'on a renoncé à l'emploi des formes syllogistiques, que les théologiens du moyen âge avaient essayé de mettre en honneur.

Il n'y a donc pas lieu de se préoccuper outre mesure des règles savantes du syllogisme. L'étude minutieuse et approfondie qu'en ont faite les logiciens peut intéresser ceux qui veulent connaître à fond le jeu et le mécanisme du raisonnement; mais elle est plus curieuse qu'utile, et pratiquement elle ne peut guère prétendre à développer l'art de raisonner.

Induction et déduction. — Ce qui est plus important, c'est de rechercher s'il y a dans la réalité des choses une ou plusieurs formes distinctes du raisonnement.

Tous les psychologues, tous les logiciens * distinguent l'*induction* de la *déduction*.

L'induction s'élève des vérités particulières à des vérités générales, du fait à la loi; la déduction, au contraire, descend des vérités générales à des vérités particulières, du principe à la conséquence. Ou bien encore l'induction va de la partie au tout, du moins au plus. La déduction suit un ordre inverse. Déduire, c'est échanger une pièce d'or contre la menue monnaie dont cette pièce représente la valeur; induire, c'est une opération autrement difficile, et au premier abord inadmissible et irréalisable, c'est, avec quelques pièces d'argent de moindre valeur, réaliser une pièce d'or d'un grand prix.

Induction et déduction dans les sciences. — Expliquons mieux encore la distinction du raisonnement inductif et du raisonnement déductif. Nous verrons ensuite si la différence est aussi réelle qu'apparente.

Dans les sciences d'observation, d'expérimentation, on induit surtout. Les faits une fois observés et constatés, on généralise. On affirme que la chaleur dilatera toujours et partout les corps soumis à son influence; que la pierre, livrée à elle-même, tombera, sous l'action de la pesanteur, en tout lieu et en tout temps. D'une simple observation, quelquefois unique, le plus souvent répétée plusieurs fois, on passe à une affirmation universelle.

Dans les sciences abstraites et exactes, on déduit presque exclusivement. Les axiomes* et les définitions* une fois posés, on en recherche les conséquences. De la définition du triangle et du cercle, on fait sortir, en s'appuyant sur tel ou tel axiome, une série de théorèmes*. Ici l'opération du raisonnement est d'une légitimité manifeste, puisqu'elle consiste simplement à mettre au jour les vérités contenues dans des principes déjà admis.

L'induction ramenée à la déduction. — Au fond, et quoique les deux formes du raisonnement paraissent provoquer l'esprit à deux mouvements inverses, l'opération logique est la même dans les deux cas.

En effet, dans toute induction, il y a une vérité

générale sous-entendue, majeure commune de tout raisonnement inductif : c'est la croyance rationnelle à l'ordre, à la constance, à l'uniformité de succession des phénomènes. Quand le physicien, après avoir vu deux ou trois espèces de corps se dilater sous l'action de la chaleur, déclare résolument que tous les corps placés sous la même influence subiront les mêmes modifications, il semble au premier abord que la seule base de son induction soit la courte série de faits qu'il a observés. Il n'en est rien, et ce qui autorise véritablement le savant à accepter la loi générale, universelle, qu'il établit, c'est ce principe préalablement admis : La nature est toujours semblable à elle-même.

En d'autres termes, tout raisonnement inductif peut être ramené à un syllogisme dont voici la formule : Les mêmes causes produisent les mêmes effets (*majeure*); or j'ai constaté deux fois, trois fois, que le phénomène A était la cause du phénomène B (*mineure*); donc toujours et partout A aura B pour effet.

Différences qui persistent. — L'induction et la déduction ne sont donc que deux manifestations, deux formes différentes de la même opération logique. Ce n'est pourtant pas une raison pour oublier qu'elles ont chacune leurs règles spéciales, leurs lois propres, que l'on étudie dans les deux parties fondamentales de toute logique, la logique inductive et la logique déductive.

Règles de l'induction. — Pour l'induction, il faut surtout, par des observations exactes, par des expérimentations habiles et répétées, s'assurer qu'on ne confond pas la coïncidence accidentelle avec le rapport constant de deux phénomènes.

Règles de la déduction. — Pour la déduction, il faut être attentif à n'admettre que des définitions claires, précises, et des principes qui soient ou des vérités évidentes par elles-mêmes, c'est-à-dire des axiomes, ou des lois inductives scrupuleusement contrôlées.

Importance du raisonnement. — Quand on connaît la nature et les diverses formes du raisonnement, il est facile de comprendre l'importance de cette opération intellectuelle. Sans le raisonnement, la connaissance humaine serait enfermée dans le cercle étroit des intuitions immédiates de la raison et des perceptions directes de l'expérience. Il serait interdit à l'intelligence humaine de dépasser l'horizon borné des sens, de concevoir les lois générales qui constituent la science et par lesquelles l'esprit embrasse l'univers entier.

D'autre part, il ne faut pas oublier qu'on peut abuser du raisonnement, que trop de logique nous égare et nous trompe, et qu'enfin il est vrai parfois de dire de l'esprit humain ce que Molière disait de la maison des *Femmes savantes:*

Que le raisonnement en bannit la raison.

L'excès de la logique déductive surtout, l'application à outrance du raisonnement à n'importe quel sujet, peuvent, de conséquence en conséquence, nous entraîner jusqu'à des conclusions qui, pour être régulièrement déduites, n'en sont pas moins contraires à nos intérêts, à nos besoins, en opposition avec les faits.

RÉSUMÉ.

109. Le **jugement**, au sens psychologique, est l'opération intellectuelle qui consiste à **affirmer**

l'existence d'un objet, ou le rapport de deux idées.

110. Le jugement a pour expression verbale la **proposition**. Il comprend par conséquent trois éléments, représentés par le **sujet**, l'**attribut**, et le **verbe** qui unit l'attribut au sujet.

111. L'acte du jugement est exprimé par le verbe **être**.

112. Le jugement est l'opération essentielle de l'esprit.

113. D'après les propositions qui les expriment, les jugements peuvent être distribués en plusieurs catégories : les **jugements affirmatifs** et **négatifs**, et les **jugements généraux, particuliers, individuels**.

114. Considérés dans leur origine, les jugements sont ou **primitifs**, — ceux qui résultent immédiatement d'une faculté de perception, — ou **dérivés**, ceux qui proviennent d'une comparaison préalable de deux idées.

115. Le **raisonnement** est aussi une opération intellectuelle irréductible à toute autre et qui consiste à saisir le rapport de deux ou plusieurs jugements.

116. Le raisonnement a pour expression verbale le **syllogisme**. Il comprend trois propositions, les deux premières appelées **prémisses**, la dernière qui est la **conclusion** et la conséquence des deux autres.

117. Le raisonnement se présente sous deux formes: l'**induction** et la **déduction**.

118. L'**induction** consiste à passer du fait à la

loi, des vérités particulières aux vérités générales: la **déduction** suit le mouvement inverse, et descend du principe à la conséquence, des vérités générales aux vérités particulières.

119. L'induction peut cependant être ramenée à la déduction : car tout raisonnement inductif suppose comme prémisse sous-entendue cette vérité rationnelle : « Les mêmes causes produisent les mêmes effets. »

120. Le **raisonnement** est une des conditions essentielles du développement de l'intelligence, qui sans lui resterait enfermée dans le cercle étroit de l'expérience immédiate.

LEÇON XII.

LA RAISON, LES NOTIONS ET LES VÉRITÉS PREMIÈRES

La raison et les autres fonctions de l'intelligence. — Divers sens du mot « raison ». — Réduction de ces différents sens. — La raison en psychologie. — La raison chez l'enfant. — La raison consciente. — Notions et vérités premières. — Distinction des notions et des vérités premières. — Caractères des vérités premières. — Énumération des vérités premières. — Raison pratique. — Raison pure. — Principe de causalité. — Principe de substance. — Principe d'induction. — Autres principes. — Nature et origine de la raison. — Empirisme. — Idéalisme. — Empirisme moderne. — Solution vraie.

La raison et les autres fonctions de l'intelligence. — Quand on a énuméré les diverses fonctions d'acquisition, qui sont comme les sources où l'esprit s'alimente, les diverses fonctions d'élaboration, qui sont comme les canaux dérivés où le travail réfléchi de l'esprit conduit la pensée, il reste quelque chose encore à expliquer dans l'intelligence ; il reste un résidu dont ne sauraient rendre compte ni les facultés d'expérience ni les facultés de combinaison, un substratum * d'idées et de vérités que l'analyse des idées et des jugements fournis par les autres facultés ne parvient pas à atteindre, et qui est précisément ce que les philosophes appellent la *raison*.

Divers sens du mot « raison ». — On est surpris au premier abord de la diversité des sens que le langage semble attribuer au mot *raison*. Ainsi, dans certains cas, raison signifie simplement l'état sain de l'esprit, par opposition à la déraison, à la folie: quand on dit, par exemple, d'un fou : *Il a perdu la raison*.

Ailleurs on entend par raison la justesse du jugement, la sagesse des vues : *Cet orateur a raison; cette doctrine est pleine de raison*.

La raison est encore le contraire de l'instinct, l'activité réfléchie de l'homme, par opposition à l'activité instinctive de l'animal : *L'animal est privé de raison*.

Enfin la raison, et c'est dans ce sens que nous l'entendons ici, la raison est le mot qui désigne la plus haute des facultés intellectuelles, celle qui nous révèle les idées universelles, nécessaires, absolues; en ce sens elle est opposée à l'expérience, c'est-à-dire aux sens et à la conscience. *L'idée de la couleur dérive du sens de la vue; l'idée du moi provient de la conscience; l'idée du bien, l'idée de l'infini, ont leur source dans la raison.*

Réduction de ces différents sens. — Si l'on veut bien y réfléchir pourtant, on se convaincra que cette diversité de significations est plus apparente que réelle, et qu'au fond on retrouve partout la même raison différemment modifiée.

La raison, en effet, est un ensemble de notions et d'affirmations, d'idées et de jugements, de conceptions et de principes qui président au développement intellectuel de l'homme. C'est parce qu'il obéit à ces principes que l'esprit marche correctement, normalement, et qu'il échappe à la folie ou à la sottise. C'est aussi parce qu'il s'appuie sur ces principes que l'esprit est capable de diriger ses idées, de gouverner sa conduite intellectuelle.

C'est donc toujours la même raison qui s'oppose, chez l'homme, soit aux aberrations de l'aliénation mentale, soit à la fausseté des jugements, soit aux impulsions irréfléchies de l'instinct.

La raison chez l'enfant. — On aurait tort de

considérer la raison comme une faculté propre à l'âge mûr, dont l'apparition serait tardive dans l'évolution de l'esprit. L'enfant possède déjà et manifeste parfois les tendances de la raison commune à tout homme et qui éclaire toute intelligence venant en ce monde. Quand l'enfant demande le pourquoi et le comment des choses, il obéit à l'instinct d'un être raisonnable qui veut connaître les causes de tout ce qu'il voit. Sans doute il sera incapable de formuler le principe de causalité, et même n'y comprendra pas grand'chose, si vous le lui exposez. Mais, sans le savoir, par une disposition encore inconsciente et instinctive, il applique sans cesse le principe de causalité.

De même la notion première de l'espace s'impose déjà à ses conceptions.

« A sept ans, un de mes fils, raconte M. Egger*, cherchait un jour avec moi un objet perdu. Comme nous ne parvenions pas à le retrouver, il me dit : « Pourtant quelque chose est tou-
« jours quelque part. » C'est, sous une forme bien naïve, mais déjà très claire, l'idée que toute matière occupe une place dans l'espace. Je n'aurais certes jamais songé à la lui enseigner. La formule générale s'est dégagée toute seule et sans aucun effort appréciable à mes yeux de l'observation d'un fait particulier (1). »

Autre exemple emprunté au même auteur :

« A sept ans et neuf mois, Félix demande à sa mère :
« Qu'est-ce qu'il y avait avant le monde? » Réponse : « Dieu
« qui l'a créé. — Et avant Dieu? » Réponse : « Rien. » A quoi l'enfant réplique : « Mais, il devait y avoir la place où est Dieu. »

La raison consciente. — D'abord latente et confuse, la raison chez l'adulte et chez l'homme prend connaissance d'elle-même. Elle s'analyse grâce à la

---

(1) Egger, *Observations sur le développement de l'intelligence chez les enfants*, p. 65.

réflexion, et parvient à formuler nettement les lois qui gouvernent l'esprit. « Il faut distinguer, disait Leibnitz, entre l'expression abstraite et *formelle* des principes de la raison et la possession réelle de ces principes sous forme confuse et enveloppée. »

Les lois de la raison ont reçu des philosophes différents noms : elles ont été appelées tour à tour notions communes et universelles, idées innées, vérités premières, vérités nécessaires, vérités *à priori**, catégories* de l'intelligence, principes constitutifs et régulateurs de l'intelligence, etc. Nous adopterons de préférence l'expression de notions et de vérités premières.

Notions et vérités premières. — Les notions et les vérités qui dérivent de la raison sont appelées *premières*, parce qu'elles sont les conditions mêmes de tout exercice intellectuel, les principes qui rendent possibles toutes les opérations de la pensée. « Logiquement, disait Leibnitz, les vérités particulières dépendent des plus générales, dont elles ne sont que les exemples. » Elles n'apparaissent pas sans doute les premières chronologiquement : c'est l'expérience qui les provoque à apparaître, à se dégager. Mais elles n'en préexistent pas moins à l'expérience : elles sont les données naturelles de l'esprit, logiquement antérieures aux données des sens et de la conscience.

Distinction des notions et des vérités premières. — Les notions sont simplement des idées; les vérités sont des jugements. Mais la distinction est plus apparente que réelle; car les idées premières sont presque nécessairement accompagnées de croyances. Nous ne pouvons penser à la *causalité*, c'est-à-dire à la dépendance nécessaire des événements, sans affirmer qu'elle existe, ni à la *substance* c'est-à-dire au fond permanent des choses, sans croire qu'il y a une substance.

Caractères des vérités premières. — Les vérités premières sont, 1° *universelles*. Cette universalité doit être entendue en deux sens : les vérités premières existent dans toutes les intelligences, et en même temps elles s'appliquent à toutes les existences.

Elles sont communes à tous les esprits ; c'est d'elles que Descartes voulait parler quand il disait que le bon sens est la chose du monde la mieux partagée. Elles sont dans l'esprit, disait Leibnitz, ce que les muscles et les tendons sont dans le corps.

D'autre part, les vérités universelles, en même temps qu'elles gouvernent toutes les intelligences, ont partout et toujours leur application. Ce n'est pas seulement des faits actuels, des faits qui se sont accomplis hier, des faits qui s'accompliront demain, que nous affirmons qu'ils ont une cause, c'est de tout événement, quel qu'il soit, où, comment, en quelque temps qu'il se produise.

2° En second lieu, les vérités premières sont *nécessaires* : non seulement nous affirmons que tout phénomène a une cause, mais il nous est impossible de concevoir le contraire. Il n'est pas nécessaire que la mort d'un homme ait eu telle cause déterminée, une maladie, un meurtre, un suicide, mais il est nécessaire qu'elle en ait une.

« Non seulement nous jugeons ainsi dans tous les cas naturellement et par la vertu instinctive de notre entendement ; mais essayez de juger autrement, essayez, un phénomène vous étant donné, de n'y pas supposer une cause ; vous ne le pouvez : le principe de causalité n'est pas seulement universel, il est nécessaire (1). »

(1) Victor Cousin, *Cours de l'histoire de la philosophie*, t. III, p. 154.

3° En troisième lieu, les vérités premières sont *évidentes par elles-mêmes*. Il ne peut être question de démontrer les vérités premières ; elles ne sauraient être rattachées à des principes antérieurs, puisqu'elles sont précisément les premiers principes, les conditions et les fondements de toute démonstration.

« Toutes ces vérités, disait Pascal, ne se peuvent démontrer... ; mais la cause qui les rend incapables de démonstration n'est pas leur obscurité, mais au contraire leur extrême évidence : ce manque de preuve n'est pas un défaut, mais plutôt une perfection. »

Et Pascal concluait qu' « il ne faut demander en axiomes que des choses parfaitement évidentes d'elles-mêmes ». En effet, il faut se garder de compter parmi les axiomes ou vérités premières des vérités qui sont rationnelles sans doute, mais qui peuvent être démontrées. C'est ainsi que Leibnitz fait observer qu'on a tort de considérer comme un axiome la vérité *Deux et deux font quatre*, puisqu'on peut la démontrer en définissant les nombres 2, 3 et 4.

Énumération des vérités premières. — Sans prétendre donner ici une énumération complète et une classification définitive des éléments essentiels de la raison, nous devons indiquer les principaux et en même temps en marquer le rôle et les fonctions dans l'activité intellectuelle.

Mais une distinction préalable s'impose, celle de la raison pratique et de la raison pure.

La raison pratique. — En effet, il faut distinguer nettement les principes rationnels relatifs à la pratique, à la conduite morale, ce que Kant appelle la *raison pratique*, des principes rationnels relatifs à la science pure, à la spéculation théorique, ce que Kant appelle la *raison pure*.

La raison pratique n'est pas autre chose que l'ensemble de notions et d'affirmations qu'on désigne vulgairement sous le nom de *conscience morale*. Qu'il y a une différence naturelle, absolue, entre le bien et le mal; qu'il y a obligation nécessaire de faire le bien, ou, en d'autres termes, que le devoir existe ; enfin, que celui qui fait le bien mérite, que celui qui fait le mal démérite : voilà à peu près le contenu de la raison pratique ; ce sont les fondements de la morale. (Voyez, sur ce sujet, nos *Éléments de morale*.)

La raison pure. — La raison pure est celle qui règle l'exercice de nos facultés spéculatives, qui domine et détermine nos recherches scientifiques ; c'est elle encore qui nous achemine, en dernière instance, à l'idée d'un être idéal, parfait, absolu, de Dieu.

Ici encore une distinction s'impose : celle des vérités premières qui règlent la pensée dans ses rapports avec les objets, et des vérités premières qui ne concernent que la pensée dans son rapport avec elle-même.

1° D'une part, la pensée en elle-même obéit à certaines lois propres, à certains axiomes logiques sans lesquels elle ne pourrait s'entendre avec elle-même. Ces principes sont : 1° le principe d'*identité*, qui revient à dire : « Ce qui est, est. » C'est ce principe que contestaient les sophistes grecs quand ils réclamaient le droit de passer, sur le même point, de l'affirmation à la négation, et réciproquement.

« Tu dis toujours les *mêmes choses*, disait Calliclès à Socrate. — Oui, répondait Socrate, non seulement les *mêmes choses*, mais encore sur les mêmes objets... Moi, au contraire, je me plains de ce que tu ne parles jamais d'une manière uniforme sur *les mêmes objets*. » Platon oppose ainsi l'unité de la vraie science, pour laquelle ce qui est est toujours, tant que les mêmes raisons subsistent, à cette science multiple et changeante des sophistes qui ne demeure fixée ni dans l'être ni dans l'intelligible (1). »

2° Le principe de *contradiction*, qui dérive du principe d'identité et qui s'énonce ainsi : *Une chose n'est pas autre chose que ce qu'elle est.*

« Le principe de contradiction, dit Cousin, est le pivot de toute certitude. L'ébranler, c'est ébranler tout principe, tout jugement, tout raisonnement, toute proposition, toute perception de conscience, toute pensée. »

3° D'autre part, sans la raison la science ne serait qu'une accumulation stérile de faits sans liaison et sans lois, d'expériences isolées, sans cohésion. C'est la raison seule qui permet au savant d'établir des relations nécessaires entre les phénomènes. Elle pourvoit à cette tâche par trois principes, qui sont : le principe de causalité, le principe de substance et le principe d'induction. Ce sont là des principes objectifs en quelque sorte, puisqu'ils s'appliquent aux objets.

Principe de causalité. — Le principe de causalité peut être formulé ainsi : *Tout ce qui commence d'exister a une cause.*

En d'autres termes, l'esprit humain n'admet pas de solution de continuité dans l'ordre successif des phénomènes. Tout ce qui commence d'exister doit avoir son explication, son principe, sa raison d'être. La recherche scientifique, en dernière analyse, n'a pas d'autre but que de déterminer les causes des faits. C'est l'observation, c'est l'expérience qui nous découvre dans chaque cas donné la cause particulière qui est en jeu; mais c'est la raison qui affirme d'avance qu'il y a une cause, quelle qu'en soit d'ailleurs la nature.

(1) A. Fouillée, *Philosophie de Platon*, t. II, p. 37.

Principe de substance. — Le principe de substance consiste à dire : *Toute qualité suppose une substance,* ou encore : *Tout ce qui change suppose quelque chose qui dure et qui ne change pas.*

Principe d'induction. — La raison nous fait aussi une loi de croire à un ordre immuable dans l'univers, à la constance nécessaire des rapports observés entre les phénomènes.

C'est ce qu'on appelle le principe d'induction, dont la formule sera : *L'uniformité de succession est la loi de la nature;* — *Il y a de l'ordre dans l'univers,* ou encore : *Les mêmes causes produisent les mêmes effets.*

Autres principes. — On pourrait ajouter d'autres principes à la liste que nous venons de dresser : par exemple, le principe des *causes finales,* lequel consiste à dire : *Tout ce qui arrive a une fin,* ou encore : *Rien ne se produit sans but.* Mais ce principe n'est ni universel ni nécessaire. Dans un grand nombre de cas, nous ne croyons pas que les choses aient une fin, un but. Les accidents de configuration d'une montagne ont sans doute une cause efficiente *; mais ont-ils une fin, une cause finale? De plus, le principe des causes finales est lié à une croyance antérieure, à la croyance à Dieu, à l'idée d'un dessein providentiel, à une intelligence organisatrice du monde. Il n'est donc pas une vérité première, il n'est qu'une vérité dérivée.

On peut aussi rattacher à la raison les notions d'espace et de temps : *Tout corps est dans l'espace;* — *Tout événement a lieu dans le temps.*

L'infini. — Enfin la raison n'a pas seulement pour rôle de régler les actes de la vie morale et de coordonner les expériences de la recherche scientifique. Elle est aussi la source de notions qui constituent la métaphysique et dont l'ensemble nous permet de concevoir l'existence et la nature de Dieu. Elle prétend à autre chose qu'à la direction de l'intelligence dans le monde réel : elle nous introduit dans le monde idéal, et elle nous fait concevoir, par delà les choses contingentes*, relatives, imparfaites, passagères et finies, l'Être nécessaire, absolu*, parfait, éternel et infini, l'Être qui est la cause des causes, le principe de l'ordre dans l'univers et le principe du bien dans la conscience.

Nature et origine de la raison. — Une fois la raison définie, il reste à se demander si elle est, comme le croient la plupart des philosophes, quelque chose d'inné, un élément absolument primitif de la constitution intellectuelle de l'homme, ou, au contraire, comme le prétendent quelques penseurs modernes, soit un extrait, un abstrait de l'expérience, soit le résultat de l'hérédité, le produit lentement acquis du travail de l'intelligence à travers les siècles.

Empirisme. — On appelle *empirisme* ou *sensualisme* la doctrine philosophique qui explique par l'expérience l'origine des idées premières. D'après les sensualistes, l'esprit ne serait, à l'origine, qu'une *table rase*, une tablette où l'on n'a encore rien écrit; l'intelligence serait absolument vide de dispositions, d'inclinations à penser d'une manière ou d'une autre. L'expérience, par voie d'abstraction, d'induction, de généralisation, produirait toutes nos idées, et le caractère de nécessité, d'universalité, que présentent les vérités premières, proviendrait uniquement de la répétition constante d'une même expérience. A force de voir des causes produire des effets, nous en viendrions à affirmer que tout phénomène a une cause.

Idéalisme. — En sens inverse de l'empirisme, l'*idéalisme,* sous diverses formes, croit à la raison comme faculté distincte ; mais il l'explique mal. Platon admettait la *réminiscence :* l'âme aurait vécu d'une vie antérieure, où elle aurait perçu face à face les principes premiers ; les notions de la raison ne seraient, par conséquent, que des souvenirs.

Malebranche croit que, par une intuition directe, nous voyons les vérités rationnelles en Dieu.

Enfin quelques autres philosophes semblent croire que les principes de la raison sont innés, « comme autant de marques que Dieu a imprimées sur notre âme » ; d'où il semblerait résulter que les notions et vérités premières se présentent d'elles-mêmes à notre esprit, sans effort, sans évolution préalable de l'intelligence, sans aucun concours de l'expérience.

Empirisme moderne. — Les philosophes modernes, notamment les psychologues anglais, Stuart Mill* au premier rang, ont rajeuni le sensualisme, en essayant d'expliquer les vérités premières par des associations d'idées empiriques. La nécessité de l'idée de cause, par exemple, ne serait, d'après eux, que le résultat de l'association constante, sans cesse constatée dans l'expérience, de la succession des causes et des effets. En outre, ces philosophes invoquent l'action de l'hérédité : les associations inséparables d'où dérivent les prétendues vérités premières seraient confirmées de siècle en siècle par l'expérience des générations successives et se transformeraient peu à peu en habitudes héréditaires.

Il n'y a qu'une chose à répondre à cette doctrine : c'est que les expériences, quelque nombreuses, quelque répétées qu'elles soient, ne peuvent équivaloir à l'universalité, à la nécessité absolue qui sont les caractères des vérités premières.

« Il s'en faut de beaucoup, dit M. Janet, que l'expérience nous procure une association inséparable de la cause et de l'effet..... Combien de phénomènes dont nous ne connaissons pas l'antécédent! Le nombre des cas où nous pouvons démontrer le rapport causal est très peu considérable par rapport au nombre des cas où une démonstration est impossible (1). »

Quant aux effets de l'hérédité, il est de même impossible de comprendre comment une accumulation d'expériences, même continuée pendant plusieurs siècles, pourrait transformer en vérités nécessaires des vérités contingentes. Le contingent, sans cesse ajouté au contingent, ne donnera jamais le nécessaire.

Solution vraie. — La solution vraie est celle de Leibnitz et de tous les philosophes qui admettent le concours de l'expérience et de la constitution native de l'intelligence. L'expérience ne nous apporte pas les notions et vérités rationnelles qui la dépassent infiniment, puisqu'elle ne peut nous faire connaître que des choses limitées, contingentes, tandis que les affirmations de la raison sont universelles et nécessaires. Mais, si elle n'est pas la source des idées rationnelles, elle est l'occasion de leur développement; c'est elle qui les réveille en quelque sorte, qui les fait sortir de leur état latent.

« Les croyances rationnelles, dit justement M. Rabier, naissent du commerce de l'esprit et des choses: elles ne sont dues ni à l'expérience brute ni à l'esprit pur, mais à la fois à l'expérience et à l'intelligence, à un *empirisme* intelligent (2). »

En d'autres termes, « l'esprit, comme le disait déjà Leibnitz... contient en lui-même le principe de plusieurs notions et vérités que les objets extérieurs réveillent. » « Sans doute on ne peut lire dans l'âme les éternelles lois de la raison à livre ouvert, comme l'édit du préteur * se lit sur un album, sans peine et sans recherche; mais c'est assez qu'on les puisse découvrir

(1) M. Janet, *op. cit.*, p. 217.
(2) M. Rabier, *op. cit.*, p. 106.

en soi à force d'attention, avec les données fournies par les sens... Les idées et les vérités de la raison sont innées, comme des inclinations, des dispositions, des habitudes ou des virtualités naturelles; comme des veines cachées qui marqueraient une figure dans un bloc de marbre. »

C'est dans le même sens que Diderot * disait, répondant au sensualiste Helvétius * : « L'âme de l'homme n'est pas dans ses sens, comme celle de l'aigle est dans son œil, comme celle du chien au bout de son nez... Il en est des sensations comme de l'étincelle qui enflamme un tonneau d'esprit-de-vin, et qui s'éteint dans un baquet d'eau... Il y a des milliers de siècles que la rosée du ciel tombe sur des rochers sans les rendre féconds... La pioche du manœuvre qui fouille les mines de Golconde * ne produit pas le diamant qu'elle en fait sortir. »

RÉSUMÉ

121. Les facultés d'acquisition et les facultés de combinaison ou d'élaboration ne suffisent pas pour expliquer l'esprit tout entier.

122. **La raison**, au sens psychologique, est l'ensemble des notions et des vérités qui ne dérivent ni de l'expérience ni des combinaisons de l'expérience.

123. La raison, d'abord latente, confuse et enveloppée chez l'enfant, ne parvient que peu à peu à formuler ses principes sous une forme précise et consciente.

124. La raison comprend à la fois des **notions** et des **vérités**, c'est-à-dire des idées et des jugements.

125. On les appelle **vérités premières,** vérités *à priori*, parce qu'elles sont les principes fondamentaux de l'intelligence.

126. Les vérités premières sont universelles et nécessaires : **universelles,** car elles existent dans tous les esprits et s'appliquent à tous les objets ; **nécessaires,** car le contraire de ce qu'elles affirment est inconcevable et impossible.

127. Elles sont encore **évidentes** par elles-mêmes : toute démonstration dérive d'elles, mais elles échappent elles-mêmes à la démonstration.

128. Les vérités premières ou bien gouvernent la conduite morale et établissent la différence absolue du bien et du mal : elles constituent alors la **raison pratique;** ou bien elles sont les principes directeurs de la recherche scientifique : elles constituent alors la **raison pure.**

129. La raison pure comprend : 1° des **principes logiques,** sans lesquels la pensée ne s'entendrait pas avec elle-même : principes d'identité, de contradiction ; 2° des **principes objectifs,** sans lesquels la science serait impossible : causalité, substance, ordre ; 3° la **notion de l'infini.**

130. L'origine des idées de la raison a été différemment expliquée par les philosophes **sensualistes** et par les philosophes **idéalistes :** les premiers croient pouvoir la ramener à l'expérience ; les autres admettent, sous différentes formes, l'**innéité** de la raison.

131. Les vérités de la raison sont innées en ce sens qu'elles préexistent à l'expérience comme autant de dispositions naturelles ; mais l'expérience est nécessaire pour les développer et les déterminer.

LEÇON XIII.

LE-LANGAGE DANS SES RAPPORTS AVEC LA PENSÉE.

Résumé sur les fonctions intellectuelles. — Le langage et la pensée. — Définition du langage. — Les signes. — Signes naturels et signes artificiels. — Comment l'enfant apprend à parler. — Origine du langage. — Peut-on penser sans langage? — Services que le langage rend à la pensée. — Le langage, instrument d'analyse. — Le langage, instrument de précision. — Le langage, aide-mémoire. — Le langage, instrument d'abréviation.

Résumé sur les fonctions intellectuelles. — Nous avons suivi l'intelligence humaine dans les différents degrés de son évolution; nous avons vu comment, sous la direction de la raison, qui est la source des principes premiers d'après lesquels l'esprit s'organise, les fonctions de perception recueillaient les éléments de l'intelligence; comment la mémoire et l'imagination représentative les conservaient; comment enfin les facultés d'élaboration les transformaient et achevaient d'édifier la connaissance humaine.

En résumé, la raison fournit, pour ainsi dire, le plan de la construction; les sens et la conscience amassent les matériaux, placés sous la garde de la mémoire; puis la généralisation, l'abstraction, l'imagination, le raisonnement, s'en emparent pour construire l'édifice tout entier.

Nous en aurions fini avec l'étude de la pensée humaine et de ses lois, s'il ne nous restait à examiner les moyens par lesquels les états de conscience prennent corps pour ainsi dire, s'incarnent dans des signes matériels qu'on appelle les mots et qui constituent le langage, et par là se révèlent au dehors et se communiquent aux autres hommes.

Le langage et la pensée. — Le langage, d'ailleurs, n'est pas seulement l'instrument nécessaire de la communication des pensées, et par là une des conditions essentielles de la société humaine, il est aussi un auxiliaire indispensable de la pensée individuelle. La pensée lui doit une partie de ses progrès. Même ne se communiquant pas et renfermée dans le cercle de la conscience personnelle, la pensée ne saurait se passer du langage. Nous parlons mentalement notre pensée, avant de la parler extérieurement pour les autres. La représentation matérielle des mots accompagne toutes nos conceptions.

Mais, avant d'expliquer les services que le langage rend à la pensée, il convient de le définir, d'en indiquer la nature et les origines.

Définition du langage. — Nous ne voulons parler ici ni du langage de la physionomie et des gestes, ni du langage écrit ou de l'écriture. Cette étude nous entraînerait trop loin. Il nous suffira de considérer le langage parlé ou la parole, qui est de tous le plus important et un des caractères essentiels de l'homme.

Le langage de la parole peut être défini : *un système de signes par lesquels nous exprimons au dehors tous nos états de conscience.*

Les signes. — Les signes sont des faits sensibles qui représentent d'autres faits. Les signes sont toujours matériels, mais les choses signifiées peuvent être — ou bien des faits matériels : par exemple, le tonnerre a pour signe l'éclair ; la branche d'arbre fixée sur une porte signifie, en certains pays, l'existence d'un débit de vin ; — ou bien des faits immatériels. Les mots du langage parlé signifient les pensées et les sentiments invisibles qui sans le langage resteraient pour ainsi dire ensevelis et cachés dans la conscience individuelle.

Signes naturels et signes artificiels. — Les signes sont tantôt *naturels*, tantôt *artificiels* : dans le premier cas, ils sont immédiatement compris, parce qu'ils dérivent de la nature même et que l'instinct, qui les produit, les interprète aussi ; dans le second cas, ils résultent d'une convention, et ne sont par conséquent intelligibles que pour ceux qui ont appris la valeur du rapport arbitraire établi entre eux et les choses signifiées :

« Il est des signes, dit Jouffroy [*], dont tous les hommes se servent, et que tous comprennent uniformément. Ces signes, l'enfant les trouve et les comprend sans les avoir appris. Les signes artificiels, au contraire, sont de pure convention, et, cette association du signe à la chose signifiée étant arbitraire, elle n'a rien d'universel. »

A la catégorie des signes naturels il faut rapporter le rire, expression de la joie, les pleurs, qui révèlent la douleur, et en général les gestes, les mouvements de la physionomie qui traduisent au dehors les passions intérieures, la rougeur, la pâleur, etc.

Comme exemples de signes artificiels, on peut citer les divers systèmes d'écriture, dont les symboles n'ont aucun rapport avec les sons qu'ils expriment, les signaux télégraphiques, maritimes, etc.

Quant au langage de la parole, c'est une question de savoir s'il est un système de signes naturels ou de signes artificiels. Naturel à l'origine, le langage est devenu artificiel dans ses développements et dans ses transformations, et la diversité des langues (les lan-

gues connues ne s'élèvent pas à moins de neuf cents)
en est la preuve incontestable.

Comment l'enfant apprend à parler. —
L'enfant apprend à parler surtout par imitation.
Il répète comme un perroquet les sons qu'il entend
prononcer, et y attache tant bien que mal une signification. S'il y a des sourds-muets, c'est que, sourds de
naissance, ces infortunés n'ont pu apprendre à reproduire des sons qu'ils n'ont jamais entendus.

Le langage est donc une tradition que les générations se transmettent et qui se maintient ainsi à travers
les siècles.

Il est important cependant de constater que l'enfant, en un sens, invente le langage, qu'il déploie une
activité propre dans l'acquisition de la langue maternelle, et qu'il manifeste, dans ses premières années, une
véritable spontanéité verbale.

Tous les observateurs ont remarqué cette initiative
de l'enfant.

« Rien de plus admirable, dit M. Renan [*], que la puissance
d'expression de l'enfant et la fécondité qu'il déploie pour se
créer un langage propre avant qu'on lui ait imposé sa langue
officielle. »

Je sais bien que beaucoup de mots du langage de
l'enfant lui sont dictés par sa nourrice, par sa mère, qui
lui répètent à l'oreille les expressions de la langue traditionnelle du premier âge. On défigure tout exprès
les mots de la langue correcte pour se rendre plus
intelligible. D'autre part, certaines expressions, en apparence originales, du vocabulaire de l'enfant ne proviennent que de sa maladresse à répéter les sons qu'il
entend.

Mais, ces réserves faites, il reste cependant une part
à accorder à l'activité inventive de l'enfant.

« L'enfant, dit Albert Lemoine, a bien plus de part qu'on ne pense au langage qu'on lui enseigne : il en est à moitié l'inventeur, quand on croit le lui donner tout fait. Voyez-le, quand l'organe de la parole, encore embarrassé, n'obéit pas à sa faible volonté ; déjà cependant il est capable de moduler quelques voyelles et d'articuler quelques consonnes que forment au hasard les mouvements mal réglés de ses lèvres et de sa langue... Vous croyez que c'est réellement sa mère qui va lui apprendre le premier signe articulé, le premier mot ayant un sens : détrompez-vous, c'est l'enfant qui donne la première leçon, c'est la mère qui la reçoit. Le premier mot qu'il prononce et auquel il attache un sens n'est pas un mot de la langue maternelle qu'il tienne de sa nourrice ; c'est lui qui en fabrique la matière informe, c'est lui qui y attache un sens ; c'est un mot de sa langue à lui, et sa nourrice apprend de lui cette langue avant de lui enseigner la sienne. Cette langue de l'enfant, bien pauvre, dont le vocabulaire se compose de quelques sons, de cris modulés, de monosyllabes à peine articulés, c'est l'instrument dont se servira la mère pour lui faire comprendre et accepter la langue savante de son pays et de son siècle (1). »

L'enfant est donc un collaborateur actif de l'acquisition du langage ; et ce n'est pas seulement dans l'invention des mots que se manifeste cette spontanéité, c'est aussi dans la logique naturelle de sa grammaire. « Le langage de l'enfant, a dit un maître en ces matières, M. Max Müller *, est plus régulier que le nôtre. Les enfants, si on les laissait faire, auraient peu à peu éliminé un grand nombre de formes irrégulières (2). »

Origine du langage. — S'il est vrai que l'enfant invente en partie sa langue, il n'est pas moins certain que l'humanité a inventé les langues de toutes pièces. Il ne saurait être question aujourd'hui de reprendre la vieille théorie qui, déclarant l'homme incapable de fabriquer un seul mot, prétendait qu'il avait reçu de Dieu, à l'origine, par une révélation et une tradition directes, une première langue toute faite.

---

(1) Albert Lemoine. *De la physionomie et de la parole*, p. 143.
(2) M. Max Müller, *Lectures sur la science du langage*.

Non, les langues ont une origine naturelle. Incessamment modifiées par les hommes dans la suite des temps, elles ont été aussi, dans leur première apparition, créées par les hommes.

> « C'est un rêve, dit M. Renan, d'imaginer un premier état où l'homme ne parla pas, suivi d'un autre état où il comprit l'usage de la parole. L'homme est naturellement parlant, comme il est naturellement pensant, et il est aussi peu philosophique d'assigner un commencement voulu au langage qu'à la pensée. »

On est aujourd'hui à peu près d'accord pour reconnaitre que les premiers mots employés par les hommes ont été, soit des cris naturels, des interjections, qui étaient pris comme signes, ou bien des émotions intérieures qu'ils exprimaient, ou bien des objets extérieurs qui provoquaient ces émotions (tantôt des sons, des bruits recueillis dans la nature, le chant d'un oiseau, le cri d'un animal, le bruit du tonnerre). Les premières racines des langues sont ou des interjections ou des *onomatopées* * (imitation des sons de la nature).

Peut-on penser sans langage ? — Les services que le langage rend à la pensée sont si considérables qu'on en est venu, par une exagération inacceptable, à affirmer qu'il était la condition même de la pensée. C'est ce que M. de Bonald * exprimait dans cet aphorisme * : « L'homme pense sa parole avant de parler sa pensée. » La parole, en d'autres termes, serait antérieure à la pensée. L'homme ne penserait qu'au moyen des signes.

Les faits démentent cette théorie. Les sourds-muets pensent, quoiqu'ils n'aient pas l'usage de la parole. Il est vrai qu'ils emploient d'autres signes que les mots ; mais ces signes, ils ne pourraient se les approprier, s'ils n'avaient préalablement des pensées.

L'enfant n'apprendrait jamais à parler, s'il n'avait déjà des idées. Il n'est apte à retenir les mots que parce qu'il saisit le rapport qui les lie aux pensées qu'ils expriment.

Sans doute, chez l'adulte, une cohésion si indissoluble s'est faite entre l'idée et le mot, que nous n'avons guère l'idée sans que le mot l'accompagne. Même dans nos réflexions purement intérieures, ce sont les mots, symboles de nos idées, que nous manions mentalement. Mais si les mots sont les instruments de la pensée, ils ne la créent pourtant pas. Nous percevons les choses matérielles, nous sentons nos douleurs morales, nous nous rappelons nos états passés, nous jugeons même et nous raisonnons sans le secours des mots. Un objet inconnu frappe mes yeux : je n'en connais pas le nom ; je perçois cependant cet objet. Deux couleurs différentes se présentent à mes regards : je n'ai pas besoin de penser à leurs noms pour juger qu'elles diffèrent.

La pensée est donc indépendante des mots, dans une certaine mesure. Ce qui le prouve encore, c'est la disproportion qui existe parfois entre la puissance de la pensée et le don de la parole. Sans doute, il est vrai le plus souvent de dire avec Boileau :

> Ce que l'on conçoit bien s'énonce clairement.

Cependant il arrive à des penseurs même profonds de ne pas être éloquents, d'éprouver un véritable embarras à traduire leur pensée au dehors.

C'est quand il s'agit des connaissances particulières et sensibles que la pensée a le moins besoin de l'aide des mots. L'intelligence, qui cherche toujours un point d'appui matériel, le trouve, en ce cas, dans les objets eux-mêmes. Au contraire, quand la pensée s'élève aux idées abstraites et générales, l'intervention des mots devient plus nécessaire, parce qu'alors les mots sont la seule chose matérielle où la pensée puisse se fixer.

Services que le langage rend à la pensée. — Mais, quand on a établi que la pensée précède le langage, que nous ne sommes capables de parler que parce que nous sommes capables de penser, il faut se hâter d'ajouter que sans le langage la pensée serait singulièrement impuissante. A vrai dire, dans l'état actuel des choses, la pensée étant constamment unie à la parole, il nous est difficile de juger à quel point de faiblesse intellectuelle nous ferait tomber et descendre la privation du langage. On peut cependant indiquer à quels points de vue surtout le langage est l'instrument indispensable de la pensée : 1° comme instrument d'analyse; 2° comme instrument de précision; 3° comme instrument mnémotechnique ; 4° comme instrument d'abréviation.

Le langage, instrument d'analyse. — Condillac disait que les langues sont des *méthodes analytiques*. Sans doute, l'analyse de la pensée est, avant tout, une opération intérieure, un travail intellectuel ; mais le mécanisme du langage, s'il n'exécute pas l'analyse, la facilite tout au moins. D'ailleurs certains jugements sont, en quelque sorte, des actes instantanés de l'esprit; le langage ne peut les exprimer que successivement et par des mots différents. Chacun de ces mots est, pour chaque élément de la pensée, quelque chose d'analogue à ce que sont les éprouvettes * où le chimiste, après avoir décomposé un corps, met à part les divers éléments simples issus de cette décomposition. Par suite, ayant séparé l'une de l'autre les différentes parties de ses jugements, les ayant, pour ainsi dire, immobilisées dans des mots distincts, l'esprit est mieux en état de les comparer et d'en saisir les rapports.

Le langage, instrument de précision. — Tout le monde sait combien nos pensées restent incertaines et vagues tant qu'elles n'ont pas été exprimées. Nos imaginations sont confuses jusqu'à ce qu'elles aient trouvé leur forme verbale. Combien de fois ne nous arrive-t-il pas d'attribuer une grande valeur à des conceptions qui, une fois traduites en mots, nous apparaissent à nous-mêmes faibles et sans portée ! Les mots sont des traducteurs impitoyables de nos pensées ; ils en font ressortir tous les défauts. Eux seuls, en revanche, donnent à nos idées toute leur puissance, toute leur clarté.

Le langage, aide-mémoire. — Le langage est aussi un instrument *mnémotechnique**, et, à vrai dire, cet avantage résulte des précédents. En effet, c'est précisément parce qu'il facilite l'analyse de la pensée, et aussi parce qu'il fixe les idées en les incorporant dans des mots, que le langage assiste la mémoire. Il est impossible de se représenter ce que serait la mémoire sans l'aide du langage : une sorte de chaos confus où nous marcherions à tâtons. Grâce aux mots, au contraire, nous manions aisément nos souvenirs, surtout quand ces souvenirs s'appliquent à des idées générales.

« Un mot suffit pour nous représenter le résultat auquel nous ont conduits de longues et pénibles opérations. C'est un total que nous a donné une fatigante série d'additions partielles. Retirez-vous ce mot, c'est-à-dire cette somme : vous vous condamnez à repasser par les mêmes voies, à recommencer le même travail.... La langue, en associant les idées à des mots, les fixe et les solidifie ; grâce à elle, l'abstraction, la généralisation, pures conceptions, prennent un corps, se substantifient, et vivent par là d'une existence indépendante, qui, toute fortuite qu'elle est, ne nous en permet pas moins de les tenir en réserve et de les retrouver au besoin (1). »

(1) Albert Lemoine, *op. cit.*

Le langage instrument d'abréviation. — Enfin le langage est encore utile et nécessaire parce qu'il simplifie, parce qu'il abrège le travail de la pensée. Les idées, quand elles se présentent à l'esprit, sont toujours plus ou moins accompagnées d'images. Pensons-nous à une vallée : quelque rapide que soit notre pensée, notre imagination se représente aussitôt des prairies, des bois, les montagnes voisines. Pensons-nous à l'humanité : même cette idée abstraite traîne après elle un cortège d'images, la représentation de tel ou tel homme, de telle ou telle race. Eh bien, grâce à l'intervention des mots, ce travail de représentation imaginative est épargné à l'esprit. Le mot se substitue en partie aux images : il devient, pour un esprit exercé, l'équivalent de l'idée ; de sorte que nous pensons avec les mots, et non plus avec les idées. Quand nous lisons, quand nous prononçons un discours, nous n'avons certes pas le temps de concevoir derrière chaque mot tout ce que ce mot signifie. De même que les signes algébriques* aident le mathématicien dans ses calculs, parce qu'ils substituent des signes plus abstraits, des symboles de convention aux nombres réels et déterminés ; de même les mots deviennent les substituts* de la pensée et nous économisent une peine inutile.

Il est vrai qu'ici les avantages du langage touchent à des inconvénients et à des dangers. Nous sommes exposés, en effet, à trop oublier les choses elles-mêmes, les idées, à nous en fier aux mots ; et, faute de réfléchir aux relations qui existent entre les signes et les choses signifiées, notre pensée devient parfois purement verbale. Le péril des « abstractions réalisées » est vrai aussi du langage.

Quoi qu'il en soit, le langage fait, en quelque sorte, partie intégrante de la pensée : créé par elle, il la développe à son tour, il l'assiste, il la définit ; il allège enfin le fardeau de l'intelligence

RÉSUMÉ

132. Le **langage** de la parole n'est pas seulement l'**instrument** nécessaire de la communication de la pensée ; il est l'**auxiliaire** du développement intérieur de la pensée individuelle.

133. Le langage est un **ensemble de signes** par lesquels nous exprimons au dehors nos états de conscience.

134. Les signes sont toujours des faits matériels.

135. On distingue deux catégories de signes : les **signes naturels**, qui sont universels et immédiatement intelligibles ; les **signes artificiels**, qui n'expriment qu'un rapport de convention, et qui ont, par conséquent, besoin d'être appris.

136. Le langage, **naturel dans ses origines**, est devenu **artificiel dans ses développements et ses transformations.**

137. L'enfant apprend à parler surtout par **imitation** ; il témoigne cependant d'une véritable spontanéité dans l'acquisition du langage.

138. Le langage, à l'origine, a emprunté ses premiers éléments vocaux soit aux **interjections**, soit aux **cris des animaux**, aux **bruits de la nature.**

139. On a prétendu, à tort, que la parole précé-

dait la pensée. La **pensée** est certainement **antérieure au langage,** mais elle ne peut se passer de lui.

140. Le langage rend, en effet, des services éminents à la pensée. Il est un **instrument d'analyse,** puisqu'il nous permet de décomposer, en les rattachant à des mots distincts, les divers éléments de la pensée.

141. Il est un **instrument de précision,** car il donne une forme définie à nos conceptions.

142. Il est un **instrument mnémotechnique** ; car il fixe, il consolide, pour ainsi dire, les résultats acquis de nos opérations intellectuelles.

143. Enfin il est un **instrument d'abréviation** ; car il simplifie le travail de la pensée, il rend à l'esprit des services analogues à ceux que l'algèbre rend à la science des nombres.

LEÇON XIV.

LA SENSIBILITÉ MORALE. — LES INCLINATIONS PERSONNELLES.

La sensibilité morale. — Rôle de la sensibilité. — Les inclinations. — Diverses formes de l'inclination. — Classification des passions, d'après Bossuet. — Critique de cette théorie. — Vrais caractères de la passion. — Diverses espèces d'inclinations. — Division des inclinations. — Inclinations personnelles. — Instinct de conservation. — Amour-propre. — Amour du pouvoir. — Amour de la propriété. — L'égoïsme. — Conséquences funestes de l'égoïsme.

Sensibilité morale. — Nous avons étudié (*Leçon III*) la sensibilité physique et les sensations. Nous avons ajourné après l'étude de l'intelligence l'examen de la *sensibilité morale* et des *sentiments*. Les sentiments, en effet, supposent tous des idées, des conceptions préalables. La sensibilité morale, c'est la sensibilité vivifiée par l'intelligence, guidée et dirigée par elle vers des objets supérieurs aux sens et aux fonctions organiques. Le sentiment a toujours pour point d'appui une idée : les sentiments égoïstes supposent l'idée du moi; les sentiments affectueux, l'idée des personnes que nous aimons et de leurs qualités; le patriotisme correspond à l'idée de la patrie, etc.

Rôle de la sensibilité. — Il s'est rencontré des philosophes pour décrier la sensibilité. Les stoïciens [*] voulaient exclure le sentiment de la vie du sage. L'homme parfait était, à leurs yeux, l'homme insensible, indifférent à la mort de ses parents et de ses amis, à la ruine de sa patrie.

Le bon sens fait justice de ces chimères. A vrai dire, l'homme est d'autant plus parfait qu'il est au contraire plus sensible, à condition pourtant que sa sensibilité soit réglée par la raison, qu'elle ne dégénère pas en sensiblerie *, qu'elle ne s'égare pas dans les excès de la passion.

Les plaisirs qui résultent de la sensibilité morale, les plaisirs de l'affection, les plaisirs des arts, de la science, loin d'être indignes de l'homme, sont peut-être ce qu'il y a de plus noble dans sa nature.

Outre qu'ils rendent la vie agréable, ils ont leur excellence propre : ils témoignent, autant que la raison, de la dignité de notre nature.

De plus, les émotions de la sensibilité exercent une influence profonde sur les autres facultés.

L'intelligence sans doute est parfois troublée par la sensibilité ; l'esprit est la dupe du cœur. Mais, dans d'autres cas, au contraire, les facultés intellectuelles sont animées et surexcitées par le sentiment. Ce n'est point sans raison que Vauvenargues * a dit : « Les grandes pensées viennent du cœur. »

La volonté serait le plus souvent impuissante, si elle n'était, elle aussi, soutenue par le sentiment. Il ne suffit pas de vouloir le bien ; il faut l'aimer. Les grandes actions, les sacrifices héroïques, sont presque toujours inspirés par le sentiment. Les inclinations comptent au premier rang parmi les principes mêmes de la vie morale et de l'activité volontaire. C'est à tort que certains moralistes austères, comme Kant, proscrivent le plaisir de la morale. Schiller *, raillant précisément les stoïciens modernes, disait en souriant : « Il me vient des remords, et je commence à me croire coupable : j'ai du plaisir à obliger mes amis. » Le plaisir qu'on trouve à être vertueux n'a jamais gâté la vertu, dont il est la récompense.

La douleur elle-même a son rôle dans la vie humaine, et Alfred de Musset *, un grand poète, a pu dire avec raison :

« L'homme est un apprenti : la douleur est son maître. »

La douleur est un stimulant, car elle nous excite à lutter contre elle, à faire tous nos efforts pour nous débarrasser de son étreinte. Elle est aussi un fortifiant*, car elle trempe le caractère.

Les inclinations. — La sensibilité morale comprend un grand nombre de tendances, auxquelles on donne le nom général d'*inclinations*.

L'inclination est donc une tendance naturelle qui a pour point de départ une idée, une conception, et qui, lorsqu'elle est satisfaite, donne lieu à un sentiment de joie, lorsqu'elle est contrariée, à un sentiment de douleur.

Toute inclination pour un objet suppose une aversion contraire. L'amour du beau correspond à l'aversion pour le laid; l'amour des richesses, à la répulsion pour la pauvreté, etc.

Diverses formes de l'inclination. — L'inclination, suivant que son objet est présent ou absent, à venir ou passé, facile ou difficile à atteindre, traverse différentes périodes, différents moments qui donnent lieu à des états particuliers de l'esprit.

Si l'objet de l'inclination est présent, l'esprit, comme disait Bossuet, jouit de son bien et s'y repose : l'inclination prend alors la forme de la *joie*.

Si l'objet est au contraire absent, si nous en sommes privés, si, au lieu du bien, c'est le mal correspondant qui est réalisé, notre âme souffre : c'est la *tristesse*.

Lorsque le bien poursuivi par notre inclination est à

venir, nous l'attendons avec impatience, nous l'appelons de tous nos vœux : c'est le *désir*.

Si les circonstances nous paraissent rendre probable le bien à venir, nous comptons sur un plaisir prochain : c'est l'*espérance*.

« Le désir, disait Bossuet, est une passion qui nous pousse à rechercher ce que nous aimons quand il est absent. » Et encore : « Le désir est un amour qui s'étend au bien qu'il n'a pas. L'espérance est un amour qui se flatte qu'il possédera l'objet aimé. »

Si c'est le mal qui est à attendre, et non le bien, au lieu de l'espérance, c'est la *crainte* que nous éprouvons.

Si l'objet de notre inclination est passé, nous éprouvons une tristesse particulière qui s'appelle le *regret*.

Si toutes sortes de difficultés nous éloignent de l'objet aimé, nous nous irritons contre ces obstacles : c'est la *colère*.

Toutes ces modifications de l'inclination dépendent simplement des circonstances ; elles constituent les modes, les formes que toute inclination peut successivement revêtir.

Ainsi le patriote se réjouit des succès de son pays. Il est triste si sa patrie est vaincue, humiliée. Il désire qu'elle se relève dans l'avenir. Il espère et craint tour à tour pour elle, quand elle est engagée dans une expédition militaire ou dans des négociations diplomatiques. Il regrette parfois ses gloires passées. L'ambitieux, l'avare, tout homme, en un mot, qui est possédé par une inclination, passe successivement par ces différents états.

Classification des passions d'après Bossuet. — Bossuet appelait improprement *passions* ces différents états de la sensibilité. « La passion, disait-il, est un mouvement de l'âme qui, touchée du plaisir ou de la douleur ressentis ou imaginés dans un objet, le poursuit ou s'en éloigne (1). »

Et il comptait onze passions : l'amour et la haine, le désir et l'aversion, la joie et la tristesse, l'audace et la crainte, l'espérance et le désespoir, et enfin la colère.

Il faisait d'ailleurs remarquer que toutes ces passions « se rapportent au seul amour qui les enferme ou les excite toutes... Otez l'amour, disait-il, il n'y a plus de passion; ajoutez l'amour, vous les faites naître toutes. »

Toutes les autres passions, la honte, l'envie, l'émulation, l'admiration, l'étonnement, et quelques autres semblables, n'étaient, d'après lui, que des modifications des onze passions primitives.

Critique de cette théorie. — Il n'est plus reçu aujourd'hui d'employer le mot « passion » pour désigner les diverses formes de l'inclination. C'est par un singulier abus de langage que Bossuet appliquait ce terme, synonyme d'état violent et d'émotion ardente, à un sentiment aussi calme, aussi doux que l'espérance. De plus, dans sa théorie incomplète, Bossuet ne tenait pas compte de cette circonstance que l'objet de notre inclination est souvent dans le passé, et qu'il en résulte de nouvelles modifications dans la forme de l'inclination. Enfin c'est arbitrairement que Bossuet comptait onze passions, et pas une de plus. Il est impossible à la psychologie la plus exacte de numéroter avec cette précision les divers changements et mouvements de l'amour, à raison des éléments complexes qui en font varier sans cesse les manifestations.

Vrais caractères de la passion. — Il faut,

(1) Bossuet, *Connaissance de Dieu et de soi-même.*

croyons-nous, réserver le mot « passions » pour désigner les états extrêmes de toute inclination. Modérée en général à ses débuts, s'associant dans l'âme à une foule d'autres inclinations qui se partagent notre faculté d'aimer, chaque inclination tend à s'exalter, à devenir exclusive et jalouse, à accaparer toutes nos pensées, à vouloir dominer seule.

La passion est violente et impétueuse; elle asservit notre volonté, elle obscurcit notre intelligence. Elle jette le désordre dans l'âme. Elle est le plus souvent mauvaise et vicieuse. Elle peut être définie : la sensibilité déréglée et pervertie.

Toutes nos inclinations, même les plus hautes, peuvent, sous l'influence des circonstances, s'exagérer, se corrompre. Ce ne sont pas seulement les inclinations personnelles qui donnent lieu à des passions : l'intempérance, l'avarice, l'ambition coupable; ce sont même les sentiments les plus purs, les plus nobles, qui peuvent dégénérer par l'excès en sentiments mauvais ou regrettables : l'excès du sentiment religieux conduit au fanatisme; l'excès du sentiment patriotique peut inspirer une haine farouche de l'étranger; l'excès du sentiment paternel ou maternel peut engendrer des complaisances fâcheuses et des préférences non justifiées.

Diverses espèces d'inclinations. — Il n'y a pas à distinguer seulement les formes de l'inclination; il faut aussi les répartir en certaines classes, d'après la fin qu'elles poursuivent. Il y aura autant d'*espèces d'inclinations* qu'il y a d'objets distincts auxquels notre sensibilité consciente attache son affection.

Division des inclinations. — La division des espèces d'inclinations est donc fondée sur la différence des objets auxquels elles se rapportent.

Tantôt nous nous aimons nous-mêmes : le moi est

le principe de nos émotions, de nos sentiments : de là dérivent les *inclinations personnelles* ou *égoïstes*.

Tantôt nous aimons les autres hommes, nos semblables, nos parents, nos compatriotes, nos amis : ce sont les *inclinations sociales,* ou les sentiments affectueux, qui se résument dans l'amour d'autrui et que l'école positiviste, par suite, désigne sous le nom d'*inclinations altruistes**.

Tantôt enfin, notre sensibilité, dépassant les personnes, s'attache à des idées, à des conceptions de notre esprit : le beau, le vrai, le bien ; ce sont les *inclinations idéales*, qu'on pourrait aussi appeler les sentiments impersonnels.

Inclinations personnelles. — Le principe commun de toutes les inclinations personnelles est l'*amour de soi,* qui n'est lui-même que la conséquence d'une inclination plus générale, l'*amour de l'être*. Par cela seul que nous existons, nous tendons à persévérer dans l'existence, et nous aimons tout ce qui contribue à accroître ou tout au moins à conserver notre être. De là, selon la diversité même des choses qui concourent au développement de la vie, des inclinations particulières qui se rattachent aux différentes formes de l'existence.

Instinct de conservation. — La première manifestation de l'amour de soi est l'*instinct de conservation*, l'amour de la vie. Les hommes les plus malheureux préfèrent la vie à la mort :

> Plutôt souffrir que mourir,
> C'est la devise des hommes (1).

Il est vrai que cette devise est parfois contredite par les faits, et que le suicide la dément. C'est que dans ce

---

(1) La Fontaine, *la Mort et le Malheureux*.

cas une inclination plus forte triomphe de l'instinct de conservation. Celui qui volontairement attente à ses jours aime la vie comme tous les hommes; mais cet amour de la vie est dominé chez lui par une passion violente qui pèse d'un poids plus lourd dans la balance de ses résolutions. La crainte des souffrances physiques, le ressentiment d'une douleur morale, l'ont emporté chez le suicidé sur toute autre considération.

Amour-propre. — Une des formes les plus caractérisées de l'amour de soi est l'*amour-propre*, qui dérive non seulement de l'amour de l'être, mais de l'amour de la perfection. Nous voulons non seulement exister, mais exceller en toutes choses, nous distinguer de nos semblables, leur être supérieurs. De l'amour-propre dérivent un grand nombre de sentiments bons ou mauvais.

Légitime dans son principe, l'amour-propre tend en effet à dégénérer par l'excès. Il est juste de s'estimer soi-même, d'avoir bonne opinion de soi, mais à une condition pourtant, c'est que nous méritions cette estime et cette bonne opinion. Or, par complaisance pour nous-mêmes, nous sommes disposés non seulement à exagérer la valeur des qualités que nous possédons, mais à nous prêter des qualités qui nous manquent, à nous dissimuler nos défauts les plus éclatants (1).

L'amour-propre nous porte encore à nous glorifier d'avantages insignifiants et vains : il devient alors la *vanité*, tandis que l'*orgueil*, quoique également condamnable, dérive de la conscience exagérée de qualités qui ont leur prix. Se vanter d'un beau visage, d'un beau costume, c'est de la vanité; se faire valoir et s'en faire accroire parce qu'on est éloquent, parce qu'on est savant, c'est de l'orgueil.

(1) Voyez la fable de La Fontaine qui a pour titre : *la Besace*.

L'amour-propre donne naissance à une multitude de sentiments : l'amour des louanges, de l'approbation, de l'estime, l'amour de la gloire, l'émulation, etc., sentiments qui sont, nous le répétons, légitimes en eux-mêmes, mais qui se pervertissent facilement et deviennent des défauts; l'émulation, par exemple, se transforme en jalousie.

Amour du pouvoir. — L'*amour du pouvoir*, ou ambition, est une dérivation de l'amour de soi. Certains hommes recherchent le pouvoir parce que le pouvoir permet à leur activité de se déployer librement, parce que, de plus, il met leur personne en relief et leur attire au moins le respect apparent des autres hommes, parce qu'enfin il leur assure la prépondérance, la domination parmi leurs semblables.

« Le caractère impérieux se fait remarquer dès l'enfance. Voyez les enfants dans leurs jeux: il y en a un parmi eux qui est le général, s'ils forment une armée, et le cocher, si c'est un équipage. Alcibiade * donna de bonne heure les marques de son amour dominateur. Étant encore fort jeune, il jouait aux osselets dans une rue étroite. Comme c'était son tour de les jeter, il voit venir une charrette chargée. D'abord il crie au conducteur d'arrêter. Cet homme avançant toujours, les autres enfants se retirent; mais Alcibiade, se jetant par terre devant les chevaux : « Passe maintenant, si tu veux! » dit-il au charretier..... On ne sait rien de l'enfance de Napoléon, si ce n'est qu'à Brienne, lorsque ses camarades élevaient dans leurs jeux des forteresses de neige, c'est lui qui commandait l'attaque (1). »

L'amour du pouvoir est moins l'amour du pouvoir pour lui-même que l'amour des conséquences qui en résultent. L'ambition est le fait d'une personnalité envahissante qui aspire à faire prévaloir sa volonté, à dominer, sinon à anéantir, les autres volontés.

L'ambition, tant qu'elle se mesure aux forces réelles

---

(1) Garnier *, *Traité des facultés de l'âme*, t. IV, p. 171.

d'un individu, et que pour atteindre son but elle n'emploie que des moyens avouables, est une inclination légitime. Il y a de nobles et belles ambitions ; mais trop souvent l'amour du pouvoir trahit des visées disproportionnées au mérite de l'ambitieux, et par suite, comme toutes les passions, il peut entraîner les hommes à des actes coupables et criminels.

Amour de la propriété. — La propriété étant une condition du bien personnel, un élément du bonheur, il est juste de compter parmi les inclinations égoïstes *l'amour de la propriété*. « Le mien est près du moi ; les choses qui nous appartiennent sont comme une extension de notre personne (1). »

L'amour de la propriété se manifeste déjà chez l'enfant, qui de bonne heure défend ses jouets, ses cahiers, ses livres, contre toute tentative d'usurpation. Mais il prend surtout une grande place dans les préoccupations de l'homme fait ; et alors il tend volontiers à s'exagérer, à devenir une manie, un vice, l'avarice.

« Il y a des hommes qui entassent pour le seul plaisir d'entasser : les uns accumulent une multitude d'objets disparates, qui ne peuvent jamais leur être d'aucun service ; les autres, loin de tirer parti des provisions qu'ils amassent, n'y voient d'autre utilité que l'entassement lui-même : ils ne veulent point se dessaisir des fruits de leur cellier, du vin de leur cave, des écus de leur cassette ; ils ne reçoivent leurs revenus que pour les replacer en capitaux et percevoir de nouveaux intérêts qu'ils placent encore ; ils se désespèrent à l'idée qu'il faudra quitter un jour tout cela, et qu'on entre dépouillé au tombeau... Un avare aime souvent mieux son argent que ses enfants : l'Harpagon * de Molière en est la preuve... L'avare, dit Pope *, est aussi esclave que le nègre employé aux mines. Toute la différence entre eux, c'est que l'un déterre l'or et que l'autre l'enterre (2). »

(1) Garnier, *op. cit.*, t. IV, p. 171.
(2) Garnier, *op. cit.*, t. I, p. 132

L'égoïsme. — Toutes les manifestations de l'amour de soi, quand elles dépassent la mesure, se résument dans l'*égoïsme*, c'est-à-dire l'état moral d'un esprit qui rapporte tout à lui, à son intérêt personnel.

L'égoïsme est un mot relativement nouveau : au dix-septième siècle on disait amour-propre, ou amour de soi. C'est en 1762 seulement que le Dictionnaire de l'Académie lui a donné droit de cité, en même temps qu'au mot « bienfaisance ». Mais, si le mot est nouveau, la chose ne l'est pas : il y a toujours eu des égoïstes. Penser à soi, se préférer à tous les autres, c'est un instinct primitif, contemporain du premier éveil de la conscience. L'amour de la liberté, l'amour de la nature, d'autres sentiments encore, supposent un certain progrès de la réflexion. L'homme ne devient patriote, philanthrope * que grâce à l'éducation; mais il est égoïste par cela seul qu'il est homme. Sans doute notre état social actuel est de nature à développer l'égoïsme, à raison de l'accroissement de l'indépendance et de l'accroissement du bien-être ; mais, d'autre part, la civilisation a pour résultat de fortifier de plus en plus les sentiments bienveillants et sociaux, et de réduire par conséquent la part de l'égoïsme dans notre cœur.

« La civilisation, dit Auguste Comte *, en développant à un degré immense et toujours croissant l'action de l'homme sur le monde extérieur..., la civilisation semble d'abord devoir concentrer de plus en plus notre attention vers les soins de notre seule existence matérielle, dont l'entretien et l'amélioration constituent en apparence le principal objet de la plupart des occupations sociales. Mais un examen plus approfondi démontre, au contraire, que ce développement tend continuellement à faire prévaloir les plus éminentes facultés de la nature humaine (les sentiments généreux), soit par la sécurité même qu'il inspire nécessairement à l'égard des besoins physiques, dont la considération devient de moins en moins absorbante, soit par l'excitation directe et continue qu'il imprime nécessairement aux fonctions intellectuelles et même aux sentiments sociaux (1). »

Conséquences funestes de l'égoïsme. — Les moralistes ont souvent décrit les travers de l'égoïsme :

« Gnathon, dit La Bruyère, ne connaît d'autres maux que les siens : il ne pleure point la mort des autres ; il n'appréhende que la sienne, qu'il rachèterait volontiers de l'extinction du genre humain… Gnathon ne vit que pour soi, et tous les hommes ensemble sont à son égard comme s'ils n'étaient point. »

On pourrait contester peut-être la seconde partie de l'aphorisme : l'égoïste sait qu'il y a des hommes, et il s'en sert.

Pascal, dans le même sens, a dit :

« Le *moi* est haïssable parce qu'il est injuste, parce qu'il se fait le centre de tout. Le moi est incommode aux autres, car il veut les asservir. Chaque moi est l'ennemi, et voudrait être le tyran de tous les autres. Il faut le détester, soit qu'il se déclare ouvertement, soit qu'il se dissimule par politesse et pour ne pas causer de déplaisir aux autres. »

Ce qu'il importe surtout de remarquer, c'est que l'égoïste se trompe et se dupe lui-même. Il cherche le bonheur uniquement, mais il a pris une mauvaise route pour le rencontrer. Sans doute il ne souffre pas des maux d'autrui, puisqu'il n'aime pas autrui ; comme le dit spirituellement Fielding* : « L'égoïsme, qui ramasse l'homme sur lui-même comme une boule, le rend capable de rouler dans le monde sans être jamais affecté des malheurs d'autrui. » Mais, précisément parce qu'il a concentré sur lui-même toutes ses affections, l'égoïste trouvera dans ses infortunes per-

(1) Auguste Comte, *Philosophie positive.*

sonnelles, déceptions de sa vanité, blessures de son orgueil, accidents de sa santé, vicissitudes de sa fortune, des sources d'amertume dont rien ne viendra corriger ni tempérer la violence, puisqu'il s'est interdit à lui-même toute autre source de bonheur.

L'égoïste est donc un maladroit et manque d'esprit autant que de cœur. Il a fait un mauvais calcul dans sa recherche passionnée du bonheur. C'est dans les affections généreuses, c'est dans le dévouement à autrui que réside le secret d'être heureux. Efforçons-nous donc de nous détacher de nous-mêmes. Rappelons-nous que les meilleures de nos joies sont encore celles que nous procurons aux autres.

« C'est réunis que les charbons brûlent », dit le proverbe indien : de même c'est l'union des hommes qui fait leur force et leur bonheur, et, comme les charbons aussi, c'est en se séparant que les hommes s'éteignent. Les biens de ce monde sont plus doux quand on les partage que quand on en jouit seul, et, comme l'a dit un fabuliste,

« Le tout ne vaut pas la moitié. »

Sainte Thérèse*, voulant faire comprendre que le vrai mérite des hommes réside dans la charité, disait : « A la mort on ne possède plus ; il ne reste plus que ce qu'on a donné. »

De même, le vrai bonheur personnel consiste à aimer les autres. Le « moi » n'est réellement satisfait que quand il s'est absorbé en autrui. Il n'est jamais plus heureux que quand il s'est oublié lui-même. Le véritable égoïsme consiste à ne pas être égoïste.

RÉSUMÉ

144. La sensibilité morale est la sensibilité vivifiée et dirigée par l'intelligence.

145. Les faits de sensibilité morale ont reçu le nom générique de **sentiments**. Tout sentiment suppose un objet connu par l'intelligence, une idée, par conséquent : l'idée de ce qu'on aime.

146. La sensibilité joue un grand rôle et un rôle utile dans la vie humaine. Outre qu'ils sont agréables et charment l'existence, les sentiments ont leur excellence, leur dignité propre; de plus, ils excitent la pensée et stimulent l'action.

147. Les sentiments dérivent d'un certain nombre de tendances naturelles appelées **inclinations**.

148. Toute inclination revêt différentes **formes**, selon que l'objet qu'elle poursuit est présent ou absent, à venir ou passé, facile ou difficile à atteindre.

149. C'est à tort que Bossuet appelait **passions** les formes et les modes de l'inclination. La passion est l'état extrême, violent, excessif des inclinations.

150. Les inclinations peuvent être distribuées en un certain nombre d'**espèces**, d'après la différence des objets auxquels elles se rattachent.

151. Il y a trois espèces d'inclinations : les inclinations **personnelles**, les inclinations **sociales** ou affectueuses, les inclinations **idéales**.

152. Les inclinations personnelles ont pour

principe **l'amour de soi,** qui dérive lui-même de l'amour de l'être.

153. Les différentes manifestations de l'amour de soi sont l'**instinct de la conservation,** l'**amour-propre,** l'**amour du pouvoir,** l'**amour de la propriété.**

154. Légitimes dans leur principe, ces inclinations tendent à s'exagérer, à devenir exclusives, et par conséquent mauvaises.

155. On appelle **égoïsme** l'état moral d'un esprit chez lequel dominent exclusivement les inclinations personnelles.

LEÇON XV.

LES INCLINATIONS SOCIALES ET LES INCLINATIONS IDÉALES

Les inclinations sociales. — Emploi impropre du mot « aimer ».
— Division des inclinations sociales. — Sophisme de Rousseau.
— Besoin de sociabilité. — La sympathie. — Réfutation de
La Rochefoucauld. — Affections de famille. — Patriotisme. —
Amitié.
Les inclinations idéales. — Division de ces inclinations. —
L'amour du vrai. — Les sentiments moraux. — Les sentiments esthétiques. — Le sentiment de la nature. — Le sentiment religieux.

Les inclinations sociales. — Le caractère commun des inclinations personnelles, c'est qu'elles sont intéressées. Ayant pour objet le moi, elles recherchent le bien personnel; elles sont gouvernées par l'intérêt.

Au contraire, les *inclinations sociales* sont désintéressées; elles tendent au bien d'autrui. Elles consistent toutes à se déprendre de soi-même, à oublier son propre bonheur pour rechercher le bonheur des autres.

Emploi impropre du mot aimer. — C'est pour les inclinations sociales qu'il faudrait, par conséquent, réserver le beau mot d'*aimer*, dont le langage ordinaire abuse étrangement. Il est reçu de dire que l'on s'aime soi-même, que le gourmand aime le vin et le café. Quel rapport y a-t-il pourtant entre ces sensations égoïstes et inférieures et les émotions généreuses qui nous attachent à autrui, qui font battre notre cœur pour la patrie, pour la justice ? Sans doute, le plaisir accompagne toutes nos sensations, tous nos sentiments, et c'est pour cela que le langage a consacré l'usage de dire qu'on aime toutes les choses qui nous procurent du plaisir. Mais il n'y a pas de comparaison possible entre les jouissances matérielles des sens et les joies nobles de l'affection sous toutes ses formes. Celui-là seul aime véritablement qui, se détachant de lui-même, reporte sur autrui les élans de son cœur.

Division des inclinations sociales. — En premier lieu, nous aimons tous les hommes en général : c'est la *sociabilité;* en second lieu, nous aimons plus particulièrement, parmi les hommes, ceux qui nous touchent de plus près, ceux qui nous sont unis par les liens du sang : ce sont les *affections de famille;* en troisième lieu, nous vouons une affection particulière à notre patrie et à nos concitoyens : ce sont les *sentiments patriotiques;* enfin, nous éprouvons des sentiments d'affection individuelle pour des personnes préférées à toutes les autres et qui deviennent l'objet d'une tendresse exclusive, privilégiée : c'est l'*amour* et l'*amitié*.

Sophisme de Rousseau. — La sociabilité est une inclination universelle à laquelle aucun homme sain d'esprit n'est étranger. Les misanthropes* sont des exceptions monstrueuses. Tout homme, dans les conditions normales de son développement moral, aime l'humanité. Les peuplades sauvages elles-mêmes sont des sociétés, imparfaites sans doute et rudimentaires, mais où déjà les individus trouvent plaisir à s'entr'aider. L'enfant, qui ne sait pas encore ce que c'est que la famille, témoigne sa joie à la vue des visages humains.

On a pourtant contesté l'existence de l'instinct de la sociabilité. Rousseau, toujours prompt au sophisme*, a prétendu que la société n'était pas un fait naturel. Hobbes l'avait soutenu avant lui.

« La nature, dit Rousseau, a pris peu de soin de rapprocher les hommes, elle a peu préparé leur sociabilité... Il est impossible d'imaginer pourquoi, dans un état primitif, un homme aurait plutôt besoin d'un autre homme qu'un singe ou un loup de son semblable. La société ne résulte pas nécessairement des facultés de l'homme, et n'a pu s'établir qu'à l'aide du hasard et de circonstances qui pouvaient ne pas arriver. »

Ainsi donc, la vie sociale ne serait qu'un hasard, un accident! Aristote avait d'avance répondu aux paradoxes* de Rousseau, quand il définissait l'homme « un animal sociable » et quand il ajoutait :

« Les hommes se sont réunis parce qu'ils ne pouvaient se suffire dans l'isolement, bien que le plaisir de vivre ensemble fût capable à lui seul de fonder la société. »

Il n'est guère nécessaire d'insister pour réfuter l'opinion de Rousseau. Le fait universel de l'existence des sociétés lui donne un démenti formel. L'homme serait impuissant à se développer physiquement et moralement, s'il vivait seul. La faculté naturelle du langage n'aurait plus de raison d'être en dehors de la société.

Mais ce que nous tenons surtout à établir, ce n'est pas que la société est un fait naturel, nécessaire, c'est qu'elle est une source de plaisir, c'est qu'un sentiment commun d'affection nous unit à tous les hommes.

Besoin de sociabilité. — L'inclination sociale, étant de celles qui sont le plus constamment satisfaites, ne donne pas lieu à des jouissances aussi vives que les inclinations qui n'entrent en possession de leur objet que rarement et à de longs intervalles. Le plaisir, en effet, n'est pas un état durable : en se prolongeant, il s'éteint.

Mais qu'une circonstance vienne à nous priver de la société de nos semblables, et alors nous ressentirons un malaise qui, par sa vivacité même, témoignera de la force secrète et cachée du sentiment dont une longue habitude nous dissimulait la douceur.

Robinson Crusoé* a été imaginé par le romancier anglais pour prouver que, dans une certaine mesure, l'individu, par son travail, par son industrie personnelle, peut suppléer à la collaboration sociale de tous les hommes. Cependant Robinson Crusoé avoue lui-même qu'il y a une chose au moins qu'il regrette passionnément: c'est la compagnie de ses semblables; et c'est ce qui rend si touchantes ses exclamations, lorsque, après avoir vainement fouillé les débris du navire échoué, il s'écrie : « Ah! si un homme avait été sauvé! si un seul homme eût été sauvé! »

Silvio Pellico* raconte dans les mémoires de sa captivité combien il était réjoui par la vue d'un homme, cet homme fût-il un geôlier:

« J'allais à la fenêtre, soupirant après la vue de quelque nouveau visage, et je m'estimais heureux si la sentinelle, en se promenant, ne rasait pas le mur de trop près, si elle s'en éloignait assez pour qu'il me fût possible de la voir. Lorsque le soldat levait la tête, qu'il avait un visage exprimant l'honnêteté, et que je croyais y découvrir quelque trace de compassion, je me sentais saisi d'une douce palpitation, comme si ce soldat inconnu eût été pour moi un ami. Lorsqu'il s'éloignait, j'attendais son retour avec une tendre inquiétude, et s'il revenait en me regardant, je m'en réjouissais comme d'un grand acte de charité. »

Ce n'est pas seulement dans la prison que germe cette mélancolie de la solitude, ce mal de la société. Franklin* raconte comment, en pleine mer, dans une navigation qui a longtemps duré, la rencontre d'un vaisseau est pour les passagers une véritable fête :

« Nous avons rencontré, dit-il, la *Neige* venant de Dublin et allant à New-York avec une cinquantaine d'ouvriers des deux sexes. Ils se sont tous montrés sur le tillac et paraissaient transportés de joie à notre aspect. La rencontre d'un vaisseau en pleine mer cause un véritable contentement. On aime à retrouver des créatures de son espèce, après avoir été longtemps séparé du reste des humains. Mon cœur battait de joie, et je riais de plaisir... Les deux capitaines se sont promis de voguer de compagnie... Quelque temps après, nous perdîmes la *Neige* de vue, et la tristesse s'empara encore une fois de nos âmes. »

La sympathie. — Les inclinations sociales, sous toutes leurs formes, sont quelquefois appelées *sympathiques*, parce qu'elles ont pour principe commun la sympathie*. L'amour des autres hommes en général, l'amour de nos parents, l'amitié, toutes les affections, en un mot, supposent que nous sympathisons avec les personnes qui sont l'objet de notre amour.

La sympathie s'entend d'ailleurs dans deux sens très différents : d'abord elle est simplement la tendance que nous avons à mettre nos sentiments d'accord avec ceux d'autrui. Nous rions avec ceux qui rient, nous pleurons avec ceux qui pleurent. Nous nous associons aisément, au spectacle, dans une foule, aux émotions qu'éprouvent nos semblables. Mais la sympathie est autre chose encore : elle est la tendance à aimer ceux qui ont les mêmes sentiments que nous, ceux qui ont quelque ressemblance avec notre propre nature. Et la seconde forme de la sympathie n'est, on le voit, que la conséquence de la première. Nos affections se portent, en effet, de préférence sur ceux qui se rapprochent le plus de nous par leur caractère, par leurs qualités ou par leurs défauts. C'est la loi de la ressemblance qui guide les affections, les liaisons du cœur, comme nous avons déjà vu qu'elle dirigeait un grand nombre de nos associations intellectuelles. Nous aimons tous les hommes, parce qu'ils sont nos semblables d'une façon générale ; nous aimons davantage nos parents, nos concitoyens, parce qu'ils sont nos semblables d'une façon plus particulière ; enfin nous préférons nos amis aux autres hommes, parce qu'il y a entre eux et nous une plus grande communauté d'opinions, de mœurs, d'habitudes.

Réfutation de La Rochefoucauld. — S'il y a, en fait et pratiquement, des égoïstes qui, se refusant à toute affection désintéressée, réservent pour eux-mêmes toute leur sensibilité, il y a aussi, théoriquement, des moralistes, des philosophes qui dénient à l'homme le pouvoir d'aimer véritablement les autres hommes. C'est la thèse, par exemple, de l'auteur des *Maximes*, de La Rochefoucauld [*]. D'après lui, « l'amour de soi et de toutes choses pour soi » est le fond commun et le principe unique de toutes nos inclinations, même de celles qui sont en apparence le plus généreuses et le plus désintéressées. Ce n'est pas autrui que nous aimons véritablement, c'est nous-mêmes que nous aimons en autrui ; c'est le plaisir qu'autrui nous procure ou les avantages que nous attendons d'autrui.

« La reconnaissance, dit l'auteur des *Maximes*, est comme la bonne foi des marchands : elle entretient le commerce. — La pitié est une habile prévoyance des maux où nous pouvons tomber ; les services que nous rendons aux autres sont, à proprement parler, du bien que nous nous faisons à nous-mêmes par avance. — L'amitié la plus désintéressée n'est qu'un commerce où notre amour-propre se propose toujours quelque chose à gagner. — La générosité n'est qu'une ambition déguisée qui méprise de petits intérêts pour aller à un plus grand. — La bonté est de la paresse ou de l'impuissance ; ou bien nous prêtons à usure sous prétexte de donner. »

Si La Rochefoucauld s'était contenté de dire que les sentiments humains n'ont souvent du désintéressement que l'apparence, que l'égoïsme aime à prendre le masque du dévouement, on pourrait trouver qu'il a outré les traits de sa satire, qu'il s'est complu dans la médisance et dans la peinture du mal. Mais il a voulu généraliser, établir comme règle universelle ce qui n'est que l'exception : il a calomnié la nature humaine.

La Rochefoucauld se réfute lui-même, en effet, lorsqu'il nous dit que les sentiments désintéressés ne sont que des semblants hypocrites ; il oublie que pour qu'il y ait, dans certains cas, simulation, il faut que dans d'autres cas il y ait réalité. Les égoïstes n'ont intérêt à paraître reconnaissants, et ils ne peuvent, par leurs fausses protestations, faire illusion à ceux qu'ils dupent que parce qu'il y a, en revanche, des hommes réellement reconnaissants.

Il est vrai que le plaisir accompagne toujours nos émotions même les plus désintéressées. L'homme qui s'oublie lui-même pour se dévouer à un ami trouve dans son dévouement une joie et une douceur extrêmes. Mais ce plaisir, qui est la conséquence de l'affection, n'en est ni le but ni la cause. C'est parce que nous aimons nos parents que nous avons du plaisir à les aimer ; ce n'est pas le plaisir qui est la raison de notre amour. Cela est si vrai que le plaisir ne peut résulter que d'un amour vrai et sincère. « Oui, dit M. Janet, aimer est un plaisir, mais c'est à la condition d'aimer, c'est-à-dire de s'attacher à autre chose que soi. Si l'on pense à soi-même, le plaisir disparaît, le charme est rompu. »

Affections de famille. — La Rochefoucauld, dont l'analyse mordante s'attaque à presque tous les sentiments, a cependant respecté les affections de la famille : il n'a pas osé dire qu'une mère obéissait à des calculs intéressés lorsqu'elle se dévouait pour son enfant.

Les affections de la famille sont au nombre des sentiments les plus vifs et les plus pénétrants. Rien ne dépasse, comme ardeur de tendresse ou comme énergie de dévouement, les sentiments maternel et paternel.

Les affections de la famille comptent aussi parmi les sentiments les plus naturels, quoiqu'il faille cependant reconnaître que la civilisation a contribué à les fortifier, à les affiner, parce qu'elle a établi sur des bases plus équitables les fondements de la famille. L'affection fraternelle, autrefois, sous un régime qui consacrait le droit d'ainesse, ne pouvait ressembler à ce qu'elle est aujourd'hui. De même, l'affection conjugale était toute différente de ce qu'elle est devenue, alors que la femme était non l'égale, mais l'esclave de l'homme.

Les affections des parents pour les enfants et des enfants pour les parents ont varié aussi avec l'adoucissement progressif des relations domestiques. Mais de tout temps ces affections ont existé, avec le caractère particulier que leur imposaient les mœurs de l'époque. Socrate disait déjà, il y a deux mille ans, à son fils Lamproclès :

« Quoi donc! une mère qui t'aime, qui, dans tes maladies, fait tout ce qu'elle peut pour te rendre la santé, qui a soin que rien ne te manque, qui, dans ses prières, demande pour toi les bienfaits des dieux,... tu ne lui devrais pas des égards!... Si tu es sage, mon fils, tu prieras les dieux qu'ils te pardonnent tes offenses envers ta mère. Crains qu'ils ne te refusent leurs faveurs en te voyant ingrat. Crains que les hommes ne connaissent ton mépris pour les auteurs de tes jours : ils te rejetteraient tous ; tu serais sans amis et dans un abandon universel (1). »

Patriotisme. — Entre l'amour de l'humanité et

---

(1) Xénophon, *Mémoires sur Socrate*, liv. II, ch. II.

l'amour de la famille se place le patriotisme, plus précis et plus resserré que le premier, plus large et plus diffus que le second. Divers éléments y concourent, et surtout l'idée de la patrie, c'est-à-dire de l'être idéal que déterminent dans notre esprit soit la conception de l'histoire de notre pays, soit la pensée de nos concitoyens, parlant la même langue que nous, unis à nous par des intérêts communs, soit la représentation du sol, du territoire que nous habitons.

Amitié. — Les affections sociales dont nous avons parlé jusqu'ici dérivent de la nature même. Il ne dépend pas de nous d'appartenir à une autre famille, à une autre patrie. Nous ne les choisissons pas. Mais nous choisissons nos amis : de là, l'expression d'affinités ou d'affections *électives* * employée pour désigner l'amitié et l'amour.

Personne, sauf Montaigne, n'a mieux décrit qu'Aristote les plaisirs et les douceurs de l'amitié.

« La présence seule des amis est un plaisir dans la mauvaise fortune. Les peines sont plus légères quand des cœurs dévoués y prennent part. Aussi pourrait-on se demander si notre soulagement vient de ce qu'ils nous ôtent en quelque sorte une partie du fardeau, ou bien si, sans diminuer en rien le poids qui nous accable, leur présence qui nous charme et la pensée qu'ils partagent nos douleurs atténuent notre peine. »

Et plus loin :

« L'ami est une consolation et par sa vue et par ses paroles, pour peu qu'il soit adroit ; car il connaît le cœur de son ami, et il sait précisément ce qui lui plaît et ce qui l'afflige (1). »

« ... En l'amitié de quoi je parle, dit à son tour Montaigne, à propos de son amitié pour La Boétie, les âmes se mêlent et se confondent l'une l'autre d'un mélange si universel qu'elles effacent et ne retrouvent plus la couture qui les a jointes... Nos âmes se sont considérées d'une si ardente affection et de pareille affection découvertes jusqu'au fin fond des entrailles l'une de l'autre, que non seulement je connaissais la sienne

---

(1) Aristote, *Morale, à Nicomaque.*

comme la mienne, mais que je me fusse certainement plus volontiers fié à lui de moi qu'à moi (1). »

Les inclinations idéales. — Il nous reste à dire quelques mots de la troisième catégorie de nos inclinations, que nous appelons *idéales* faute d'un meilleur mot. On les nomme quelquefois inclinations « supérieures »; mais nous nous refusons à admettre qu'en fait d'inclination il y ait rien de supérieur à l'amour paternel, au sentiment patriotique. Le mot *idéal*, au contraire, se justifie comme dénomination de ces émotions d'un ordre tout particulier, parce que les idées, les éléments intellectuels, y jouent un rôle prépondérant.

Ces inclinations ne sont ni plus humaines ni plus désintéressées que les inclinations sociales; mais elles ont pour caractères principaux qu'elles ne s'attachent point à des personnes; qu'elles dérivent d'un développement prononcé de la raison et des idées générales, et correspondent à un certain degré de culture.

Division des inclinations idéales. — Il ne peut être question de décrire ici en détail ces inclinations : contentons-nous de les énumérer et de les caractériser sommairement :

Les unes se rapportent au *vrai*, à la science : ce sont les inclinations scientifiques;

Les autres se rapportent au *bien*, à la vertu : ce sont les sentiments moraux;

D'autres se rapportent au *beau*, aux arts : ce sont les inclinations esthétiques*.

Enfin, il faut rattacher à cette catégorie d'inclinations sensibles le sentiment auquel donne naissance l'idée de Dieu, le sentiment religieux.

---

(1) Montaigne, *Essais*, liv. I, ch. XXVII.

L'amour du vrai. — Si l'on se rappelle ce que nous avons dit des origines du plaisir, qui correspond toujours à l'activité, on comprendra sans peine que la pensée, par cela seul qu'elle agit et qu'elle entre en possession de son objet, qui est la vérité, éprouve dans ce commerce de véritables jouissances.

Les grands savants qui découvrent des vérités nouvelles éprouvent plus que les autres hommes les plaisirs de la pensée. Mais aucun homme n'y est étranger, et nous connaissons tous les joies de la lecture, de l'étude, de la recherche scientifique.

Montesquieu* disait : « Je n'ai point éprouvé de chagrin qu'une heure de lecture n'ait consolé. »

« Avec l'étude, disait Augustin Thierry*, on traverse les mauvais jours sans en sentir le poids; on se fait à soi-même sa destinée, on use noblement sa vie. Voilà ce que j'ai fait, et ce que je ferais encore, si j'avais à recommencer ma route. Aveugle et souffrant sans espoir et presque sans relâche, je puis me rendre ce témoignage, qui, de ma part, ne sera pas suspect : il y a quelque chose qui vaut mieux que les jouissances matérielles, mieux que la fortune, mieux que la santé elle-même : c'est le dévouement à la science (1). »

Sentiments moraux. — Sensibles au vrai, nous le sommes aussi au bien. La vertu excite notre admiration chez les autres, notre contentement chez nous-mêmes. Nous nous complaisons dans la contemplation des belles actions d'autrui; nous nous réjouissons de ce que nous avons pu nous-mêmes faire de bien.

De même, le mal excite notre aversion. Nous avons de la répugnance, de l'horreur pour les crimes commis par nos semblables. Nous réprouvons le mal que nous

---

(1) A. Thierry, *Dix Ans d'études*, préface.

avons fait nous-mêmes; nous nous en repentons, nous en avons du remords.

Ces sentiments, unis à l'idée du bien, à l'idée du devoir, constituent ce qu'on appelle d'un seul mot la « conscience morale », dont la description exacte trouvera sa place naturelle dans nos *Éléments de morale* (1).

Sentiments esthétiques. — On appelle sentiments *esthétiques** les inclinations très variées que nous éprouvons pour les diverses manifestations du beau, soit dans les arts, soit dans la nature.

Le beau est autrement difficile à définir que le bien et le vrai. Le vrai, en effet, est la conformité de la pensée avec la réalité; le bien, la conformité de l'action avec la loi morale. Mais que dire du beau? Aucune des formules proposées par les philosophes n'est, à vrai dire, satisfaisante (2), et il faut peut-être se résigner à définir le beau par l'émotion caractéristique qu'il excite dans nos cœurs : *l'admiration*.

A défaut d'une définition générale du beau, il serait d'ailleurs possible de trouver des définitions particulières pour les différentes espèces de beauté : la beauté morale, qui est la perfection de la vertu ; la beauté physique, qui est la régularité dans les traits, associée à une certaine expression, etc.

Le beau est sans doute une conception de notre raison; mais le beau varie de nature avec chacun des arts, poésie, peinture, musique, etc., qui cherchent à l'exprimer. Chaque artiste a un idéal qu'il poursuit, et cet idéal dérive sans doute de la raison, en ce qu'il est

---

(1) Nos *Éléments de morale*, faisant suite à nos *Éléments de psychologie*, paraîtront dans le courant de l'année.
(2) M. Marion définit le beau : « à l'intelligible, le parfait, le rationnel revêtu de formes sensibles. » Mais qu'y a-t-il de rationnel dans de belles couleurs, et y a-t-il des formes sensibles dans une belle action de patriotisme, de dévouement à la famille?

le but recherché, la tendance innée de la nature ; mais c'est l'expérience de chacun, ce sont les conditions propres à chaque art, qui déterminent et réalisent plus ou moins cet idéal.

Le beau doit d'ailleurs être distingué du joli et du sublime. Le joli n'est pas seulement un diminutif du beau ; c'est quelque chose de particulier et d'indéfinissable, qui tient à des proportions moins grandes. Le sublime, au contraire, suppose des proportions colossales, et implique toujours quelque chose d'extraordinaire et même de désordonné.

Les sentiments esthétiques sont la source de jouissances très vives, mais qui exigent une culture spéciale, un véritable raffinement intellectuel.

Le beau d'ailleurs n'existe pas seulement dans les arts, dans les créations de l'homme ; nous le recherchons aussi et nous l'aimons dans la nature.

Sentiment de la nature. — Le sentiment de la nature fait partie de cette catégorie de sentiments complexes qui ne se développent pas chez tous les hommes et qui ne sont pas contemporains de tous les âges de l'humanité. Milton [*], dans le *Paradis perdu*, prête à Ève ce langage:

« Doux est le souffle du matin avec le chant des oiseaux, doux le soleil quand il déploie ses premiers rayons... Charmante est la venue du soir paisible et gracieux ; charmantes la nuit silencieuse, et cette lune si belle, et ces perles du ciel qui forment sa cour étoilée. »

Les premiers des humains n'avaient pas le loisir de se livrer à ces contemplations poétiques, et la nature, avec tous les obstacles qu'elle opposait à la paix de leur existence, ne pouvait guère provoquer leur admiration.

Le sentiment de la nature est un sentiment compliqué

qui suppose un grand nombre d'éléments et qui ne peut se développer dans le cœur humain que lorsque l'humanité s'est élevée à un certain degré de culture intellectuelle. La nature parle à la fois à nos sens, à notre intelligence scientifique, à nos instincts religieux. L'amour de la nature contient évidemment des éléments sensibles, l'attrait des couleurs brillantes, des lignes harmonieuses ; mais il est modifié de mille manières par les idées scientifiques ou religieuses qui s'y mêlent. « Les athées, disait Rousseau, n'aiment point la campagne. » En tout cas, ils l'aiment autrement que les hommes religieux, qui derrière la nature voient l'action créatrice de Dieu.

Le sentiment religieux. — Le sentiment religieux, comme les autres sentiments idéaux, est intimement lié à des faits intellectuels. Il n'existe évidemment que dans les âmes où se sont développées les croyances religieuses. Partout où l'idée de Dieu est absente, il disparaît avec elle. Il varie d'ailleurs avec les formes si diverses que revêt la religion. Il a été chez les premiers peuples un sentiment de crainte et d'effroi vis-à-vis de divinités malfaisantes et terribles. Puis l'homme a reconnu peu à peu la bonté divine, ou tout au moins l'influence bienfaisante des forces de la nature. Dès lors le sentiment religieux, sans cesser d'être une crainte, a été fait surtout d'amour et de reconnaissance, de confiance et de quiétude.

C'est surtout quand il s'agit des sentiments intellectuels, idéaux, que la sensibilité varie, avec le temps, avec le progrès des siècles. Nous aimons autre chose que ce qu'aimaient nos ancêtres ; et nous aimons les mêmes choses différemment. Le psychologue a beau faire, il ne peut saisir dans toutes leurs nuances ces sentiments délicats qui se modifient sans cesse, et qui prennent presque autant de formes qu'il y a d'individus.

Il y a cent manières d'aimer le beau, il y a aussi cent manières d'aimer Dieu.

RÉSUMÉ

156. Le caractère commun des **inclinations sociales**, c'est qu'elles sont **désintéressées**; elles seules nous rendent véritablement capables d'aimer.

157. Les inclinations sociales comprennent : 1° l'amour des autres hommes en général, la **sociabilité**; 2° l'amour de nos parents, les **affections familiales**; 3° l'amour de nos concitoyens, les **affections patriotiques;** 4° des affections électives et particulières, l'**amitié**, l'**amour**.

158. La **sociabilité** est un fait naturel; l'habitude nous rend parfois insensibles aux plaisirs qui en dérivent; mais dans l'isolement nous ressentons avec force le besoin de la compagnie de nos semblables.

159. La sociabilité et les autres inclinations affectueuses ont pour principe commun la **sympathie**.

160. La sympathie est à la fois la tendance à mettre nos sentiments d'accord avec les sentiments de nos semblables, et à aimer ceux qui ont les mêmes sentiments, la même nature que nous.

161. Les moralistes qui, comme **La Rochefoucauld,** prétendent ramener tous les sentiments à l'amour-propre calomnient la nature humaine. Le plaisir qui accompagne les affections n'en est

pas la cause et la raison d'être; il n'en est que la conséquence, et il n'accompagne que les affections sincères et vraies.

162. Les affections de famille, les affections patriotiques sont **naturelles,** et ne dépendent pas d'un choix. L'amitié, l'amour, au contraire, supposent une préférence voulue, et voilà pourquoi on les appelle des **affections électives.**

163. Les inclinations idéales supposent toutes une certaine culture intellectuelle; elles se rapportent à **l'idée du vrai,** à **l'idée du bien,** à **l'idée du beau,** à l'idée de Dieu.

LEÇON XVI.

LA VOLONTÉ ET LES HABITUDES.

Activité volontaire. — Définition de la volonté. — La volonté chez l'enfant. — Caractères essentiels de la volonté. — Rapports de la volonté avec les autres facultés. — Analyse d'un acte volontaire. — Conception de l'acte à accomplir. — Délibération. — Motifs et mobiles. — Toute action volontaire est délibérée. — Détermination. — Exécution. — Importance de la volonté. — Le caractère.
L'habitude. — Caractères de l'habitude. — Origines de l'habitude. — Effets de l'habitude. — Elle facilite l'action. — Elle supplée la volonté. — Elle tend à renouveler l'action. — Elle avive l'intelligence. — Elle affaiblit la conscience. — Effets de l'habitude sur la sensibilité. — Lois de l'habitude. — Importance de l'habitude.

Activité volontaire. — L'activité entendue comme principe d'actions qui se manifestent ou peuvent se manifester par des mouvements extérieurs, présente, on le sait, trois formes : l'instinct, la volonté, l'habitude.

Nous avons étudié l'activité instinctive (Voyez *Leçon II*); nous allons examiner maintenant l'activité volontaire et l'activité d'habitude.

Définition de la volonté. — Le domaine propre de la volonté, comme des deux autres formes de l'activité, ce sont, nous venons de le rappeler, les actions proprement dites, c'est-à-dire les actes intérieurs suivis d'effets, de mouvements extérieurs.

La volonté peut être définie : *le pouvoir qu'a l'es-*

prit de se déterminer avec conscience et réflexion, spontanément, librement, à une action de son choix.

La volonté chez l'enfant. — La volonté ainsi entendue est, comme la raison consciente, le propre de l'homme. L'enfant agit sans doute, se détermine ; mais l'instinct, la sensibilité, et non la volonté, sont les principes de ses déterminations et de ses actes. L'enfant est volontaire, mais il n'a pas de volonté.

Caractères essentiels de la volonté. — Les caractères essentiels de la volonté sont la réflexion, et par suite la liberté (Voyez *Leçon XVII*). Les actes volontaires sont réfléchis et par suite libres, c'est-à-dire qu'ils ne dépendent que de nous-mêmes.

Rapports de la volonté avec les autres facultés. — La volonté se distingue nettement de l'intelligence et de la sensibilité. Il ne dépend pas de nous d'éprouver ou de ne pas éprouver tel ou tel sentiment, d'avoir une pensée plutôt qu'une autre ; mais nous sommes maîtres de vouloir comme nous l'entendons (1).

Aux philosophes qui confondent la volonté avec le désir, c'est-à-dire avec la sensibilité, il faut répondre qu'en fait, lorsque le désir et la volonté sont d'accord et coexistent, nous ne confondons pas l'attrait exercé par la chose désirée et le pouvoir que nous avons de céder à cet attrait ; qu'en second lieu, il nous arrive souvent de désirer sans vouloir ; qu'enfin le désir et la volonté sont, en certains cas, contradictoires : alors il y a lutte, conflit, et c'est tantôt le désir, tantôt la volonté qui l'emporte.

A ceux qui confondent la volonté avec l'intelligence, il faut répondre que si toute volonté se greffe sur une idée, elle n'est pourtant pas la même chose que

---

(1) Nous avons étudié longuement dans notre *Cours de Pédagogie* (leçon XI) les différences qui séparent la volonté de l'intelligence et de la sensibilité... Nous n'y insisterons pas de nouveau.

l'idée. Combien d'idées se présentent à notre esprit qui ne sont pas suivies de volontés ! Socrate se trompait assurément quand il confondait la « science » et la « vertu ». Autre chose est penser le bien, autre chose le vouloir.

Il n'en est pas moins vrai que la volonté, bien qu'elle soit quelque chose de distinct et d'irréductible, a des rapports intimes avec la sensibilité et avec l'intelligence. L'analyse des divers éléments d'une action volontaire fera clairement ressortir ces rapports.

Analyse d'un acte volontaire. — Toute action volontaire suppose, quand elle est complète, plusieurs éléments :

1° La *conception*, ou l'idée de l'acte à accomplir ;

2° La *délibération*, c'est-à-dire l'examen des motifs ou des mobiles qui nous engagent à agir dans un sens ou dans un autre ;

3° La *détermination*, ou résolution, qui est l'acte propre de la volonté, la ferme décision que nous prenons de nous déterminer à telle ou telle action ;

4° L'*exécution*, qui suit la résolution.

Conception de l'acte à accomplir. — Il est inutile d'insister sur cette première condition de l'acte volontaire. Il est évident que nous n'agissons volontairement que lorsque, l'intelligence précédant la volonté, nous avons l'idée de l'action à accomplir, et aussi l'idée de l'action contraire.

Avant de dire : « Je veux sortir », je me représente intellectuellement soit la promenade, soit le fait de rester à la maison.

Délibération. — L'intelligence ne nous présente pas seulement l'idée de l'acte auquel nous allons nous déterminer tout à l'heure, elle nous suggère aussi les raisons, les motifs pour lesquels nous devons préférer cet acte à tout autre. Il fait soleil, nous avons du loisir, nous avons besoin de faire de l'exercice, etc.; toutes ces raisons pour sortir peuvent être contre-balancées par des raisons contraires ou opposées : nous attendons une visite, nous ne savons de quel côté diriger nos pas, etc.

Motifs et mobiles. — Mais l'intelligence n'intervient pas seule dans la délibération : la sensibilité, avec ses désirs, avec ses inclinations, entre aussi en ligne, et jette dans le plateau de la balance le poids de son influence propre. En sortant, nous sommes assuré de rencontrer un ami que nous désirons revoir, ou bien notre promenade nous conduira dans un musée où nous attendent les plaisirs artistiques auxquels nous sommes sensible, etc.

En d'autres termes, la délibération porte à la fois sur des raisons d'ordre intellectuel, qu'on appelle les *motifs*, et sur des raisons d'ordre sensitif, qu'on appelle les *mobiles* de nos actions.

Toute action volontaire est délibérée. — Parfois la délibération est très longue, parce que la décision à prendre est de quelque importance, ou bien parce que l'individu qui délibère est d'un caractère hésitant.

Victor Hugo, dans le chapitre des *Misérables* intitulé « Une Tempête sous un crâne », a admirablement décrit quelle longue succession de pensées et de sentiments un homme peut traverser avant de se déterminer à agir.

Parfois aussi la délibération est très courte : nous sommes pressé d'agir, il faut prendre une décision au plus vite. La volition, dans ce cas, est presque instantanée, mais elle suppose toujours que d'un coup d'œil rapide nous avons comparé et pesé le pour et le contre.

Détermination. — C'est dans la détermination

ou décision que réside essentiellement la volonté. Jusqu'à un certain moment nous oscillons, pour ainsi dire, entre deux partis contraires; nous chargeons successivement les deux poids de la balance, qui, tour à tour, fléchissent ou se relèvent. Mais il vient un moment, qui est la crise de la volonté, pour ainsi parler, où nous n'hésitons plus, où nous nous portons résolument d'un côté, où nous nous déterminons enfin.

Quelque attrait qu'exercent sur nous nos désirs, quelque influence que nous accordions à nos pensées, ce ne sont ni nos désirs ni nos pensées qui nous déterminent : c'est nous qui nous déterminons nous-mêmes, quelquefois à l'aide de nos désirs, et parfois aussi contre nos désirs, pour certains motifs que nous mettons au-dessus des motifs contraires.

Exécution. — On vient de dire que l'acte volontaire consiste surtout dans la détermination, qu'elle soit ou non suivie d'effet. En général, pourtant, l'exécution accompagne la volition, et, pour que l'acte volontaire soit réellement complet, il faut que non seulement on l'ait résolu, mais qu'on ait fait effort pour l'exécuter.

L'exécution en elle-même dépend de circonstances extérieures indépendantes de ma volonté : ma main paralysée peut refuser d'obéir quand je lui commande d'écrire; mes muscles trop faibles peuvent ne pas se prêter à la résolution que j'ai prise de soulever un poids trop lourd. Mais, jusque dans les cas où les ordres de ma volonté ne sont pas exécutés, il y a eu ordre donné, il y a eu effort et commencement d'exécution.

La volonté non suivie d'effet demeure incomplète; elle n'est encore qu'une *intention*.

Importance de la volonté. — C'est la volonté

qui fait la personne humaine, qui crée véritablement le moi ; c'est par elle que nous sommes enfin nous-mêmes.

« Notre autorité sur nous-mêmes, dit Jouffroy, ne s'entretient que par un exercice continuel... La mesure de cette autorité est aussi celle de la dignité humaine, parce que cette autorité est l'homme même (1). »

Le caractère. — L'homme le meilleur est celui qui a de l'esprit, du cœur et du caractère. Or c'est de la volonté surtout que dépend cette troisième qualité d'un homme accompli. Le caractère, en effet, suppose une volonté ferme, qui sait résister aux caprices, aux fluctuations de la sensibilité, qui se gouverne elle-même, et qui poursuit son but avec une ténacité inflexible, sans se laisser détourner ni par les suggestions des autres hommes, ni par les sollicitations des passions.

L'habitude. — L'activité volontaire n'est pas la forme la plus ordinaire de l'activité humaine. Sortie de l'instinct, l'activité ne s'élève au mode volontaire que pour retomber et s'endormir dans l'habitude. Le plus grand nombre de nos actions dérivent de l'habitude. Nous écrivons, nous parlons, nous marchons, nous accomplissons la plupart des actions de notre vie, non avec réflexion et par un effort sans cesse renouvelé de notre volonté, mais sous la douce et molle influence de l'accoutumance.

Caractères de l'habitude. — L'habitude est donc un mode d'activité irréfléchi, machinal, automatique. Elle a tous les caractères de l'instinct, la sûreté, l'infaillibilité ; mais elle en diffère par son origine. L'instinct, en effet, est, pour ainsi dire, une habi-

---

(1) Ch. Jouffroy, *Mélanges philosophiques*, p. 361.

tude héréditaire, qui nous est transmise par nos ascendants, et qui se manifeste immédiatement dans l'être vivant. L'habitude, au contraire, est acquise : elle résulte de nos actes antérieurs ; elle suppose une volonté préalable : elle est une seconde nature.

Origines de l'habitude. — L'habitude dérive de la répétition d'un même acte ou de la continuation d'une même impression.

L'habitude étend, en effet, son empire non seulement sur nos actions volontaires, qui, en se répétant, perdent peu à peu leur caractère d'actions réfléchies, accomplies avec effort, mais aussi sur nos sensations, sur nos opérations intellectuelles, sur nos sentiments, sur tous nos états de conscience, en un mot. Par conséquent, l'habitude est le résultat soit d'une action volontaire accomplie par l'individu, soit d'une action exercée sur cet individu par des agents extérieurs, tels, par exemple, que la température, le chaud et le froid, la lumière, etc.

Plus l'action aura été répétée et plus l'impression aura été prolongée, plus l'habitude tendra à se développer et plus elle aura de force. Mais on a remarqué avec raison que la répétition de l'action ou la continuation de l'impression n'était pas nécessaire pour expliquer le commencement d'une habitude. A vrai dire, il suffit d'une seule action, d'une seule impression, pour que l'habitude tende à apparaître.

Effets de l'habitude. — L'habitude exerce des effets différents sur les facultés humaines : d'une part, elle facilite l'action, elle supplée la volonté, elle avive l'intelligence, elle soutient les inclinations ; d'autre part, elle émousse les sensations.

Elle facilite l'action. — Sous l'empire de l'habitude, nous en venons à répéter sans effort des actes qui d'abord avaient été pénibles et laborieux.

« Grâce à l'habitude, nous accomplissons journellement des prodiges.... Entrez dans un atelier d'imprimerie. Tous les ouvriers ne sont pas, tant s'en faut, du même mérite ; mais les moins intelligents, les moins capables, vont choisir dans le casier les lettres qu'il leur faut, et les rassemblent en place avec une promptitude, avec une sûreté d'allures qui ressemble à de l'instinct : c'est de l'instinct, en effet, car c'est de l'habitude (1). »

Elle supplée la volonté. — Notre vie serait singulièrement ralentie, nos actions se réduiraient à peu de chose, si nous étions obligés de réfléchir et de vouloir toutes les fois que nous agissons.

« Cette action de marcher, qui nous paraît si simple, continuerait d'être pour l'homme un sujet de préoccupation et d'étude pendant toute sa vie. Nous parlerions notre langue avec les mêmes efforts qu'exige l'emploi d'une langue étrangère nouvellement et imparfaitement apprise. La recherche du mot et la préoccupation de la syntaxe empêcheraient notre esprit de se donner tout entier à la poursuite de la pensée. En écrivant, nous ressemblerions à un écolier qui copie péniblement un devoir ; il faudrait nous appliquer à peindre chaque lettre. L'homme le mieux doué n'arriverait pas à jouer cinq mesures de piano sans reprendre haleine (2). »

Elle tend à renouveler l'action. — Par l'effet de l'habitude, nous n'acquérons pas seulement plus de facilité pour exécuter les actes qu'elle dirige, mais nous sommes disposés à les reproduire plus souvent. La force de l'habitude détermine une tendance, une inclination à recommencer ce qu'on a déjà fait.

Elle avive l'intelligence. — Grâce à l'habitude, nous devenons plus habiles à discerner les éléments des perceptions, à analyser les principes de nos idées. Nos forces intellectuelles s'accroissent sous son influence.

« Les musiciens en viennent à décomposer un orchestre et à distinguer dans un ensemble la partie de chaque instrument.

---

(1) J. Simon, *le Devoir*, p. 64.
(2) J. Simon, *op. cit.*

Le chef d'orchestre entend tous les musiciens à la fois, et il entend chacun d'eux.... C'est à l'habitude active, c'est-à-dire à un exercice fréquemment répété, que le joueur de violon doit la facilité avec laquelle il peut, dans le même moment, lire les notes, parcourir le manche de son instrument, faire courir l'archet, et rester assez maître de lui-même pour apprécier l'action qu'il exerce sur les auditeurs et pour jouir comme eux et plus qu'eux du charme de la musique... »

« Qui raisonne bien? Est-ce celui qui sait par cœur toutes les règles d'Aristote, ou celui qui, par un exercice journalier, s'est rompu à l'argumentation (1) ? »

Elle affaiblit la conscience. — Mais il est dans la nature de l'habitude de produire des effets contradictoires : si elle fortifie, d'une part, les facultés actives de perception, de jugement, de raisonnement, les facultés intellectuelles en général, il faut bien reconnaître que, d'autre part, elle affaiblit et va jusqu'à supprimer peu à peu la conscience.

Un phénomène qui se répète, qui nous est habituel, devient insensible. Nous ne sentons pas le poids de l'air qui pèse sur nous. Le chimiste vit au milieu des mauvaises odeurs sans les sentir.

Un acte qui se renouvelle souvent devient inconscient. En écrivant, nous n'avons presque plus conscience des lettres que nous formons. En jouant un morceau sur le piano, nous ne nous rendons plus compte des mouvements que nous exécutons.

Effets de l'habitude sur la sensibilité. — Dans son action sur la sensibilité l'influence de l'habitude est de même double et contradictoire :

1° Elle affaiblit les sensations de plaisir et de peine;

2° Elle accroît la force des inclinations.

C'est un des effets les mieux connus de l'habitude qu'elle émousse nos joies et nos douleurs. Nous nous accoutumons aux maux d'abord les plus détestés; nous

---

(1) J. Simon, *op. cit.*

devenons insensibles aux plaisirs primitivement les plus vifs.

Par contre, les sentiments d'affection, les inclinations, les passions, dans leurs débuts tout au moins et jusqu'à une certaine limite au delà de laquelle commence la satiété, augmentent sous l'influence de l'habitude. « Aimera-t-on le monde, dit M. Janet, si l'on n'y va pas souvent? les voyages, si l'on n'a jamais voyagé? la lecture, si l'on n'a pas lu? »

Lois de l'habitude. — C'est ainsi que l'habitude tantôt émousse, tantôt aiguise, et tour à tour affaiblit ou accroît nos facultés de tout ordre.

On a essayé de ramener à une loi générale ces effets si contraires, et l'on a dit : « L'habitude affaiblit toutes les impressions passives, et développe toutes les opérations actives. »

« Le changement qui dans l'être vivant lui est venu du dehors lui devient de plus en plus étranger; le changement qui lui est venu de lui-même lui devient de plus en plus propre. La *réceptivité* * diminue, la *spontanéité* * augmente.... La continuité ou la répétition affaiblit la *passivité*, exalte l'*activité* (1). »

C'est ainsi que se concilient les résultats en apparence contradictoires de l'habitude, qui ne peut, en effet, augmenter et fortifier les puissances actives de l'âme que parce qu'elle diminue du même coup la vivacité de nos impressions et de tout ce qu'il y a de purement passif dans nos opérations.

Importance de l'habitude. — Ce n'est pas exagérer qu'attribuer à l'habitude le rôle prépondérant dans la vie humaine. C'est elle qui consolide les résultats de nos efforts ; c'est elle qui nous dispense de faire appel sans cesse au coûteux et laborieux exercice

(1) M. Ravaisson, *De l'habitude*, p. 9.

de notre volonté. Sans elle, tout serait sans cesse à recommencer; grâce à elle, nous profitons de tout ce que nous avons fait. Par l'habitude nous tendons sans doute à devenir des automates *, mais des automates intelligents, qui ne refont sans peine que ce qu'ils ont voulu faire une première fois. « C'est l'habitude, a dit justement Albert Lemoine *, qui fixe le perpétuel devenir de notre existence, qui arrête le temps que rien n'arrête... Grâce à elle, dans l'être vivant le passé n'est pas aboli... Par elle, le passé s'accumule et se résume dans le présent. Il l'a, ce passé ; il le retient et le possède encore sous cette forme concise: il en a augmenté la substance; il l'a assimilé à sa propre nature. »

Mais l'habitude maintient naturellement le mal comme le bien; c'est elle qui fait l'unité de notre vie, qui soumet la minute présente à toutes celles qui ont précédé. Selon l'emploi que nous aurons fait de notre activité dans le passé, nous serons, dans le présent et dans l'avenir, déterminés aux bonnes ou aux mauvaises actions. L'habitude est une servitude, puisqu'elle nous rend esclaves de notre passé; mais il a dépendu de nous que ce passé nous acheminât à la vertu, à la science, à la vérité.

RÉSUMÉ

164. L'activité humaine se manifeste sous trois formes : l'**instinct**, la **volonté**, l'**habitude**.

165. L'**activité volontaire** ou **volonté** est le pouvoir que nous avons de nous **déterminer avec réflexion**, par un **libre** choix.

166. La volonté ne saurait être confondue ni avec le **désir** ni avec l'**idée**.

167. Une action volontaire complète comprend quatre éléments : la **conception** de l'acte à accomplir, la **délibération**, la **détermination**, l'**exécution**.

168. La **délibération** met en présence les motifs et les mobiles, c'est-à-dire les raisons intellectuelles et les sollicitations de la sensibilité.

169. La **détermination** ou décision est l'acte propre de la volonté.

170. L'**exécution**, ou tout au moins un commencement d'exécution, un effort pour accomplir l'acte auquel on s'est déterminé, est le complément nécessaire de l'action volontaire.

171. La volonté crée véritablement la **personne humaine**. Notre dignité se mesure à l'autorité que nous avons acquise sur nous-mêmes.

172. L'**habitude** est l'**activité irréfléchie**, automatique, qui succède à l'activité volontaire.

173. L'habitude a tous les caractères de l'**instinct**, mais elle en diffère par ses origines; elle est un instinct acquis, une seconde nature.

174. La force de l'habitude dépend de la fréquence des répétitions du même acte ou de la prolongation d'une même impression.

175. L'habitude a pour effet de **faciliter l'action** et de nous disposer à la renouveler.

176. Elle fortifie les facultés actives de l'intelligence, mais elle **affaiblit la conscience**.

177. Elle affaiblit les sensations de plaisir et de peine, mais elle avive les inclinations.

178. En résumé, l'habitude **affaiblit** toutes les **impressions passives** et développe toutes les **opérations actives**.

LEÇON XVII.

LA LIBERTÉ ET LE DÉTERMINISME

Différents sens du mot liberté. — Le libre arbitre. — La liberté d'indifférence. — Objection tirée des motifs. — Réfutation de cette objection. — Preuves de la liberté. — La conscience de la liberté. — Objections de Bayle et de Spinoza. — Preuves morales. — Croyance universelle à la liberté. — Diverses formes du fatalisme. — Fatalisme théologique. — Fatalisme physiologique. — Fatalisme psychologique ou déterminisme. — La liberté et la raison.

Différents sens du mot liberté. — « Le terme de *liberté* est fort ambigu », disait avec raison Leibnitz. Il n'y en a pas de plus employé, il n'y en a pas de plus mal défini.

La liberté s'entend d'abord des actions physiques, des mouvements matériels qui ne rencontrent pas d'obstacles et qui s'accomplissent sans empêchement. L'eau coule librement, l'animal circule librement; c'est la *liberté physique*, qui équivaut simplement à l'absence d'obstacles.

La *liberté civile* et la *liberté politique* ont aussi une signification toute particulière. La liberté civile, c'est la consécration par les lois des droits naturels de l'homme: la propriété, l'inviolabilité de la personne et du domicile, etc. La liberté politique, c'est l'ensemble des droits par lesquels le citoyen concourt au gouvernement de son pays (liberté de la presse, liberté de réunion, suffrage universel, etc.).

Enfin, on appelle *liberté morale* ou *libre arbitre* * le pouvoir qu'on attribue à l'homme de se déterminer comme il le veut, de se résoudre selon son choix à une action plutôt qu'à une autre, en un mot, comme disait Condillac, « de faire ce qu'il ne fait pas et de ne pas faire ce qu'il fait ».

Le libre arbitre. — C'est de cette dernière forme de liberté que nous avons seulement à nous préoccuper. La question est de savoir si l'homme, quand il agit volontairement, est véritablement maître de résister aux impulsions de sa sensibilité, de choisir entre les divers motifs que lui suggère son intelligence; ou si, au contraire, ses résolutions sont les conséquences forcées, soit d'une nécessité extérieure, soit des fatalités du tempérament, soit enfin d'un déterminisme psychologique.

La liberté d'indifférence. — Il faut d'abord exclure, pour préciser l'objet du débat, certaines interprétations fausses de la liberté. D'après quelques philosophes du moyen âge, l'homme aurait le pouvoir de se déterminer sans motif : c'est ce qu'on appelle la *liberté d'indifférence*. Un exemple classique est celui de l'âne de Buridan* que ce philosophe imaginait placé à égale distance de deux bottes de foin, d'égale grosseur, également appétissantes. L'animal, partagé entre ces deux tentations égales, aurait, en vertu de la liberté d'indifférence, le pouvoir de se diriger à son choix vers l'une ou vers l'autre. Bossuet et Reid ont repris la même thèse : la liberté, d'après eux, se déterminerait arbitrairement, sans motif. Pourquoi disait Reid, quand on vous présente plusieurs pièces de monnaie de même valeur, prenez-vous l'une plutôt que l'autre? C'est en cela, c'est-à-dire dans un acte absolument indéterminé, que consisterait la liberté.

Il est trop facile de répondre que la liberté d'indifférence est une pure chimère ; qu'il y a toujours, dans nos actes importants, un motif d'après lequel nous nous déterminons ; enfin, que les actes insignifiants, dans lesquels le motif n'apparaît pas, ne sont nullement des actes libres ; ce sont des actes de caprice ou de hasard où le libre arbitre n'a rien à voir.

En fait, les actes volontaires supposent toujours la présence d'un motif ; et nous avons vu (*Leçon XVII*) que les résolutions, les déterminations de la volonté, étaient toujours réfléchies, qu'elles s'appuyaient sur des raisons intellectuelles.

Si la liberté existe, c'est donc dans les limites créées par la présence d'un ou de plusieurs motifs. La liberté d'indifférence serait un pur miracle qu'il est impossible de concevoir. On n'imagine pas, en effet, une liberté qui se déterminerait dans le vide, sans raison, par une sorte de coup d'état de sa volonté. Ou bien la liberté n'existe pas, ou bien elle n'est et ne peut être que le choix entre les motifs qui nous influencent en sens contraires.

Objection tirée des motifs. — C'est précisément de la présence nécessaire des motifs dans toute détermination libre que les philosophes qui nient le libre arbitre ont tiré leur argument le plus redoutable.

De plusieurs motifs en présence, c'est, dit-on, le plus fort qui l'emportera toujours. L'âme est comme une balance dont les plateaux sont chargés : le fléau s'incline toujours dans le sens du plateau qui supporte les poids les plus lourds. Il ne peut donc être question de liberté : l'esprit est déterminé par le motif le plus puissant.

Réfutation de cette objection. — L'objection serait irréfutable, si l'on savait d'avance quel motif est le plus fort. Les poids de la balance ont une valeur déterminée : ils sont de 50, de 100 kilos, et, de quelque façon qu'on les place sur le plateau, ils y conservent une influence égale à leur poids. Au contraire, les motifs qui se présentent à notre esprit, qui interviennent dans les délibérations de notre volonté, n'ont pas de valeur absolue. Qui n'a expérimenté maintes fois qu'il nous arrive de préférer, dans nos déterminations, un motif insignifiant à un motif important? La force du motif dérive, en partie tout au moins, de ce que notre volonté ajoute par elle-même à sa puissance naturelle. Les raisons d'agir ne sont pas déterminantes par elles-mêmes : elles ne le deviennent que par le consentement de la volonté. La preuve, c'est que nous ne pouvons pas savoir d'avance et prédire quel sera, dans la volonté d'un autre homme, dans notre propre volonté, le motif le plus fort. Le motif le plus fort est celui d'après lequel nous nous déterminons, mais nous ne savons qu'il est le plus fort qu'après que notre volonté s'est prononcée. L'objection tirée des motifs laisse donc la question entière, et il n'est nullement prouvé que le motif soit la cause déterminante de notre action.

Preuves de la liberté. — Les preuves de la liberté sont-elles de nature à confirmer, à garantir la croyance commune? C'est ce que nous avons maintenant à examiner.

Ces preuves sont : 1° la conscience que nous en avons, preuve directe et psychologique; 2° les preuves morales : la notion morale, la responsabilité du devoir, supposent la liberté ; ce sont là des preuves indirectes fondées sur le raisonnement et sur les conséquences qu'entraînerait la négation de la liberté.

Conscience de la liberté. — Tous les philosophes qui croient à la liberté ont fait appel à la conscience.

« La liberté, disait Bossuet, est prouvée par l'évidence du sentiment et de l'expérience. Que chacun de nous s'écoute et se consulte soi-même : il sentira qu'il est libre comme il sentira qu'il est raisonnable. »

Si nous nous consultons nous-mêmes, en effet, il semble que la liberté ne soit pas douteuse. Lorsque nous délibérons sur une décision à prendre, nous avons conscience de pouvoir agir dans un sens ou dans un autre : la délibération serait un leurre, une duperie, si nous n'étions pas les maîtres de nous décider comme il nous plaît. De même, dans la décision elle-même, le sentiment de la liberté est présent à notre conscience : nous croyons qu'il dépend de nous de suspendre notre résolution ou d'y persévérer. Une fois l'acte accompli, la même conscience persiste : nous nous repentons d'avoir fait ce que nous avons fait, ou nous nous en félicitons ; ce qui prouve que nous avons conscience d'avoir pu agir autrement. En un mot, la possibilité de faire ce que nous n'avons pas fait, ou de ne pas faire ce que nous avons fait, est un élément inhérent à la conscience de tous nos actes volontaires.

Objections de Bayle et de Spinoza. — Mais cette conscience de la liberté a été considérée comme une illusion par un grand nombre de philosophes, notamment par Bayle[*] et par Spinoza[*].

« L'aiguille aimantée, dit Bayle, que la force magnétique tourne vers le nord, ou la girouette que pousse le vent, si elles avaient conscience de leurs mouvements, sans en connaître la raison, s'en feraient honneur à elles-mêmes et s'en attribueraient l'intention. »

Hobbes avait déjà dit dans le même sens :

« Une toupie fouettée par les enfants, si elle avait conscience de son mouvement, penserait que ce mouvement procède de sa volonté, à moins qu'elle ne sentît qui la fouette. Ainsi fait l'homme dans ses actions, parce qu'il ne sait point quels sont les fouets qui déterminent sa volonté. »

Et Spinoza soutient à son tour que « la conscience prétendue de la liberté n'est que l'ignorance des causes qui nous font agir ».

Les comparaisons de Hobbes et de Bayle sont tout à fait inexactes, et l'explication de Spinoza est en contradiction avec l'expérience.

En effet, on ne saurait confondre ni le désir, que ces philosophes attribuent à la toupie et à la girouette, avec la volonté, ni l'exécution de l'action avec la décision qui la précède. Or, dans les exemples cités, il y a l'hypothèse d'un désir ressenti par la girouette, l'hypothèse d'un mouvement exécuté par la toupie : il n'y a pas, ce qui est le propre de l'action volontaire telle que nous l'expérimentons en nous-mêmes, la détermination réfléchie et délibérée.

Il est si peu vrai d'ailleurs que la conscience de la liberté soit l'ignorance des motifs qui nous font agir, qu'au contraire cette conscience est d'autant plus vive que nous connaissons mieux les motifs d'après lesquels nous nous déterminons. C'est seulement dans les circonstances où nous agissons avec réflexion, en pleine connaissance de cause, que nous croyons agir librement. Toutes les fois, au contraire, que nous accomplissons des actes dont nous ne nous rendons pas compte, et que nous sommes déterminés par des raisons cachées, inconnues, par des impulsions aveugles, nous ne songeons nullement à attribuer ces actions à notre liberté. Il serait donc plus juste de dire que la conscience de la liberté coïncide avec la connaissance des motifs d'après lesquels nous nous déterminons. Le sentiment de la liberté est peut-être une illusion, mais assurément cette illusion ne dépend pas de l'ignorance des motifs qui président à notre détermination.

Preuves morales. — Les preuves morales de la liberté sont des preuves indirectes qui consistent à dire d'une façon générale : « Si la liberté n'existe pas, les notions morales d'obligation, de devoir, de responsabilité, doivent disparaître : elles n'ont plus de sens, toute raison d'être leur manque. »

Le devoir implique en effet le pouvoir. La loi morale m'ordonne de faire le bien, mais ses ordres sont une dérision s'il ne dépend pas de moi de leur obéir.

La responsabilité est une chimère sans la liberté. Je me sens responsable de tout ce que je fais librement, de mes fautes, de mes vices ; je n'accepte aucune responsabilité dans mes infirmités naturelles, si je suis contrefait, dans mes maladies, si elles proviennent de la nature, et non de mes actes.

Il est évident que la morale et l'existence de la liberté sont solidaires. Si vous niez la liberté, il n'y a plus que des êtres beaux ou laids, utiles ou dangereux ; mais il n'y a plus d'hommes bons ou méchants, vertueux ou vicieux.

« On ne reproche à personne, disait déjà Aristote, une difformité naturelle, mais on blâme ceux qui n'ont cette difformité que par un défaut d'exercice et de soins. Qui ferait des reproches à un aveugle de naissance ? On plaint justement son malheur, mais tout le monde adresse un blâme mérité à celui qui le devient par l'habitude de l'ivresse ou de tout autre vice (1). »

Croyance universelle à la liberté. — Tous les faits de la vie humaine témoignent d'une croyance universelle à la liberté. Sans elle, il est impossible d'expliquer les promesses, les contrats, les punitions et les récompenses, les exhortations et les menaces, le repentir, etc.

Si je ne suis pas libre, la promesse devient un non-sens. En effet, ou bien je serai fatalement déterminé

(1) Aristote, *Morale à Nicomaque*, t. II, vi.

à faire ce que je promets, et alors à quoi bon me lier par une promesse inutile? ou bien je serai fatalement déterminé à faire le contraire, et alors l'engagement que je prends est absurde.

De même les punitions et les récompenses ne sont légitimes que si elles s'adressent à des agents libres, réellement responsables de leurs actions.

« L'homme, dit Aristote, n'est-il pas le père de ses actions comme il l'est de ses enfants? C'est ce qui est confirmé par la conduite de tous les hommes et par le témoignage des législateurs. Ils punissent et châtient ceux qui commettent des actions coupables, toutes les fois que ces actions ne sont pas le résultat d'une contrainte ou d'une ignorance dont l'agent n'est pas responsable. Au contraire, ils honorent et récompensent les auteurs des actions vertueuses; mais, dans toutes les actions qui ne dépendent pas de nous, personne ne s'avise de nous pousser à les faire. On sent qu'il serait inutile de nous engager, par exemple, à ne pas avoir chaud, à ne point souffrir du froid ou de la faim, à ne point ressentir telles ou telles sensations, puisque nous ne les souffrirons pas moins malgré ces exhortations.... »

Il serait inutile, en effet, de recourir à l'exhortation ou à la menace, si l'agent auquel nous nous adressons n'était pas libre de modifier dans le sens que nous lui indiquons ses résolutions et ses actes.

La vie humaine tout entière, dans ses institutions, dans ses lois, est fondée sur la croyance à la liberté.

« Je ne fais pas une action, je ne prononce pas une parole qui ne suppose la croyance à ma liberté et à celle d'autrui. Qu'est-ce que la loi que les hommes discutent et promulguent avec appareil? Qu'est-ce que le tribunal où ils prennent Dieu à témoin de leurs jugements? Qu'est-ce que l'échafaud où ils prennent l'honneur et la vie de leur frère en expiation d'un crime? Niez la croyance à la liberté, et la société s'écroule (1). »

(1) J. Simon, *le Devoir*.

Mais, dira-t-on, tout cela prouve simplement que les hommes croient à la liberté, et non qu'ils ont raison d'y croire. Nous répondrons qu'un fait si universel a bien des chances d'être conforme à la réalité; et qu'après tout il nous suffit de croire naturellement à la liberté, d'être invinciblement conduits à y croire, alors même que les arguments des philosophes réussiraient à nous inspirer quelques doutes sur la solidité de notre croyance.

Diverses formes du fatalisme. — De tout temps la liberté a été contestée, niée ; mais le fatalisme, ou négation de la liberté, a pris, soit dans les croyances religieuses, soit dans les systèmes philosophiques, un grand nombre de formes.

Fatalisme théologique. — Chez les anciens, chez les mahométans, dans la philosophie panthéiste*, on admet au-dessus de l'humanité une force ou une divinité supérieure, dont la volonté règle tous les événements et interdit à l'homme toute liberté. Cette puissance mystérieuse est ce que les Grecs et les Romains appelaient le destin, *fatum*. Quelque effort que fasse l'homme pour lutter contre la destinée, il va où la destinée le conduit. Les Musulmans disent : « C'était écrit. »

Jusque dans la religion chrétienne il est resté quelques traces de cette conception du destin, présenté, il est vrai, sous les traits d'un Dieu personnel, maître absolu de tous les événements de ce monde. « L'homme s'agite, et Dieu le mène. » L'idée de la *grâce**, condition première de la vertu, c'est-à-dire d'une inspiration mystérieuse de Dieu prédisposant au bien ses créatures privilégiées, a des rapports directs avec le fatalisme. Dans quelques sectes chrétiennes, la croyance à la prédestination* est devenue un dogme.

Ce sont là des formes vieillies du fatalisme, et la science moderne n'a pas à s'en préoccuper.

Fatalisme physiologique. — D'autres fatalistes ont invoqué comme causes déterminantes des actions humaines le climat, la race, le tempérament, enfin les conditions physiologiques des facultés morales de l'homme.

« Sans une modification matérielle dans le système nerveux et, disons-le, dans le cerveau, dit Moleschott *, il ne se fait pas de mouvements volontaires.

« Mais cette modification vient du dehors. La modification est par rapport à l'excitation comme un effet à la cause qui le produit.

« Cette raison fait voir d'une manière tout à fait probante que le mouvement n'émane pas d'une volonté prétendue libre.

« On ferait mieux de dire que la volonté est l'expression nécessaire d'un état du cerveau produit par des influences extérieures...

« L'homme est la résultante de ses aïeux, de sa nourrice, du lieu, du moment, de l'air et du temps, du son, de la lumière, de son régime et de ses vêtements. Sa volonté est la conséquence de toutes ces causes: elle est liée à une loi de la nature que nous reconnaissons dans sa manifestation, comme la planète à sa marche, et la plante au sol sur lequel elle croît (1). »

Ce sont là des exagérations que rien ne justifie. Assurément le tempérament, les conditions physiologiques, les influences extérieures limitent la volonté humaine et restreignent le cercle dans lequel elle se meut. Mais toutes ces causes, quelle que soit leur puissance, ne suppriment pourtant pas la liberté. L'homme dépend de la nature; mais il trouve en lui-même un point d'appui pour résister aux influences extérieures et pour maintenir son indépendance personnelle.

Fatalisme psychologique ou déterminisme. — La forme vraiment moderne et scientifique

(1) Moleschott, *la Circulation de la vie*, t. II, p. 189.

du fatalisme est le déterminisme psychologique. Nous avons déjà dit ce qu'on pouvait répondre à son argumentation, fondée exclusivement sur la nécessité du rapport de cause à effet et sur l'influence absolument déterminante que les motifs, qui seraient les causes, exerceraient sur les actions, qui sont les effets.

Sans doute il faut accorder quelque chose aux déterministes ; il faut reconnaître avec eux que, considérée à un moment donné de notre existence, notre liberté n'est pas entière et absolue. Nous n'avons pas le pouvoir de rompre brusquement avec notre passé, de nous affranchir de toute solidarité avec ce que nous avons fait précédemment. Non, nous devons compter avec l'influence de nos habitudes, de nos tendances invétérées. Mais, dans ces conditions mêmes, il reste une part d'action à notre volonté. Les déterministes disent que la liberté serait une solution de continuité dans l'enchaînement nécessaire des effets et des causes. Ils auraient raison, si nous parlions d'une liberté absolument indépendante, indéterminée, affranchie de toute condition. Mais la volonté est précisément la cause qui agit dans nos résolutions libres ; et cette cause efficiente* se détermine elle-même en vue d'une autre cause, qui est la fin à atteindre, le but poursuivi avec réflexion, en un mot la cause finale de notre action.

La liberté et la raison. — La liberté n'est donc pas autre chose que le pouvoir d'agir d'après des idées, en d'autres termes, le pouvoir d'obéir à la raison. Plus nous sommes raisonnables, plus nous sommes libres. Nous sommes donc libres en un sens de devenir plus libres, d'accroître sans cesse notre liberté. Il dépend de notre effort de nous affranchir de plus en plus des impulsions de l'instinct, des entraînements de la sensibilité, des caprices de l'irréflexion, et d'être plus capables de nous posséder, de nous gouverner nous-mêmes, en augmentant la part de la réflexion et de la raison dans notre conduite.

RÉSUMÉ

179. La **liberté morale** ne se confond ni avec la liberté physique, ni avec la liberté civile, ni avec la liberté politique.

180. La liberté morale ou **libre arbitre** est le pouvoir de se déterminer volontairement à une action que l'on choisit.

181. Il n'est pas exact que la liberté se détermine arbitrairement, comme l'entendent les partisans de la **liberté d'indifférence.**

182. La liberté se détermine d'**après un motif**; mais ce motif ne devient le plus fort que parce que la volonté le **choisit.**

183. Les preuves de la liberté sont la **conscience directe** que nous en avons et les conséquences qu'entraînerait, notamment **pour la morale,** la négation de la liberté.

184. Nous avons conscience d'être libres au moment où nous délibérons, où nous nous décidons, où nous exécutons une action volontaire; ce sentiment de notre liberté persiste encore après que l'action a été accomplie.

185. La conscience de la liberté est si peu l'ignorance des motifs qui nous font agir, qu'elle est, au contraire, d'autant plus vive et d'autant

plus forte que nous connaissons mieux les raisons d'après lesquelles nous nous déterminons.

186. Les notions morales d'**obligation**, de **devoir**, de **responsabilité**, de **mérite** et de **démérite**, sont nécessairement liées à l'hypothèse de la liberté. Supposez que la liberté n'existe pas, toute la morale s'écroule.

187. La plupart des faits de la vie humaine, les promesses, les exhortations, les menaces, les punitions et les récompenses, etc., témoignent de la **croyance universelle** à la liberté.

188. Le **fatalisme**, ou négation de la liberté, a pris diverses formes : il est tantôt théologique, tantôt physiologique, tantôt psychologique. Le fatalisme psychologique s'appelle le **déterminisme**.

189. Quelque influence qu'on accorde aux motifs et aux mobiles entre lesquels notre volonté opte et se prononce, il reste une part d'action, limitée il est vrai, à la liberté.

190. Par l'effort, par le développement de la **réflexion** et de la **raison**, nous pouvons accroître notre liberté.

LEÇON XVIII.

CONCLUSION DE LA PSYCHOLOGIE. — L'ESPRIT ET LE CORPS.

Psychologie rationnelle. — Spiritualisme et matérialisme. — Dualité de la nature humaine. — Témoignage de la conscience. — Distinction des phénomènes psychologiques et des phénomènes physiologiques. — Attributs contradictoires de la matière et de la pensée. — Unité de l'esprit. — Identité de l'esprit. — L'âme est une force. — Objections des matérialistes. — Objections générales. — Les rapports du cerveau et de la pensée. — Critique de cette objection. — Substitution d'une partie du cerveau à une autre. — Qu'est-ce que la matière ?

Psychologie rationnelle. — La question de l'existence de l'âme, c'est-à-dire d'un principe immatériel, distinct et indépendant du corps, n'est pas du domaine de la psychologie expérimentale : elle appartient à la psychologie rationnelle, à la métaphysique *, en un mot. La psychologie expérimentale ne saisit que des faits successifs; elle peut seulement, étant un instrument d'observation, décrire, énumérer, classer des phénomènes; elle ne peut atteindre directement l'existence de ce que Kant appelait un *noumène**, c'est-à-dire un principe supérieur et inaccessible à l'expérience, une âme substance et cause de la pensée.

Sans vouloir sortir des limites de ce cours, il est cependant nécessaire que nous posions, en terminant, la question du spiritualisme et du matérialisme, c'est-à-dire des deux grandes doctrines qui donnent deux solutions contraires au problème de la nature du principe pensant, les uns le séparant du corps, les autres le confondant avec le corps.

Spiritualisme et matérialisme. — De tout temps ont été en présence en effet, dans les écoles de philosophie, les deux hypothèses contraires. La première se réclame des grands noms de Platon, d'Aristote, de Descartes, de Leibnitz, de Kant. etc. ; elle invoque le témoignage de la religion; elle est surtout une croyance vulgaire, une croyance du sens commun. La seconde s'autorise de quelques philosophes, d'Épicure*, de d'Holbach*, d'Helvétius*, des philosophes du xviiie siècle en général, et surtout des physiologistes modernes que l'étude exclusive du cerveau a souvent conduits à nier l'existence de l'âme.

Dualité de la nature humaine. — Il est incontestable qu'un instinct naturel nous porte à admettre la dualité de notre être. De tout temps les hommes ont cru spontanément à la distinction du physique et du moral. D'une part, ils se sentent rivés à la matière; d'autre part, ils aspirent à l'infini, à l'idéal, au monde immatériel.

C'est ce que Racine * exprimait dans ces vers imités de l'Écriture sainte :

> Mon Dieu, quelle guerre cruelle !
> Je trouve deux hommes en moi.
> . . . .
> L'un, tout esprit et tout céleste,
> Veut qu'au ciel sans cesse attaché
> Et des biens éternels touché,
> Je compte pour rien tout le reste ;
> Et l'autre par son poids funeste
> Me tient vers la terre penché (1).

« Qu'est-ce que l'âme ? » demandait un enfant à sa

---

(1) Racine, *Cantiques spirituels*, cantique III.

mère. Et donnant lui-même la réponse, il ajoutait : « J'ai trouvé : c'est avec l'âme que je t'aime! »

De cette dualité de notre être, de ces tendances contraires et même contradictoires, l'homme a été naturellement conduit à inférer la coexistence en lui de deux principes, l'esprit et le corps.

Témoignage de la conscience. — Pour justifier cette distinction, la pensée réfléchie a cru trouver dans la conscience un appui solide. La conscience, d'après Descartes et les philosophes de son école, révélerait directement l'existence de l'âme.

> « De cela même que je connais avec certitude que j'existe, et que cependant je ne remarque point qu'il appartienne nécessairement aucune autre chose à ma nature ou à mon essence, sinon que je suis une chose qui pense, je conclus fort bien que mon essence consiste en cela seul que je suis une chose qui pense, ou une substance dont toute l'essence ou la nature n'est que de penser.
> « Et quoique, peut-être, ou plutôt certainement, comme je disais tantôt, j'aie un corps auquel je suis étroitement conjoint, néanmoins, pour ce que d'un côté j'ai une claire et distincte idée de moi-même, en tant que je suis seulement une chose qui pense et non étendue, et que d'un autre j'ai une idée distincte du corps, en tant qu'il est seulement une chose étendue et qui ne pense point, il est certain que moi, c'est-à-dire mon âme, par laquelle je suis ce que je suis, est entièrement et véritablement distincte de mon corps et qu'elle peut être et exister sans lui (1). »

Pour Descartes l'âme était donc plus intelligible, plus aisée à connaître que le corps.

Mais il est trop facile de lui répondre que le corps, dont il admet par hypothèse la non-existence, ne cesse pourtant pas d'exister parce qu'il lui convient de supposer qu'il n'existe pas. La distinction dans la conscience des deux idées, celle du corps et celle de l'âme, n'équivaut pas à la séparation réelle des deux exis-

---

(1) Descartes, *sixième méditation*.

tences. Descartes a beau dire que l'essence de son être est simplement de penser; c'est là, de sa part, une pure conception qui ne supprime pas le fait réel, à savoir, que le corps accompagne toujours notre pensée et existe avec elle.

Distinction des phénomènes psychologiques et des phénomènes physiologiques. — Il faut donc écarter comme sans valeur l'argument cartésien et chercher ailleurs, s'il est possible, le fondement légitime des croyances spiritualistes.

La différence des phénomènes psychologiques et des phénomènes physiologiques, sur laquelle nous n'avons plus à insister (Voyez *Leçon I*), suffira-t-elle pour atteindre ce but?

Assurément les deux ordres de phénomènes sont profondément distincts : les uns immédiatement éclairés par la conscience, les autres plongés dans la nuit de l'inconscient. Mais de la différence de deux séries de phénomènes est-il permis de conclure à la distinction des causes qui les produisent? Que répondre aux matérialistes qui nous diront : « Sans doute, la conscience est autre chose que le mouvement inconscient des particules de la matière, que les vibrations physiques des molécules cérébrales ; mais elle en est la conséquence, elle en dépend : ne voit-on pas tous les jours, dans les transformations de la matière, une succession de phénomènes très différents, issus pourtant d'un seul et même principe? Le mouvement ne se transforme-t-il pas en lumière, en chaleur? Pourquoi le mouvement ne se transformerait-il pas en pensée? »

Attributs contradictoires de la matière et de la pensée. — La seule raison concluante qu'on puisse opposer aux matérialistes, c'est que les phénomènes psychologiques et les phénomènes physiologiques sont non seulement différents, mais contradictoires. Il y a contradiction absolue entre les attributs de la matière et les attributs de la pensée.

La matière étant ce que nous concevons qu'elle est, un ensemble de molécules divisibles et innombrables, il ne paraît pas possible qu'elle soit le principe de la pensée, dont la conscience nous révèle la simplicité ou l'unité, et aussi l'identité.

Unité de l'esprit. — Les philosophes ont tous constaté, depuis Platon et Aristote jusqu'à Kant et Condillac, l'*unité* de la pensée. Les opérations intellectuelles consistent à ramener la pluralité à l'unité.

Juger, c'est unir plusieurs idées. Raisonner, c'est unir plusieurs jugements. Le fait est incontestable : quelles conclusions peut-on en tirer ? La matière, étant essentiellement divisible, composée de parties, ne peut être, assure-t-on, le principe de la pensée, puisque le sujet de la pensée est nécessairement un et simple.

Condillac a fait valoir cet argument avec force et précision :

« Le corps, dit-il, en tant qu'assemblage, ne peut être le sujet de la pensée. En effet, diviserons-nous la pensée entre toutes les substances dont il se compose ? D'abord ce ne sera pas possible quand elle ne sera qu'une perception unique et indivisible ; en second lieu il faudra encore écarter cette supposition quand la pensée sera formée d'un certain nombre de perceptions. Soient A, B, C trois substances qui entrent dans la composition des corps et se partagent en trois perceptions différentes : je demande où se fera la comparaison. Ce ne sera pas dans A, puisqu'il ne saurait comparer une perception qu'il a avec celle qu'il n'a pas. Par la même raison, ce ne sera ni dans B, ni dans C. Il faudra donc admettre un point de réunion, une substance qui soit en même temps un sujet simple et indivisible de ces trois perceptions, distincte par conséquent du corps, une âme en un mot (1). »

Identité de l'esprit. — Un argument du même

---

(1) Condillac, *Connaissance humaine*, part. I, ch. I.

genre est celui qui se tire de l'*identité personnelle*. En effet, malgré la mobilité perpétuelle de nos états de conscience, c'est au *moi* que nous rapportons toute cette succession de sentiments et de pensées. L'identité du moi est constatée par la mémoire qui la révèle et qui en même temps ne s'expliquerait pas sans elle : la mémoire suppose évidemment la continuité d'une même existence. D'autre part, la responsabilité n'existe plus, si l'on n'admet pas l'identité du sujet moral. Je ne suis responsable aujourd'hui de ce que j'ai fait hier, de ce que j'ai fait il y a un an, il y a deux ans, que parce que je suis la même personne.

Or, la matière change sans cesse et se renouvelle dans toutes ses particules. Un échange incessant de molécules* a lieu entre notre corps et les corps extérieurs. C'est ce que les physiologistes appellent le *tourbillon vital*.

« Dans les corps vivants, a dit Cuvier, aucune molécule ne reste en place : toutes entrent et sortent successivement ; la vie est un tourbillon continuel, dont la direction, toute compliquée qu'elle soit, demeure constante, ainsi que l'espèce de molécules qui y sont entraînées, mais non les molécules individuelles elles-mêmes. Au contraire, la matière actuelle du corps vivant n'y sera bientôt plus, et cependant elle est dépositaire de la force qui contraindra la matière future à marcher dans le même sens qu'elle. »

L'âme est une force. — Un autre argument des spiritualistes consiste à opposer l'inertie de la matière, incapable de se donner le mouvement, et la spontanéité de la pensée, se déterminant par elle-même.

« Toute molécule matérielle, dit M. Janet, reçoit l'action et la communique à une autre molécule, mais ne la produit pas elle-même. Tout mouvement est la suite et la transformation de mouvements antérieurs. La matière est *inerte*, c'est-à-dire incapable de modifier son état : en repos, elle reste en repos ; en mouvement, elle reste en mouvement (1). »

Comment confondre par conséquent avec la matière inerte le principe de la volonté et de la liberté humaines?

Objections des matérialistes. — Quelle que soit la force des arguments que nous venons de rappeler, il faut bien reconnaître qu'ils n'ont pas suffi pour convaincre les matérialistes, ni pour asseoir sur des bases certaines, à l'abri de toute objection, les croyances spiritualistes. Dans cette question, ni les raisons pour ni les raisons contre ne peuvent prétendre à une certitude absolue; et peut-être le matérialisme est-il mieux réfuté encore par la faiblesse de ses propres arguments que par la force des arguments contraires.

Objections générales. — Les matérialistes ont fait valoir, surtout dans les anciennes écoles, l'influence que l'âge, la vieillesse, la maladie exercent sur le développement de la pensée. Les facultés morales grandissent avec les forces physiques, déclinent et s'éteignent avec elles; la maladie les ralentit; notre esprit est à la merci d'un accès de fièvre. Comment ne pas croire, a-t-on dit, à l'identité de deux forces qui suivent dans leur développement un cours parallèle, qui s'accroissent, qui s'altèrent, qui s'éteignent ensemble ?

Toutes ces objections se rattachent à la grande thèse de l'influence du physique sur le moral. On ne saurait contester en effet que nos fonctions intellectuelles ne soient en grande partie sous la dépendance de notre état physique. Un spiritualisme éclairé ne nie en au-

---

(1) M. P. Janet, *Traité élémentaire de philosophie*, 1, p. 337.

cune façon la correspondance du physique et du moral. Bossuet disait déjà : « L'homme est un seul et même tout organique. » Mais à l'influence du physique sur le moral, les spiritualistes opposent avec raison une série de faits contraires, qui tendent tous à établir l'influence du moral sur le physique. L'imagination, les passions, la volonté, l'énergie du caractère, réagissent sur la santé, sur les fonctions physiologiques, et témoignent par là de l'existence d'une force morale distincte des forces physiques, puisqu'elle peut, dans une certaine mesure, les soumettre à son empire.

De tout cela il faut conclure sans doute que le corps et l'esprit sont étroitement unis, qu'il y a entre eux des relations profondes et une dépendance mutuelle ; mais on dépasserait les conséquences légitimes de ces faits si l'on voulait en inférer que les facultés morales dérivent des facultés physiques. « Tout se passerait de même, dit avec raison M. Marion, si le corps n'était que le compagnon et l'instrument de la vie morale en ce monde. »

Rapports du cerveau et de la pensée. — L'argumentation des matérialistes contemporains n'insiste guère plus sur les rapports généraux de la vie physique et de la vie morale ; elle porte presque exclusivement sur les rapports intimes du cerveau et de la pensée.

Voici dans toute sa netteté l'énoncé de la doctrine :

« Tout savant est conduit, je pense, par la logique, dit Ch. Vogt[*], à penser que toutes les facultés que nous comprenons sous le nom de propriétés de l'âme ne sont que des fonctions de la substance cérébrale, et, si j'emprunte une comparaison vulgaire, que ces pensées ont avec le cerveau à peu près le même rapport que la bile avec le foie et l'urine avec les reins. »

La pensée serait donc une fonction et même, suivant

la comparaison brutale de Ch. Vogt, une « sécrétion du cerveau ».

Pour essayer de justifier cette affirmation, les matérialistes invoquent les résultats de l'analyse cérébrale. Ils font remarquer tour à tour que l'existence même de la pensée a pour condition l'existence d'un cerveau, et que le développement, le degré de la pensée, correspond précisément à certaines manières d'être du cerveau. Il est vrai qu'ici la diversité des opinions éclate et que les matérialistes ne s'entendent nullement entre eux sur les qualités cérébrales qui seraient le principe de la pensée.

D'après les uns, c'est le *poids* du cerveau; d'après les autres, le *volume;* d'après d'autres encore, la *constitution chimique* du cerveau : « Sans phosphore, point de pensée ; » ou bien encore la complexité plus ou moins grande des *circonvolutions cérébrales* (1). On a encore fait appel à la *forme*, à la *température* de la matière cérébrale, etc.

Critique de cette objection. — Assurément il ne peut entrer dans l'esprit de personne que le cerveau ne soit pas l'organe, l'instrument de la pensée. De même que nous ne voyons pas sans yeux, de même nous ne pouvons penser sans cerveau. De même que nous voyons mal avec des yeux altérés par une maladie, par une lésion quelconque, de même nous ne pensons bien qu'avec un cerveau sain, un cerveau dont la constitution reste normale.

Mais nous ferons observer tout d'abord que, par le grand nombre de conditions et de qualités cérébrales qu'ils invoquent tour à tour, les matérialistes reconnaissent eux-mêmes qu'ils n'ont pas réussi à déterminer

---

(1) Voyez, sur ce sujet, l'excellent livre de M. Paul Janet, *le Cerveau et la Pensée.*

avec précision le principe cérébral de la pensée. S'ils font appel tantôt à la constitution chimique, tantôt au poids, au volume, à la complexité des circonvolutions, etc., c'est que, en fait, l'expérience dément sur chaque point leurs théories absolues. On dit, par exemple, que, pour être un grand esprit, il faut avoir un cerveau qui pèse plus de 1,500 grammes; et cependant les faits sont souvent en contradiction avec cette affirmation. La vérité est que l'analyse du cerveau est encore incomplète et obscure sur plus d'un point, et que la science n'a point éclairé les mystérieuses fonctions de cet organe si délicat et si compliqué.

D'ailleurs, fût-on arrivé à s'entendre et à déterminer exactement les rapports du cerveau et de la pensée, on aurait bien montré la correspondance des phénomènes physiologiques et des phénomènes moraux, on aurait établi que le cerveau est une des conditions de la pensée; mais on n'aurait pas encore prouvé qu'il est la seule. On aurait fait voir que l'intelligence et la sensibilité ne peuvent se passer du cerveau, de même que le musicien, l'artiste ne peuvent se passer d'un instrument; on n'aurait pas démontré que le cerveau est la cause même, le principe de la pensée. Admettons, si l'on veut, que les spiritualistes ne peuvent arguer, en faveur de l'existence de l'âme, d'aucun argument décisif, positif et véritablement scientifique; il n'en faudra pas moins reconnaître aussi que les matérialistes ne disposent nullement, pour justifier leur thèse, de preuves péremptoires et irréfutables.

Substitution d'une partie du cerveau à une autre. — Notons d'ailleurs que l'analyse du cerveau n'est pas toujours aussi favorable que le disent les partisans du matérialisme à la doctrine qu'ils soutiennent. Les faits qu'ils allèguent sont souvent contraires à leurs théories.

« Si les diverses opérations intellectuelles cessent, dit M. Ravaisson *, quand le cerveau est détruit ou même profondément lésé, néanmoins, pourvu que la vie subsiste, après un temps plus ou moins long, elles se rétablissent. C'est l'un des résultats les plus importants des expériences de M. Flourens *. D'après ces expériences, aux hémisphères cérébraux * qui sont le plus grand épanouissement du système nerveux principal, viennent suppléer, après quelque temps, les corps striés *, épanouissement immédiatement supérieur de la moelle épinière *, et dont la fonction normale est de servir aux opérations instinctives.

« Il n'a donc pas seulement été trouvé vrai qu'une faible partie du cerveau suffit à la rigueur à toutes les fonctions; il a été trouvé vrai qu'à tout le cerveau peuvent suppléer, pour les fonctions supérieures qui lui appartiennent en propre, les parties du système nerveux qui, dans l'état normal et habituel, ne servent qu'aux fonctions immédiatement inférieures. C'est dire que ce n'est pas l'organe qui cause la fonction, comme le matérialisme le soutient, mais que c'est la fonction, l'action, qui, sous certaines conditions physiques, s'assujettit et s'approprie l'organe (1). »

Qu'est-ce que la matière ? — Il résulte de l'examen des arguments du matérialisme que ses partisans sont bien loin d'avoir démontré la vérité de leur théorie. La question de l'existence de l'âme reste donc une question pendante, que la science ne nous interdit nullement de résoudre dans le sens de nos aspirations naturelles, de notre sentiment, de la croyance vulgaire. Sans doute, nous paraissons condamnés à ignorer la nature du principe de la pensée, à ne jamais atteindre tout au moins une conception scientifique de ce principe. Mais ne pouvons-nous pas, prenant l'offensive à notre tour contre les matérialistes, leur remontrer qu'ils n'ont eux-mêmes aucune idée nette de la matière ? Le cerveau, dites-vous, n'est pas seulement la condition de la pensée, il en est la

(1) M. F. Ravaisson. *Rapport sur la philosophie du xixe siècle*, p. 189.

cause et la substance ! Mais, qu'est-ce que le cerveau lui-même ? Comment le connaissons-nous, si ce n'est précisément par la pensée ? Les fibres et les cellules nerveuses, que sont-elles, en définitive, si ce n'est des représentations de la pensée, des conceptions de notre esprit ? A ceux qui disent : « Tout est matière », nous aurions le droit de répondre, avec plus de logique et de certitude : « Tout est pensée ! » Et à ceux qui disent : « Qu'est-ce que l'esprit ? » nous répliquons : « Qu'est-ce que la matière ? »

RÉSUMÉ.

191. La question de l'**existence de l'âme** n'est pas du domaine de la psychologie expérimentale ; elle appartient à la psychologie rationnelle, à la métaphysique.

192. De tout temps se sont trouvées en présence, dans la question de la nature du principe pensant, deux doctrines contradictoires : le **spiritualisme** et le **matérialisme**.

193. Un instinct naturel nous porte à admettre **la dualité de la nature humaine**, la coexistence de l'**esprit** et du **corps**.

194. Les arguments des spiritualistes ne sont pas tous concluants : le **raisonnement de Descartes**, fondé sur la distinction de l'idée de la pensée et de l'idée du corps, ne prouve nullement la séparation réelle de l'esprit et du corps.

195. Les **phénomènes psychologiques** et les **phénomènes physiologiques** sont profondément distincts ; mais il est impossible de conclure de la différence des effets à la séparation des causes.

196. Il y a plus de force dans l'argument qui consiste à montrer que les attributs de la matière et les attributs de la pensée sont **contradictoires**.

197. La matière est **divisible, étendue** ; la pensée suppose un principe **simple** et **unique**.

198. La matière est **changeante** et se **renouvelle** sans cesse dans une sorte de tourbillon vital ; l'esprit reste **identique**.

199. La matière est **inerte** ; l'esprit agit **spontanément** et **librement**.

200. Les arguments des matérialistes ne suffisent nullement à démontrer que l'âme n'existe pas.

201. La corrélation des états physiques et du développement de l'esprit prouve seulement la **coexistence nécessaire** de la pensée et de la matière.

202. Le **cerveau** est sans doute l'**instrument de la pensée**, mais rien ne démontre qu'il en soit le principe.

203. La force propre du principe pensant se manifeste dans ce fait que certaines parties du cerveau peuvent se substituer, comme organes de la pensée, à d'autres parties, quand celles-ci ont été détruites.

204. Les matérialistes, qui disent qu'ils ne peuvent concevoir l'esprit, sont eux-mêmes incapables de **définir la matière** et d'en prouver l'existence.

INDEX

DES NOMS PROPRES ET DES TERMES TECHNIQUES

CONTENUS DANS CE VOLUME

ET MARQUÉS D'UN ASTÉRISQUE.

A

Absolu, terme de philosophie : ce qui n'est pas relatif, ce qui n'a rien de contingent et existe en dehors de toute condition. L'absolu est la base de toutes les philosophies qui ne prennent pas pour point de départ l'expérience.

Adéquat, terme de logique : se dit des idées égales à leur objet : par exemple, nous ne pouvons avoir de Dieu une idée adéquate.

Alcibiade, Athénien célèbre, disciple de Socrate (450-404 avant J.-C.)

Algèbre, la science des grandeurs considérées d'une manière absolument générale et indéterminée, et sous des signes généraux.

Altruisme, expression toute moderne, inventée par les positivistes pour désigner l'amour d'autrui (*alteri*, les autres), comme égoïsme exprime l'amour de soi (*ego*, moi).

Analyse, décomposition d'un tout en ses parties, qu'il s'agisse soit d'un corps dont on détermine les éléments constitutifs, soit d'une idée complexe, d'un fait compliqué, dont on distingue les diverses parties.

Aphasie, abolition du langage articulé, malgré la persistance de la faculté d'expression.

Aphorismes, se dit des maximes, des sentences qui en peu de mots renferment beaucoup de sens.

A priori, terme de logique, ce qui est admis en vertu d'un principe de la raison, antérieurement à toute expérience, par opposition à ce qui est conclu

A posteriori, c'est-à-dire après expérience.

Arbitre, terme de métaphysique, le choix, la volonté.

Aristote, philosophe grec, 384 à 322 av. J.-C., élève de Platon, précepteur d'Alexandre le Grand, fonda à Athènes une école de philosophie appelée le *Lycée*. Sa doctrine est connue sous le nom de *péripatétisme* tiré de son mode d'enseignement, en se promenant. Elle a eu une grande influence au moyen âge, où l'on ne jurait que par Aristote. Il a embrassé dans ses recherches toutes les parties de la science, apportant dans toutes ses investigations un esprit positif et la méthode d'observation et d'expérience. Ses *Éthiques*, traités de morale, sont la partie la plus vivante de ses œuvres.

Arnobe, théologien chrétien du IIIᵉ siècle.

Attributs, synonyme de qualités : l'intelligence, la sensibilité, la volonté, sont les attributs moraux de la nature humaine. Dans un sens plus étroit, *attributs* appartient au langage de la métaphysique et s'entend exclusivement de la nature divine.

Augustin (Saint) [354-430], évêque d'Hippone, un des Pères de l'Église.

Automatisme, le caractère des êtres qui se meuvent machinalement, sans intelligence et sans volonté.

Axiome, vérité évidente par elle-même.

B

Bain, philosophe anglais contemporain, né en 1818. Ses principaux ouvrages sont : *les Sens et l'Entendement*, *les Émotions et la Volonté*, *la Science de l'éducation*.

Barthélemy Saint-Hilaire (M.), philosophe et politique français, né en 1805 ; traducteur des œuvres d'Aristote.

Bayle, célèbre écrivain français (1647-1706), auteur du *Dictionnaire historique et critique*, qui a fait surtout sa réputation et qui est encore consulté avec fruit. Ses idées philosophiques tendent au scepticisme, et on l'a souvent considéré comme le précurseur de Voltaire.

Berkeley, évêque et philosophe irlandais (1684-1753), célèbre par son idéalisme, qu'il a exposé dans les *Dialogues d'Hylas et de Philonoüs*.

Berthelot (M.), savant français contemporain, né en 1827.

Biologie, la science de la vie, des êtres organisés.

Bonald (de), philosophe français (1754-1840), théoricien de la monarchie absolue dans son livre de la *Législation primitive*. C'est lui qui a défini l'homme, une *intelligence servie par des organes*. Sa philosophie est spiritualiste et catholique.

Bossuet (1627-1704), grand écrivain français, a contribué à la philosophie proprement dite par son *Traité de la connaissance de Dieu et de soi-même*, composé pour l'éducation du Dauphin.

Buridan, philosophe du moyen âge, né en 1327, défenseur du nominalisme, s'occupa beaucoup de la question du libre arbitre, pour lequel il imagina l'hypothèse de l'âne pressé du double besoin de boire et de manger et ne sachant à quoi se résoudre. *L'âne de Buridan* est resté proverbial.

C

Cataracte, terme de chirurgie, opacité du cristallin qui empêche les rayons lumineux de parvenir jusqu'à la rétine, et qui par conséquent rend aveugle.

Catégories, terme de logique, les différentes espèces de nos idées : les catégories de la substance, de la qualité, etc. Aristote distinguait dix catégories.

Cellules, terme d'histoire naturelle; éléments anatomiques qui se mêlent aux fibres pour former les tissus.

Cerveau, la masse de la substance nerveuse qui remplit le crâne; plus particulièrement, la partie antérieure de la masse encéphalique.

Cheselden, chirurgien anglais, né en 1710, célèbre par son habileté dans l'opération de la cataracte sur des aveugles-nés.

Circonvolutions cérébrales, les saillies sinueuses qu'offre la surface supérieure du cerveau.

Coleridge, philosophe anglais (1772-1834).

Comte (Auguste), philosophe et mathématicien français, 1798-1857, fondateur de l'école qui a pris le nom de *positiviste*, et dont Littré a été, après Auguste Comte, le plus illustre représentant.

Concept, terme de philosophie, synonyme de conception d'idée.

Conceptualisme, doctrine philosophique du moyen âge, qu'Abélard mit en honneur, et qui consistait à soutenir, à l'encontre du *nominalisme* et du *réalisme*, que les idées générales, les *concepts*, avaient une valeur réelle, mais ne représentaient que les rapports des choses.

Condillac, philosophe et pédagogue français, né à Grenoble, en 1715, mort près de Beaugency, en 1780; en 1757 il devint précepteur de l'infant de Parme et composa à cette occasion un *Cours d'études* en seize volumes. Ses ouvrages philosophiques les plus importants sont l'*Essai sur l'origine des connaissances humaines*, 1746, et le *Traité des sensations*, 1754. Condillac appartient à l'école sensualiste, et soutient que toutes les idées dérivent des sens. Sa doctrine est restée dominante dans les écoles françaises jusqu'en 1815.

Contingent, le contraire du nécessaire, ce qui arrive (du latin *contingit*) et qui pourrait ne pas arriver.

Copulatif, terme de grammaire et de logique, qui indique une liaison entre les idées ou entre les mots : particule copulative, conjonction copulative.

Corps striés, terme d'anatomie, une des parties du cerveau.

Cuvier, naturaliste français (1769-1832), auteur d'un grand nombre d'ouvrages : *Leçons d'anatomie comparée*, 1800-1805 ; *Discours sur les révolutions du globe*, 1821 ; *Recherches sur les animaux fossiles*, id. ; *Règne animal distribué d'après son organisation*, etc.

Cynghalais, habitants de l'île de Ceylan ; un certain nombre de Cynghalais ont été, en 1886, montrés au Jardin d'acclimatation à Paris. Ils appartiennent à la religion bouddhiste.

D

Daltonisme, infirmité visuelle, qui empêche de distinguer les couleurs, ainsi appelée du nom de Dalton, physicien anglais (1766-1844) qui en était atteint et qui l'a décrite.

Danaïdes, les cinquante filles de Danaüs qui, d'après la légende mythologique, avaient été condamnées dans l'enfer à remplir un tonneau percé, pour avoir assassiné leurs maris.

Définition, terme de logique : en général, explication du sens d'un mot ou de la nature d'une chose ; en géométrie, les définitions s'appliquent spécialement aux noms.

Dégustateurs, ceux qui font métier de déguster les boissons pour en vérifier les qualités.

Démocrite, philosophe grec, né en 470 av. J.-C., l'inventeur de la philosophie des atomes et le précurseur d'Epicure.

Descartes, le plus grand des philosophes français, né à La Haye-Descartes, en Touraine (1596), mort en Suède (1650). C'est lui qui a fondé la philosophie moderne en substituant au principe d'autorité la méthode du libre examen. Ses principaux ouvrages sont le Discours de la Méthode (1637), les *Méditations métaphysiques* (1641). Sa doctrine est un spiritualisme idéaliste. Descartes a été aussi un mathématicien, un physicien, un savant universel en un mot.

Déterminisme, terme de philosophie et de science : dans les choses de la nature, la croyance, d'ailleurs fondée, à l'action nécessaire du rapport de causalité ; en psychologie, la croyance contestable à la puissance irrésistible du motif dans nos déterminations volontaires.

Diderot (1713-1784), grand écrivain français qui a touché à tous les sujets et qui, en philosophie, a hésité entre le matérialisme et le panthéisme.

Dugald Stewart, philosophe écossais (1753-1828) dont les écrits ont exercé une grande influence sur la philosophie spiritualiste française du XIXᵉ siècle.

E

Edit du préteur, jurisprudence romaine édictée par le préteur qui était chargé de l'administration de la justice.

Efficiente (*cause*), terme de philosophie, se dit de la cause qui précède l'effet et le produit effectivement.

Egger, helléniste français, professeur en Sorbonne, né en 1813.

Electives (affinités), terme de chimie et de physiologie qui représente les forces naturelles qui unissent les corps et les organes : employé métaphoriquement au sens moral pour désigner les affections qui représentent un choix, une *élection*.

Entité, terme de philosophie scolastique ; ce qui constitue la substance d'une chose et qui existerait en dehors de la chose même.

Epicure, philosophe grec (341-270 av. J.-C.) qui a repris les théories de Démocrite sur les atomes, fondateur de la secte morale qui fait du plaisir le but de la vie et qui s'opposait au stoïcisme.

Eprouvettes, petits récipients, petites cloches dont se servent les expérimentateurs pour faire leurs épreuves.

Esthétiques (les sentiments), les sentiments qui se rapportent à l'idée du beau : esthétique vient d'un mot grec et signifie étymologiquement *sensible* ou *qui se rapporte au sentiment* : par dérivation, ce mot a été exclusivement employé pour désigner les sentiments artistiques. L'*esthétique* est la science du beau la philosophie des beaux-arts.

F

Fibres, terme d'anatomie, éléments anatomiques : on distingue les fibres musculaires, les fibres nerveuses.

Fielding (1707-1754) célèbre romancier anglais.

Finale (*cause*), par opposition à *cause efficiente*; la cause qui est le but, la fin de nos actions, la destination dernière des choses.

Flourens, physiologiste français (1794-1867). Ses principaux ouvrages sont *les Fonctions du système nerveux, De l'instinct et de l'intelligence des animaux*.

For intérieur, le jugement de la conscience, par opposition à *for extérieur*, qui est l'autorité de la justice humaine.

Fortifiant, terme d'hygiène, ce qui augmente les forces, en parlant des aliments, des remèdes, pris figurativement, au sens moral.

Fouillée (M.), philosophe français contemporain, auteur d'un grand nombre d'ouvrages : *la Philosophie de Socrate, la Philosophie de Platon*, etc.

Franklin (1706-1790), moraliste et politique américain.

G

Garnier (Adolphe), philosophe français de l'école spiritualiste, professeur en Sorbonne, auteur d'un livre trop oublié : *Traité des facultés de l'âme*.

Golconde, ville de l'Hindoustan, entrepôt de diamants et de pierres précieuses.

Grâce, terme de théologie, secours intérieur accordé par le ciel pour l'exercice du bien et la sanctification de l'âme. La grâce est une faveur divine octroyée aux uns, refusée aux autres.

H

Hamilton, philosophe écossais (1788-1855).

Harpagon, personnage principal de la comédie de Molière, *l'Avare*.

Hartmann (de), philosophe allemand contemporain, auteur de *la Philosophie de l'Inconscient*.

Harvey (1578-1658), médecin anglais, qui a découvert la circulation du sang en 1628.

Helvétius (1715-1771), philosophe français qui appartient à l'école matérialiste, auteur du livre *De l'esprit*.

Hémisphères cérébraux, terme d'anatomie, les deux moitiés latérales du cerveau et du cervelet.

Herbert Spencer, philosophe anglais contemporain, un des grands esprits de ce temps. Ses ouvrages principaux sont *l'Éducation, les Premiers Principes*.

Hérédité...

Hobbes (1588-1679), philosophe et politique anglais, matérialiste en philosophie, partisan de l'absolutisme en politique. Il a écrit le *Traité de la nature humaine*.

Holbach (d'), né en 1723, mort en 1789, un des chefs de l'école matérialiste française du xviiie siècle, auteur du *Système de la nature*.

Hugo (Victor), le plus grand poète français de notre temps (1802-1885).

Hyperbole, figure de rhétorique qui consiste à grossir ou à diminuer considérablement les choses pour leur donner plus de force.

I

Idéalisme, en philosophie, la doctrine opposée au matérialisme et qui n'admet d'autre réalité que celle des idées; la doctrine de Berkeley; en général et dans les arts, la tendance à rechercher l'idéal.

Irénée (Saint) [140-202], docteur de l'Eglise.

J

Janet (M. P.), philosophe français contemporain, qui appartient à l'école spiritualiste, professeur à la Sorbonne, auteur d'un grand nombre d'ouvrages qui ont contribué au relèvement des études philosophiques en France : *Histoire de la science politique dans ses rapports avec la morale; la Famille; la Morale ; les Causes finales*, etc.

Jouffroy, philosophe français de l'école spiritualiste (1796-1842), s'est surtout occupé de psychologie et de morale. Ses travaux principaux ont été recueillis dans deux volumes intitulés : *Mélanges philosophiques, Nouveaux Mélanges*.

Justin (Saint) [114-168], apologiste chrétien.

K

Kant (1724-1804), le plus grand, avec Leibnitz, des philosophes allemands. Ses ouvrages principaux sont : *la Critique de la raison pure* et *la Critique de la raison pratique*. Kant nie la possibilité de la métaphysique, mais il rétablit les croyances à Dieu, à l'âme et à la liberté en les présentant comme des conditions de la morale. L'école qu'il a fondée s'appelle *criticisme* ou *philosophie critique* et est représentée de nos jours, en France, par M. Renouvier.

L

Lamartine, grand poète et homme politique français (1790-1869). On sait le rôle que Lamartine a joué dans la république de 1848. Ses œuvres poétiques sont: les *Méditations*, les *Harmonies poétiques et religieuses, Jocelyn*.

La Rochefoucauld, moraliste français (1613-1668), auteur du livre célèbre des *Maximes*.

La Romiguière, philosophe français (1756-1837), un des premiers qui aient réagi contre les tendances sensualistes de l'école de Condillac. Son meilleur écrit est intitulé : *Leçons de philosophie* (1815-1817).

Laura Bridgman, Américaine, sourde-muette, aveugle.

Leibnitz, grand philosophe allemand (1646-1716), dont les doctrines se rapprochent de celles de Descartes, spiritualiste et même idéaliste; versé d'ailleurs dans toutes les sciences. Ses principaux ouvrages sont : les *Nouveaux Essais sur l'entendement humain*, critique de l'ouvrage de Locke, la *Théodicée*, etc.

Lemoine (Albert), philosophe français de l'école spiritualiste, né en 1824, mort il y a quelques années, psychologue sagace et pénétrant.

Locke, philosophe anglais (1632-1704), un des premiers qui aient appliqué en philosophie la méthode d'observation et d'expérience. Sa doctrine, qui se rapproche du sensualisme, a été très populaire en France au XVIII° siècle, après avoir été critiquée par Leibnitz au XVII° siècle. Son ouvrage pédagogique, *Pensées sur l'éducation*, est resté classique.

Logique, partie de la philosophie qui étudie les procédés du raisonnement, les moyens d'arriver à la vérité, d'éviter l'erreur; qui traite des méthodes scientifiques.

M

Malebranche (1638-1715), moraliste et métaphysicien français, prêtre de l'Oratoire, célèbre par son système de la *vision en Dieu*, que Voltaire raillait dans ce vers :

Lui qui voit tout en Dieu n'y voit pas
[qu'il est fou.

Son grand ouvrage, *la Recherche de la vérité*, contient sur les causes des erreurs des parties encore vivantes.

Manichéens, sectateurs de Manès, philosophe persan (240 à 274).

Max Muller, savant contemporain d'origine allemande, mais fixé en Angleterre, où il a écrit en anglais ses célèbres *Leçons sur le langage*.

Métaphysique, partie de la philosophie différemment définie selon les écoles, aujourd'hui la recherche de tout ce qui est au-dessus de l'expérience.

Micromégas (de deux mots grecs, *petit*, *grand*), nom imaginé par Voltaire pour désigner l'un des personnages du roman philosophique qui porte ce nom.

Milton, poète anglais (1608-1674), auteur du *Paradis perdu*, l'un des plus grands poèmes épiques de la littérature moderne.

Misanthrope, celui qui hait les hommes. Titre que Molière a donné à l'une de ses comédies en vers.

Mnémotechnique, tout ce qui se rapporte à l'art de cultiver, de fortifier la mémoire.

Moelle épinière, la partie du système nerveux qui est logée dans le canal vertébral, dans l'épine dorsale.

Molécules, les parties constituantes des corps.

Moleschott, savant hollandais contemporain, né en 1822.

Montesquieu, célèbre écrivain français (1689-1755), auteur de l'*Esprit des lois*.

Musset (Alfred de), né en 1810, mort en 1857; avec Lamartine et Victor Hugo l'un des trois grands poètes de ce siècle.

N

Naturalisme, système de ceux qui attribuent tout à la nature; dans les arts, tendance à copier la nature sans aucune recherche de l'idéal.

Nerfs spéciaux, les nerfs propres à chacun des organes des sens : le nerf optique, le nerf olfactif, le nerf acoustique, etc.

Newton, mathématicien, physicien, astronome (1642-1727). C'est lui qui a établi les lois de la gravitation universelle, de la décomposition de la lumière; il partage avec Leibnitz la gloire d'avoir découvert le calcul infinitésimal.

Nominalisme, système scolastique qui prétendait que les idées générales n'étaient que des noms (*nomina*).

Noumène, terme inventé par Kant pour désigner, par opposition au *phénomène*, les choses conçues par la pensée.

O

Objectif, terme de philosophie, tout ce qui se rapporte à l'objet, par opposition à *subjectif*, ce qui se rapporte au sujet, à l'esprit.

Onomatopées, les mots imitatifs, qui reproduisent les sons donnés par les choses qu'ils signifient.

P

Panthéisme (de deux mots grecs, *tout*, *Dieu*), doctrine philosophique qui confond l'univers et Dieu, qui divinise la nature; le mot a été imaginé vers 1700 par le philosophe anglais

John Toland. Les principaux philosophes de cette école sont, dans l'antiquité, Parménide, les Alexandrins, et dans les temps modernes, Spinoza et Hegel.

Paradoxe, proposition contraire à l'opinion commune.

Pascal (1623-1662), grand écrivain et moraliste français, l'auteur des *Provinciales* et des *Pensées*, mathématicien aussi et physicien.

Pathologique, qui a rapport à la pathologie, c'est-à-dire à la science des désordres survenus dans les organes ou les fonctions du corps humain.

Pérez (Bernard), philosophe français contemporain, qui s'est spécialement consacré à des études de psychologie pédagogique, auteur d'un grand nombre de livres : *les Trois Premières Années de l'enfant*, *l'Education dès le berceau*, *l'Enfant de trois à sept ans*, etc.

Perspective, art de représenter sur un même plan les objets extérieurs de manière qu'ils paraissent garder leurs distances et leur profondeur.

Phrénologie, système de Gall et de Lavater, qui localise les facultés dans différentes parties du cerveau.

Philanthrope, celui dont le cœur est porté à aimer les hommes.

Physiologie, science des fonctions organiques dans les êtres vivants.

Platon, le plus grand des philosophes grecs avec Aristote (427-347 av. J.-C.), élève immédiat de Socrate, dont il n'a pas toujours reproduit fidèlement les doctrines, aussi enclin à l'idéalisme que Socrate l'était peu : sa morale, exposée dans le *Gorgias* et dans d'autres dialogues, est admirable ; sa politique et sa pédagogie, qu'il a formulées dans *la République* et dans *les Lois*, sont en partie chimériques.

Polyanimisme, croyance primitive qui admet des âmes dans tous les êtres.

Polythéisme (de deux mots grecs, *plusieurs, dieux*), religion primitive qui admet un grand nombre de divinités.

Pope, poète anglais (1688-1744), auteur de *l'Essai sur l'homme*.

Positivisme, système philosophique dont Auguste Comte est le fondateur, qui écarte toute doctrine théologique ou métaphysique et s'appuie exclusivement sur les sciences positives.

Prédestination, terme théologique, le dessein formé par Dieu de toute éternité de perdre certains hommes et de sauver les autres.

Prémisses, la majeure et la mineure d'un syllogisme, les propositions sur lesquelles s'appuie la conclusion du raisonnement (étymologiquement, *envoyées en avant*).

R

Rabelais (1483-1553), l'auteur célèbre de *Gargantua* et de *Pantagruel*, roman satirique et burlesque, où, au milieu de beaucoup de fantaisies grossières, s'offrent quelques vues profondes sur l'éducation.

Racine, grand poète tragique français (1639-1699).

Ravaisson, philosophe français contemporain, à tendances idéalistes, auteur de *la Philosophie d'Aristote*, d'un travail sur *l'Habitude*, d'un rapport sur *la Philosophie en France au XIXᵉ siècle*.

Réalisme, en philosophie, doctrine du moyen âge qui admettait autant de réalités substantielles distinctes que le langage contient de mots généraux : dans les arts, la tendance à écarter l'idéal et à se contenter de décrire exactement la réalité.

Réceptivité, terme didactique, faculté de recevoir les impressions.

Reid, philosophe écossais (1710-1796), fondateur de l'école dite écossaise, qui s'est surtout signalée par ses tendances psychologiques et pratiques, par sa répulsion pour les recherches métaphysiques.

Renan, né en 1823, philosophe français, auteur de la *Vie de Jésus*, un des plus brillants écrivains de notre temps.

Rétine, terme d'anatomie, membrane de substance nerveuse, située au fond de l'œil et où se produisent les images visuelles.

Reyer, philosophe allemand contemporain, auteur d'un livre récemment traduit en français : *L'Ame de l'enfant*.

Robinson Crusoé, héros du roman de Daniel de Foë, écrivain anglais (1663-1731).

Royer-Collard, philosophe et politique français (1763-1845).

S

Sand (Georges), née en 1804, auteur illustre d'un grand nombre de romans.

Schiller (1759-1805), un des plus grands poètes de l'Allemagne.

Scolastique, la philosophie qu'on enseignait dans les écoles du moyen âge, et qui avait pour caractère d'être asservie à la théologie catholique.

Sensiblerie, sensibilité fausse, affectée.

Silvio Pellico (1788-1854), poète italien, persécuté pour ses opinions libérales et politiques par le gouvernement autrichien.

Simon (M. Jules), né en

COMPAYRÉ. — *Psychologie.*

1814, philosophe et politique français.

Socrate (470-400 av. J.-C.), fondateur de la philosophie grecque.

Sophisme, faux raisonnement qui a quelque apparence de vérité.

Spinoza (1632-1677), célèbre philosophe hollandais, auteur de l'*Éthique*, où il a exposé sous forme géométrique sa philosophie fataliste et panthéiste.

Spontanéité, le caractère des actions qui se produisent d'elles-mêmes.

Stimulant, terme de médecine; ce qui est propre à exciter l'organisme. Se dit figurativement au sens moral.

Stimulus, tout ce qui est de nature à déterminer une excitation dans la nature animale, et par suite dans la nature morale.

Stoïciens, secte philosophique qui s'est développée en Grèce et à Rome trois siècles avant J.-C. Les stoïciens n'admettaient d'autre bien que la vertu, à l'encontre des épicuriens qui plaçaient le bonheur dans le plaisir. Les principaux moralistes qui se rattachent à cette doctrine sont Épictète, Sénèque, Marc-Aurèle.

Stuart Mill (1806-1873), un des plus grands esprits de l'Angleterre contemporaine, auteur du *Système de logique*, des *Principes d'é-* *conomie politique*, de la *Philosophie de Hamilton*.

Subjectif, ce qui a rapport au sujet, ce qui se passe dans l'intérieur de l'esprit, par opposition à l'*objectif*.

Substitut, la personne ou la chose qui tient la place d'une autre.

Substratum, terme philosophique, ce qui sert de support aux qualités, ce qui existe indépendamment des qualités (étymologiquement, ce qui est dessous).

Sully, philosophe anglais contemporain, auteur de plusieurs ouvrages de psychologie pédagogique.

Swift (1667-1745), littérateur anglais, auteur des *Voyages de Gulliver*.

Sympathie, de deux mots grecs, éprouver une *passion*, une affection *avec* les autres hommes.

T

Tertullien, docteur de l'Église chrétienne (160-245).

Théorème, terme de géométrie, toute proposition qui a besoin de démonstration pour devenir évidente.

Thérèse (Sainte) [1515-1582], mystique célèbre.

Thierry (Augustin), célèbre historien français (1795-1850).

Tyndall, savant anglais contemporain.

U

Universaux, terme de scolastique, les catégories des idées générales : on distinguait cinq universaux : le genre, l'espèce, la différence, le propre et l'accident.

V

Vauvenargues (1715-1747), moraliste français, dont les *Maximes* réfutent celles de La Rochefoucauld.

Virgile (69-19 av. J.-C.). Le plus grand des poètes latins, auteur des *Bucoliques*, des *Géorgiques* et de l'*Enéide*.

Vogt (Charles), naturaliste allemand, né en 1817.

W

Wolf (1679-1754), philosophe allemand, disciple de Leibnitz.

TABLE DES MATIÈRES

INTRODUCTION

POURQUOI ON ENSEIGNE, ET COMMENT ON DOIT ENSEIGNER LA PSYCHOLOGIE.

Objet de cette introduction. — Utilité générale de la psychologie. — Psychologie et morale. — Psychologie et pédagogie. — La psychologie et l'enseignement primaire. — Méthode d'enseignement de la psychologie. — Différentes directions d'un cours de psychologie. — Psychologie naturelle. — L'intuition en psychologie. — Méthode socratique. — L'observation interne et l'observation des autres hommes. — La psychologie et les autres sciences. — Psychologie et grammaire. — Psychologie et histoire. — Psychologie et littérature. — Psychologie comparée. — Psychologie de l'enfant. — Conseils pratiques. — Les rédactions. — Usage du livre. — Caractères généraux de la psychologie.   5

PREMIÈRE LEÇON

OBJET DE LA PSYCHOLOGIE. — DÉFINITION ET CLASSIFICATION DES FAITS PSYCHOLOGIQUES.

Définition des termes. — Psychologie expérimentale et psychologie rationnelle. — Histoire de l'idée de l'âme. — Ames matérielles. — Ame immatérielle. — L'âme et les faits psychologiques. — La conscience limite de la psychologie. — Distinction des faits psychologiques et des faits physiologiques. — Rapports de la psychologie et de la physiologie. — Classification des phénomènes psychologiques. — Les facultés. — Historique de la question. — Faits affectifs ou sensitifs, intellectuels, volontaires. — Tableau des facultés. — Relations des facultés entre elles. 25

LEÇON II

L'ACTIVITÉ PHYSIQUE : — MOUVEMENTS, INSTINCTS, HABITUDES.

Évolution des facultés. — L'activité physique. — Les mouvements chez l'enfant. — Les mouvements sont-ils des phénomènes psychologiques ? — Classification des mouvements. — Mouvements spontanés. — Mouvements provoqués. — Actions réflexes. — Mouvements instinctifs. — L'instinct chez l'homme. — Caractères de l'instinct. — Jusqu'à quel point l'instinct est-il invariable ? — Mouvements conscients. — Commencements de l'activité volontaire. — Comment l'enfant apprend à marcher. — Les habitudes physiques. — L'activité physique chez l'homme fait. 41

LEÇON III

LA SENSIBILITÉ PHYSIQUE : — PLAISIR ET DOULEUR, SENSATIONS ET SENTIMENTS, BESOINS ET APPÉTITS.

Définition de la sensibilité. — Différents emplois du mot sensibilité. — Faits sensitifs et faits intellectuels. — Évolution de la sensibilité. — Sensibilité physique et sensibilité morale. — Sensations et sentiments. — Différentes dénominations des phénomènes sensitifs. — Éléments essentiels de tout phénomène sensitif. — Plaisir et douleur. — Plaisir et inclination. — Lois du plaisir et de la douleur. — Conséquences de ces lois. — Corrélation du plaisir et de la douleur. — Ce qu'il y a au fond de l'inclination. — Classification des émotions. — Les appétits. — Classification des appétits. — Les plaisirs des sens. — Caractères intrinsèques des plaisirs. — La sensibilité physique chez l'animal, chez l'enfant et chez l'homme. . 55

LEÇON IV

L'INTELLIGENCE EN GÉNÉRAL. — DIVISION DES FAITS INTELLECTUELS.

Définition de l'intelligence. — Rapports de l'intelligence et des autres facultés. — Ce qu'on appelait entendement. — Évolution de l'intelligence. — La part de l'innéité dans l'intelligence. — Éléments de l'intelligence : l'idée et le jugement. — Le jugement, acte essentiel de l'intelligence. — Division des faits intellectuels. — Tableau général des fonctions de l'intelligence. — Analyse d'une page de Descartes. — Conditions du développement de l'intelligence. — Conditions physiologiques : le cerveau et la pensée. — Conditions psychologiques : l'attention. . . .   71

LEÇON V

LA CONSCIENCE ET L'ATTENTION.

La conscience et l'attention. — Divers sens du mot conscience. — Caractères de la conscience. — Perception et conception. — Degrés de la conscience. — Causes des variations dans l'intensité de la conscience. — Conscience spontanée et conscience réfléchie. — Y a-t-il des phénomènes inconscients? — Connaissances que nous devons à la conscience. — L'idée du « moi ». — L'idée de substance et l'idée de cause. — L'attention. — L'attention instrument d'éducation. — Lois de l'attention. — Attention, réflexion, comparaison.   83

LEÇON VI

LA PERCEPTION EXTÉRIEURE. — LES CINQ SENS.

Définition de la perception extérieure. — Les cinq sens. — Sensations et perceptions. — Le subjectif et l'objectif. — Hiérarchie des cinq sens. — Micromégas et la pluralité des sens. — Analyse de la perception sensible. — Description générale de l'appareil des sens. — Perceptions naturelles et perceptions acquises. — Perceptions passives et perceptions actives. — Perceptions spéciales de chaque sens. — Perceptions de l'odorat et du goût. — Perceptions de l'ouïe. — Perceptions de la vue. — Expérience de Cheselden. — Perception de la profondeur. — Perceptions du toucher. — Laura Bridgman. — Les erreurs des sens. — L'hallucination. — Relativité des connaissances sensibles. — L'idéalisme. — Réalité du monde extérieur.   95

LEÇON VII

ANALYSE ET EXPLICATION DES PHÉNOMÈNES DE LA MÉMOIRE.

Mémoire, fonction de conservation. — Mémoire et conscience. — Définition de la mémoire. — Importance de la mémoire. — Analyse des faits de mémoire. — Réminiscence et reconnaissance. — Essais d'explication de la mémoire. — Explication physiologique. — La mémoire est une habitude. — Qualités d'une bonne mémoire. — Conditions du développement de la mémoire. — Conditions physiologiques. — Lois du rappel des souvenirs. — Mémoire volontaire. — Idées que nous devons à la mémoire. — Maladies de la mémoire. 111

LEÇON VIII

LA LOI DE L'ASSOCIATION DES IDÉES.

L'association des idées. — Dans la rêverie. — Dans la réflexion. — Exemples classiques. — Déterminisme intellectuel. — L'association des sentiments. — Principes de l'association des idées. — Classification de ces principes. — Principes accidentels. — Principes rationnels. — Réduction de ces différents principes. — Le principe de la contiguïté. — L'association des idées est une habitude. — La liaison des idées. — L'association par ressemblance. — L'association des idées et la mémoire. — L'imagination. — La raison. 125

LEÇON IX

L'IMAGINATION ET SES DIVERSES FORMES.

Nature complexe de l'imagination. — Imagination inventive. — Importance de l'imagination représentative. — L'imagination embrasse tous les objets sensibles. — L'imagination et les émotions intérieures. — Analyse d'une page de Lamartine. — Travail propre de l'imagination inventive. — Additions et retranchements. — Combinaison des différentes images. — Principes directeurs de l'imagination. — L'idéal. — Rôle de l'imagination dans les arts. — Dans la vie pratique. — Dans la science. — Dangers de l'imagination. 139

LEÇON X

L'ABSTRACTION ET LA GÉNÉRALISATION. — LES IDÉES ABSTRAITES ET LES IDÉES GÉNÉRALES.

Idées particulières et idées générales. — Idées concrètes et idées abstraites. — Abstraction et généralisation. —

Deux formes de l'idée générale. — Extension et compréhension. — Abstraction et attention. — Abstraction et imagination. — Divers degrés de l'abstraction. — Rapports de l'abstraction et de la généralisation. — Les idées générales et le langage. — Comment l'enfant généralise. — Valeur des idées générales. — Simplicité et clarté des idées abstraites et générales. — Importance des idées générales. — Dangers des idées abstraites et générales 151

LEÇON XI

LE JUGEMENT ET LE RAISONNEMENT.

Divers sens du mot « jugement ». — Jugement et proposition. — Le jugement, acte essentiel de l'esprit. — Diverses espèces de jugement. — Jugements affirmatifs et jugements négatifs. — Jugements généraux et jugements particuliers. — Jugements primitifs et jugements dérivés. — Le jugement et la croyance.
Définition du raisonnement. — Conditions du raisonnement. — Expression verbale du raisonnement. — Raisonnement et syllogisme. — Induction et déduction. — Leur emploi dans les sciences. — L'induction ramenée à la déduction. — Différences qui persistent. — Règles de l'induction. — Règles de la déduction. — Importance du raisonnement 165

LEÇON XII

LA RAISON, LES NOTIONS ET LES VÉRITÉS PREMIÈRES.

La raison et les autres fonctions de l'intelligence. — Divers sens du mot « raison ». — Réduction de ces différents sens. — La raison en psychologie. — La raison chez l'enfant. — La raison consciente. — Notions et vérités premières. — Distinction des notions et des vérités premières. — Caractères des vérités premières. — Énumération des vérités premières. — Raison pratique. — Raison pure. — Principe de causalité. — Principe de substance. — Principe d'induction. — Autres principes. — Nature et origine de la raison. — Empirisme. — Idéalisme. — Empirisme moderne. — Solution vraie. 177

LEÇON XIII

LE LANGAGE DANS SES RAPPORTS AVEC LA PENSÉE.

Résumé sur les fonctions intellectuelles. — Le langage et

la pensée. — Définition du langage. — Les signes. — Signes naturels et signes artificiels. — Comment l'enfant apprend à parler. — Origine du langage. — Peut-on penser sans langage? — Services que le langage rend à la pensée. — Le langage, instrument d'analyse. — Le langage, instrument de précision. — Le langage, aide-mémoire. — Le langage, instrument d'abréviation. . . . 193

LEÇON XIV

LA SENSIBILITÉ MORALE. — LES INCLINATIONS PERSONNELLES.

La sensibilité morale. — Rôle de la sensibilité. — Les inclinations. — Diverses formes de l'inclination. — Classification des passions, d'après Bossuet. — Critique de cette théorie. — Vrais caractères de la passion. — Diverses espèces d'inclinations. — Division des inclinations. — Inclinations personnelles. — Instinct de conservation. — Amour-propre. — Amour du pouvoir. — Amour de la propriété. — L'égoïsme. — Conséquences funestes de l'égoïsme 205

LEÇON XV

LES INCLINATIONS SOCIALES ET LES INCLINATIONS IDÉALES

Les inclinations sociales. — Emploi impropre du mot « aimer ». — Division des inclinations sociales. — Sophisme de Rousseau. — Besoin de sociabilité. — La sympathie. — Réfutation de La Rochefoucauld. — Affections de famille. — Patriotisme. — Amitié.
Les inclinations idéales. — Division de ces inclinations. — L'amour du vrai. — Les sentiments moraux. — Les sentiments esthétiques. — Le sentiment de la nature. — Le sentiment religieux. 221

LEÇON XVI

LA VOLONTÉ ET LES HABITUDES.

Activité volontaire. — Définition de la volonté. — La volonté chez l'enfant. — Caractères essentiels de la volonté. — Rapports de la volonté avec les autres facultés. — Analyse d'un acte volontaire. — Conception de l'acte à accomplir. — Délibération. — Motifs et mobiles. —

Toute action volontaire est délibérée. — Détermination.
— Exécution. — Importance de la volonté. — Le caractère.

L'habitude. — Caractères de l'habitude. — Origine de l'habitude. — Effets de l'habitude. — Elle facilite l'action. — Elle supplée la volonté. — Elle tend à renouveler l'action. — Elle avive l'intelligence. — Elle affaiblit la conscience. — Effets de l'habitude sur la sensibilité. — Lois de l'habitude. — Importance de l'habitude..... 237

LEÇON XVII

LA LIBERTÉ ET LE DÉTERMINISME.

Différents sens du mot liberté. — Le libre arbitre. — La liberté d'indifférence. — Objection tirée des motifs. — Réfutation de cette objection. — Preuves de la liberté. — La conscience de la liberté. — Objections de Bayle et de Spinoza. — Preuves morales. — Croyance universelle à la liberté. — Diverses formes du fatalisme. — Fatalisme théologique. — Fatalisme physiologique. — Fatalisme psychologique ou déterminisme. — La liberté et la raison............................. 251

LEÇON XVIII

CONCLUSION DE LA PSYCHOLOGIE. — L'ESPRIT ET LE CORPS.

Psychologie rationnelle. — Spiritualisme et matérialisme. — Dualité de la nature humaine. — Témoignage de la conscience. — Distinction des phénomènes psychologiques et des phénomènes physiologiques. — Attributs contradictoires de la matière et de la pensée. — Unité de l'esprit. — Identité de l'esprit. — L'âme est une force. — Objections des matérialistes. — Objections générales. — Les rapports du cerveau et de la pensée. — Critique de cette objection. — Substitution d'une partie du cerveau à une autre. — Qu'est-ce que la matière? 265

INDEX des noms propres et des termes techniques contenus dans le volume....................... 279

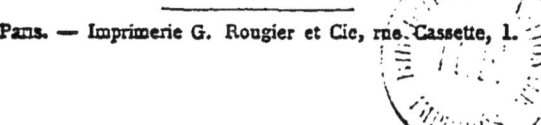

Paris. — Imprimerie G. Rougier et Cie, rue Cassette, 1.

www.ingramcontent.com/pod-product-compliance
Lightning Source LLC
Chambersburg PA
CBHW070741170426
43200CB00007B/606